PROPI
ELEGIES

BOOK II

EDITED BY

W. A. CAMPS

Fellow of Pembroke College and
Lecturer in Classics in the University of Cambridge

CAMBRIDGE
AT THE UNIVERSITY PRESS
1967

CAMBRIDGE UNIVERSITY PRESS
Cambridge, New York, Melbourne, Madrid, Cape Town, Singapore,
São Paulo, Delhi

Cambridge University Press
The Edinburgh Building, Cambridge CB2 8RU, UK

Published in the United States of America by
Cambridge University Press, New York

www.cambridge.org
Information on this title: www.cambridge.org/9780521109475

First published 1967
This digitally printed version 2009

A catalogue record for this publication is available from the British Library

Library of Congress Catalogue Card Number: 67–18309

ISBN 978-0-521-06001-1 hardback
ISBN 978-0-521-10947-5 paperback

PROPERTIUS
ELEGIES
BOOK II

PREFACE

The aim of this edition of Propertius' second book, like that of its predecessors in the same series, is to present a coherent and readable text of the poems, with annotation designed to help the reader to follow the poet's thought and understand his language and allusions, while at the same time not concealing the uncertainties which often attend the text or its interpretation. Such uncertainties are fairly frequent in all Propertius' work, and most frequent and most acute in Book II, because of certain features distinctive of this book which are briefly mentioned on pages 1–2 below. In a few places (e.g. xxii B and xxiv A–B, to which some might add iii, 45–end of iv) the uncertainties amount to a serious disfigurement, and the book has sometimes been suspected of being mutilated or disarranged. But it seems in general to be in good order, and though there are plenty of problems of detail, no one need be afraid in approaching it of finding chaos and not finding pleasure. My hope is that this edition may help forward the clarification of some of the problems of the book, both in general and in detail. But still less than its predecessors in this series can it hope to have more than a provisional character, or to attain with anything near completeness the aim stated in the sentence with which this paragraph began. It is moreover all too likely that preoccupation with what seemed to me the most difficult problems may have caused me to annotate some matters less fully than would be desirable; but I hope that the existence of Enk's large edition of the same book will be felt to justify, as well as excuse, the restricted scope of this one.

The text presented here is based, as in the rest of this series, on E. A. Barber's Oxford text, in this case the edition of 1960, divergences from which are listed on pages 6–9 below. The *apparatus criticus* is for the most part excerpted from the same Oxford edition, again with the kind permission of the publishers. The text, though it admits substantially more conjectures than the Oxford text, is none the less fairly conservative. It includes seven transpositions of couplets, as against three in the Oxford text and ten in Enk's edition of 1962. It assumes one lacuna as likely, as against six in the Oxford text and one in Enk's edition. It nowhere employs the obelus, which the Oxford editor used thirteen times and Enk once. This avoids the implication, more than usually hazardous in this book, that what is not obelized is established, and allows the text to wear a less forbidding aspect than else it might. On the other hand a number of conjectures in the text are shown in italics, to avoid giving them a currency premature or undeserved. *This has not been done with all conjectures*, nor is an italicized conjecture necessarily supposed by the editor to be less probable than one not italicized. The italics have been used chiefly where the original reading may have been lost by extrusion rather than by misreading (e.g. *uidi* at i, 5), or where a departure from the Oxford text substantially affects the meaning of the passage (e.g. *non* at xxxiv, 33). Such departures are not necessarily new conjectures, though a few are.

In a number of elegies what seem to be well-defined stages, or turns, in the development of the thought have been marked by spacing in the text. *This has not been done in all possible places*; sometimes from uncertainty, sometimes to avoid excessive fragmentation (e.g. elegies ixA, xix, xx, xxi, and several of the shorter pieces). Sometimes the reader may wish to question the analysis of a piece reflected in the spacing or absence of spacing (e.g. at ii, 45; x, 11; xiii, 39; xv, 49; xvi, 11; xxviii); but I hope I have not often risked error where error could have any serious consequences. I hope also that the spacing may be helpful to the reader in certain positive ways, especially by helping him over abrupt turns of thought (as in viii, and at xiii, 17; xvi, 13, etc.), and by showing the unity of pieces such as viii and i and xxxiv, and the schematic similarity of the latter pair. It will be noticed that in i, 17–78 and xxxiv, 25–94, as here printed, exact numerical symmetry is misssed by one couplet in each case. Nevertheless the elaboration of the pattern in both pieces is such that there can surely be no doubt of the poet's intention to make such a pattern, whether exact or not.

In a few places (iii, 44; xvii, 16; xviii, 20 and xxxiii, 20 and 44) the punctuation ... has been used to mark a point at which excitement seems to subside into resignation.

The traditional numeration of the elegies, though imperfect, is preserved by modern editors for the sake of a consistent system of reference. A revised numeration would be confusing unless it could be definitive, and for that the time is not ripe. Accordingly, editors express their views about the proper demarcation between elegies by adding A, B, etc., where they wish, to the traditional serial numbers, and keeping the traditional numeration of the lines. Hence it results, for example, that the piece numbered XXX B in the text below begins with a line numbered not 1 but (xxx) 13, yet is taken to be a separate elegy quite independent of the preceding piece XXX A.

In preparing this edition I have relied on the same basic works as in Books III and IV. Naturally I have also referred to the monograph on the structure of this book of Propertius by Damon and Helmbold in *University of California Publications in Classical Philology*, XIV (1952), 215 ff. Above all, I have drawn extensively and gratefully, and usually without separate acknowledgement, on Enk's major edition of this same book, which appeared in 1962 when my own work was in its early stages. This edition of mine owes an immense and obvious debt to Enk's. It is not a résumé of his book; still less is it capable of being a rival. I hope it may be a useful complement, and that it may help to make this part of Propertius' work available to a wider circle of readers. J-P. Boucher's general study of Propertius (Paris, 1965), in which I have since found a great deal of profit and interest, reached me after my manuscript had gone to the printers.

PREFACE

It is a pleasure to thank Professors Brink, Fedeli and Luck for very kind assistance on particular points. It is a pleasure also to thank once again Messrs Lee, Sandbach and Wilkinson, and Sir Roger Mynors, for the generous help and encouragement they have given me in this book and in all the series which it concludes, saving me from many errors and teaching me very much that I should else not have known, at the cost of much time and trouble to themselves. They have not seen the book in its later stages, and are in no degree responsible for its defects. Finally, I am glad to have this opportunity of thanking too those who have been concerned with this book and its predecessors at the Cambridge University Press. W. A. C.

CONTENTS

INTRODUCTION

The latest date indicated in Propertius' first book is 29 B.C. (I, vi) and the earliest in his third book is 24 B.C. (III, xi, perhaps). We therefore expect the contents of Book II to belong, roughly at least, to the period 28–25 B.C. And this agrees with such conjecturally datable allusions as the book contains. Elegy xxxi on the opening of the portico of Palatine Apollo points perhaps to 28 B.C., since we know (Dio C. LIII, 1) that the associated temple of Palatine Apollo was dedicated in that year. Elegy xxxiv mentions as recent the death of C. Cornelius Gallus, which occurred in 27 (Jerome) or 26 B.C. (Dio C. LIII, 23). Elegy x announces as impending an expedition into Arabia which set out in 25 B.C. and ended, disastrously, in 24 (Dio C. LIII, 29 and Strabo XVI, 780).

Book II is much the longest of the four books of the Elegies. It contains 1362 lines, and is nearly twice as long as Book I, and half as long again as Book III or Book IV. These proportions are not without parallel: for Lucretius V has 1457 lines, while Horace *Odes* III is nearly twice as long as *Odes* II. It used to be held that two originally separate books (one mutilated) had become somehow amalgamated to produce the Book II which our MSS present to us. But there is no evidence for this except the reference to *tres libelli* in elegy xiii (line 25); and in the context in which that phrase occurs it is not likely to be meant as a statistic.

Within the limits of the individual elegy transitions of thought or feeling may be sudden or frequent. Whereas in Book I the individual elegy usually presents a single idea or state of feeling, in this book it often presents one or more changes (often abrupt) of mood (e.g. xviii B, 21), or perspective (e.g. xv, 11), or addressee (e.g. v, 9 and 17), or situation (e.g. xxviii B, 47); or successive phases of a long and discursive train of thought (e.g. i and xxxiv). These vagaries are sometimes confusing; especially in an unparagraphed text. Sometimes also they create uncertainty about the unity of an elegy in which they occur; especially as the MSS tradition is unreliable in this book regarding the divisions between elegies (offering us for instance as xxiv, xxvi and xxx what cannot possibly be single pieces). But that abrupt transitions within a piece may be compatible with its unity is shown clearly by the example of elegy viii, the unity of which is attested by the rather elaborate symmetry of the line-groups composing it.

The book contains some pieces shorter in length than the usual Propertian elegy. The number of these is uncertain because of the occasional problems of division mentioned above; but it can be said without prejudice to other questions that elegies xi (six lines) and xxx A (twelve lines) are certain examples, and xxiv A (ten lines) and xxvi B (eight lines) very probable ones. Short pieces are of course found also in Book I (elegies xxi and xxii) and perhaps in Book III (elegies viii B or viii, 35–40, and xx A or xx, 1–10).

In many of the elegies an element of structural formality will be found, due to the presence of line-groups of matching length. The resulting patterns vary a good deal in the extent of their elaboration. Thus elegy v resolves into line-groups of 8+8+14; elegy viii into 12+4+8+4+12; elegy xii into 12+12; elegy xxv into 10+10+18+10. In these cases the line-groups are very strongly demarcated. In others the demarcation is less strong, but still clear: for instance, in xx the pattern is 8+10+10+8; in xxi it is 4+6+6+4. The poet's interest in formality of structure is certified of course by examples in other books: for instance, I, x and III, xvi each resolve obviously into three groups of ten lines apiece, and in IV, iv an elaborate narrative is founded on a structure pattern of 2+20+6+38+6+20+2. The method seems to be pursued further in this book than in others, and will be found applied, in various forms, in many elegies besides those cited above, though not in all. It is not easy to find a motive for it other than the wish of the poet to impose order on his material and a discipline on himself.

Like its predecessor Book I, and unlike its successors Books III and IV, this book is almost wholly concerned with the thoughts and feelings of a lover. But the dominant tone is different, and the range of tones wider. On the one hand one is aware of a kind of emotional turbulence in the poet. On the other hand, new and less romantic accents begin to be heard. The overall arrangement of the material is also managed otherwise than in Book I. The impression received is of a miscellany, in which principles of order have been only partially asserted. The following observations can, however, be made. (1) Many pieces are disposed in pairs or larger groups, as referring to situations which are the same or have something in common. (2) There may be an intention to present a series of vicissitudes forming a 'story' (captivity—anxiety—dispossession—pretended indifference—pathetic distress—triumphant reinstatement—renewed dispossession—despair and degradation—return and renewed submission, etc.). But in the middle and latter part of the book the variety of incident is greater than in the earlier part and the outline less clear. (3) There is a marked change of tone between the beginning and the end of the book, from acute emotional agitation to a relatively placid acceptance of the woman's foibles and his own as a fact in their relationship. (4) The collection is framed by introductory and concluding elegies (i and xxxiv) which are statements of the poet's literary claims and intentions.

The central figure in the book's story is identified in elegies v, vi, vii, xiii, xvi, xix, xxix B, xxx B, xxxii, xxxiii A, xxxiv as the Cynthia of Book I, and it is natural to assume that the unnamed woman who is subject of a number of other elegies is supposed to be the same person; though we cannot everywhere (e.g. in xx and xxiv c) be sure of this. She is, it seems (though this is not certain and is doubted by some editors), a *meretrix*; for her lover evidently cannot marry her (cf. elegy vii) though he often speaks of their relationship as permanent. It will be remarked that several figures in her background, *mater* and *soror* (vi, 11–12) and *nutrix* (IV, vii, 73), have their counterparts in the background of the women in Tibullus' elegies, about whose status there is no doubt, as also in that of the woman who gets advice from a *lena* in Ovid, *Am.* I, viii, 91 *et soror et mater, nutrix quoque carpat amantem.* The poet is jealously anxious to be her sole possessor; but she, both professionally and by inclination, is available at times to other men. About a third of the elegies in the book are concerned with situations of this kind and the poet's excited reactions. He for his part is found resorting to other women, in desperation as we are (I think) told in elegy xxiv A, or wilfully as we are left to infer in xxii A, xxiii and xxix A. The impression remains (and is confirmed later in iv, 7) that both are faithful to one another in their fashion. But it is hard to say how much of the story told in the book is supplied by literary reminiscence, how much by fancy, and how much by actual experience. That emotionally it is a true picture, in its total effect, there seems no reason to doubt. But much remains enigmatic in the background to be supposed, and in the relation of Cynthia the person to Cynthia the *dramatis persona*.

Enigmatic also is the question of the poet's attitude to traditional Roman sentiment and the value it placed on the virtues of the patriot and the man of action. Rejection of this was a convention in love-poetry, as we can see from Tibullus, who counts honour well lost for private happiness with his mistress —but who goes campaigning none the less. In Propertius this rejection is expressed in terms that are sometimes remarkable, and in a curiously defiant tone. He will father no sons to be soldiers (vii). He will not go to the wars to bring back trophies won by fratricide (xxx, 19–22, if that passage is correctly understood in the text and notes below). If all men gave their lives to love and wine there would be no Actium, no civil wars (xv, 41–8). This may reflect some real tensions at this time in the poet, who had lost a kinsman in the civil war (I, xxi and xxii). The tone of it is very different, obviously, from that in which he later (IV, i, 60) declares his resolve to place his talent at his country's service. The difference admits of various interpretations, and it is hardly possible to determine which is right; we know so little of Propertius' personality and circumstances, or (apart from the familiar 'Augustan' attitudes) of the varieties of feeling and opinion in the society in which he lived. Nor again can we judge at all precisely the nature of his relations with Maecenas, whom he addresses in this book in the opening elegy and again (though not in the opening elegy) in Book III, but no longer in Book IV, when he is turning to poetry of a kind that one might expect to be agreeable to the patron of Horace and Virgil. It is relevant of course that Propertius did not require patronage, being probably of the same social category as Maecenas himself, and (as appears from the way of living which the elegies imply) in comfortable circumstances, and having quickly won an evident literary success with his own public (xxxiv, 57–8; III, i).

Something is said about certain aspects of Propertius' poetry in the introduction to Book III. Features not mentioned there that are well exemplified in the present book are the management of the rhythm over long successions of couplets forming single sense-units, and the powerful effect in some passages of evocative allusions to myth. The content of the individual elegies is of uneven value; but the variety of situation and treatment makes nearly all of them interesting, and some are very good indeed.

VARIANTS FROM THE OXFORD TEXT (1960)

i	2	...liber?
	5	incedere uidi,
	6	hoc
	45	uersamus
ii	11	Mercurio aut qualis
	16	aget!
iii	22	carminaque illius
	23	non
	45	aut mihi si quis
	46	acrius
	47	at ueluti
iv	8	Perimedaea...manu
	9	*semi-colon at end of line*
	10	*full stop at end of line*
	15–16	*untransposed*
vi	5	nec, quae
	13	*colon at end of line*
	31	a gemat in tenebris
	32	orgia
	35	sed non immerito uelauit
	41	deducet
vii	1	Gauisa es..., Cynthia,...
	13	patriis
	20	sanguine
viii	10	steterunt
	13	ergo ego tam
ix	*divided into* ixA (1–48) *and* ixB (49–52)	
x	14	Parthorum, et

21 ut, caput
22 hinc *and comma at end of line*
23 currum
xii 18 bella
xiii *printed as single elegy, paragraphed*
1 armantur Susa *and obeli removed*
4 *semi-colon at end of line*
25 sat mea sit magni, si
48 barbarus Iliacis
55 formosum lauisse paludibus, illic
58 qui
xiv *divided into* xiv A (1–28) *and* xiv B (29–32)
13–14 *transposed to follow* 10
29–30 Nunc ad te, mea lux, ueniatne ad litora nauis/ seruata, an
xv 37 si tantum
39 et
48 proelia
50 *semi-colon at end of line*
xvi 17–18 *transposed to follow* 12
27 excussis
29 amari
30 *note of exclamation at end of line*
35 'at pudeat!' certe, pudeat—nisi forte
49 uidisti
xvii 1 'Mentiri...
2 *full stop at end of line*
12 *semi-colon at end of line*
13–14 *transposed to follow* 2
14 in nostram trita uenena necem.'
xviii 21 quin ego deminuo curam?
37 credam ego narranti noli committere famae:
xix 29 sic
31 metuam

xx 33 ne tu
xxi 3 augur?
17 huic quoque—quid restat?—iam pridem
xxii 11–12 *transposed to follow* 24
24 *semi-colon at end of line*
39 aut, si forte ingrata meo sit facta cubili,
44 quid iuuat, heu, nullo
48 cum recipi quod non uenerit illa uetat,
50 *obeli removed*
xxiii 1 indocti fugienda et semita
4 praemissa
14 *semi-colon at end of line*
16 *full stop at end of line*
23 *full stop at end of line*
xxiv *divided into* XXIV A (1–10), XXIV B (11–16) *and* XXIV C (17–52)
4 ingenuis *and obeli removed and full stop at end of line*
5 iam
xxv 16 ferreus, et
26 ante
31 uiro
40 nostra
41–4 uidisti (*in all four lines*)
xxvi *divided into* XXVI A (1–20), XXVI B (21–8) *and* XXVI C (29–58)
8 teque
23 munera
29 Heu, mare...cogitat...*and note of exclamation at end of line*
xxvii 1 Et uos
2 ...uia?
4 ...mala?
8 *no lacuna after this line*
xxviii *divided into* XXVIII A (1–32) *and* XXVIII B (35–62, *paragraphed*)

26 *full stop at end of line*
51 *obeli removed*
xxix 10 *no lacuna after this line*
xxx 11 at, iam si
15 onerentur
19–22 *square brackets removed*
19 num tamen immerito Phrygias
20 ...nolo maris,
22 ...Lares?
xxxi 5 *obeli removed*
7–8 steterant armenta, Myronis quattuor artificis uiuida signa boues.
xxxii 1–2 *transposed to follow* 10
10 *colon at end of line*
15 toto...orbe
25 cedere
34 *full stop at end of line*
35 *obeli removed*
36 *comma at end of line*
xxxiii 6 ...semper amara fuit?
36 *full stop at end of line*
38 *comma at end of line*
41–2 *transposed to follow* 44
xxxiv *printed as single elegy, paragraphed*
29 Aratei...lecti?
33 non rursus
38 *full stop at end of line*
39 *obeli removed*
53 restabimus undas
93 Cynthia quin uiuet

SIGLA

N = codex Neapolitanus, nunc Guelferbytanus Gudianus 224. circa annum 1200 scriptus
A = codex Leidensis Vossianus Lat. 38 (desinit II. i. 63). circa annum 1300 scriptus
F = codex Laurentianus plut. 36.49. circa annum 1380 scriptus
L = codex Holkhamicus 333 (incipit II. xxi. 3). anno 1421 scriptus
P = codex Parisinus 7989. anno 1423 scriptus
D = codex Dauentriensis 1.82 (olim 1792). saec. XV
V = codex Ottoboniano-Vaticanus 1514. saec. XV
Vo. = codex Leidensis Vossianus 117. saec. XV
μ = codex Parisinus 8233, siue Memmianus. anno 1465 scriptus
Δ = consensus codd. *DVVo.*
O = consensus codd. *NFLPDVVo.*
ς = codices deteriores
Flor. = florilegium cod. Paris. 15155 olim, nunc cod. Vat. Reg. lat. 2120 pars. saec. XIII

scito, lector, ex multis quae exstant codicum lectionibus et uirorum doctorum coniecturis paucas admodum in apparatu ostendi.

SEXTI PROPERTI ELEGIARVM LIBER SECVNDVS

I

Quaeritis, unde mihi totiens scribantur amores,
  unde meus ueniat mollis in ora liber?
non haec Calliope, non haec mihi cantat Apollo.
  ingenium nobis ipsa puella facit.
siue illam Cois fulgentem incedere *uidi*,
  hoc totum e Coa ueste uolumen erit;
seu uidi ad frontem sparsos errare capillos,
  gaudet laudatis ire superba comis;
siue lyrae carmen digitis percussit eburnis,
  miramur, facilis ut premat arte manus;
seu cum poscentis somnum declinat ocellos,
  inuenio causas mille poeta nouas;
seu nuda erepto mecum luctatur amictu,
  tum uero longas condimus Iliadas;
seu quidquid fecit siue est quodcumque locuta,
  maxima de nihilo nascitur historia.

quod mihi si tantum, Maecenas, fata dedissent,
  ut possem heroas ducere in arma manus,
non ego Titanas canerem, non Ossan Olympo
  impositam, ut caeli Pelion esset iter,
nec ueteres Thebas, nec Pergama nomen Homeri,
  Xerxis et imperio bina coisse uada,

I 2 ore *N1* (*corr. m. aequal.*)   5 uidi ς: cogis *O*, *nisi quod* togis *D1V1*   6 Hoc *O*: hac *Barth*: totum de *codd. Vossii*   7 uidi] mihi *N1* (*corr. m. aequal.*)   9 lyra *Heinsius*   percurrit *Dousa fil.*   11–12 *post* 14 *Housman*   19 ossan *in ras. P2* (*m. rec.*): tytan *A*: thitan *F1*   21 Non *AFP*   22 Xersis *NAFP*

regnaue prima Remi aut animos Carthaginis altae,
  Cimbrorumque minas et bene facta Mari:
bellaque resque tui memorarem Caesaris, et tu
  Caesare sub magno cura secunda fores.

nam quotiens Mutinam aut ciuilia busta Philippos
  aut canerem Siculae classica bella fugae,
euersosque focos antiquae gentis Etruscae,
  et Ptolemaeei litora capta Phari,
aut canerem Aegyptum et Nilum, cum attractus in urbem
  septem captiuis debilis ibat aquis,
aut regum auratis circumdata colla catenis,
  Actiaque in Sacra currere rostra Via;
te mea Musa illis semper contexeret armis,
  et sumpta et posita pace fidele caput:
Theseus infernis, superis testatur Achilles,
  hic Ixioniden, ille Menoetiaden.

sed neque Phlegraeos Iouis Enceladique tumultus
  intonet angusto pectore Callimachus,
nec mea conueniunt duro praecordia uersu
  Caesaris in Phrygios condere nomen auos.
nauita de uentis, de tauris narrat arator,
  enumerat miles uulnera, pastor ouis;
nos contra angusto uersamus proelia lecto:
  qua pote quisque, in ea conterat arte diem.

laus in amore mori: laus altera, si datur uno
  posse frui: fruar o solus amore meo!

30 pt(h)olomenei *NP2V*: tholomenei *AFP1*: ptholom(a)eae *DVo.*: *corr. edd.* 31 (a)egyptum *in ras. P2* (*m. rec.*), ς: cyptum *NA*: ciptum *F1*: giptum *F4*: cyprum Δ 35 contexeret *P*: contexerit *cett.* *lacunam ante* 37 uel 39 *statuunt edd. nonnulli* 41 praeueniunt *A primo*, *FP1* 44 Et numerat *N* 45 uersamus *Volscus* (1482): uersantes *O* 47 *nouam el. incipit Ribbeck* uni *A primo, Bosscha, Hoeufft, alii*: una *cod. Pal.-Vat. 910, Heinsius*

si memini, solet illa leuis culpare puellas,
  et totam ex Helena non probat Iliada.
seu mihi sunt tangenda nouercae pocula Phaedrae,
  pocula priuigno non nocitura suo,
seu mihi Circaeo pereundum est gramine, siue
  Colchis Iolciacis urat aena focis,
una meos quoniam praedata est femina sensus,
  ex hac ducentur funera nostra domo.

omnis humanos sanat medicina dolores:
  solus amor morbi non amat artificem.
tarda Philoctetae sanauit crura Machaon,
  Phoenicis Chiron lumina Phillyrides,
et deus exstinctum Cressis Epidaurius herbis
  restituit patriis Androgeona focis,
Mysus et Haemonia iuuenis qua cuspide uulnus
  senserat, hac ipsa cuspide sensit opem.
hoc si quis uitium poterit mihi demere, solus
  Tantaleae poterit tradere poma manu;
dolia uirgineis idem ille repleuerit urnis,
  ne tenera assidua colla grauentur aqua;
idem Caucasia soluet de rupe Promethei
  bracchia et a medio pectore pellet auem.

quandocumque igitur uitam mea fata reposcent,
  et breue in exiguo marmore nomen ero,
Maecenas, nostrae spes inuidiosa iuuentae,
  et uitae et morti gloria iusta meae,
si te forte meo ducet uia proxima busto,
  esseda caelatis siste Britanna iugis,

49 Sed ς: sic *R. M. Henry* 52 uel nocitura *malim* 54 c(h)olc(h)iacis *O, corr. Scaliger* 57 *nouam el. inc. nonnulli* 58 amat *O*: habet *Flor., cod. Burmanni, Schrader* auxilium *Bailey* 61 cr(a)esis *O, corr.* ς 63 Mysus *ADV2*: Misus *siue* Missus *cett. hic desinit A* 66 Tantalea (Tantelea *N*) *O, corr.* ς 71 me *Vo., Heinsius*

taliaque illacrimans mutae iace uerba fauillae:
'Huic misero fatum dura puella fuit.'

II

Liber eram et uacuo meditabar uiuere lecto;
at me composita pace fefellit Amor.
cur haec in terris facies humana moratur?
Iuppiter, ignosco pristina furta tua.
fulua coma est longaeque manus, et maxima toto
corpore, et incedit uel Ioue digna soror,
aut cum Dulichias Pallas spatiatur ad aras,
Gorgonis anguiferae pectus operta comis;
qualis et Ischomache Lapithae genus heroine,
Centauris medio grata rapina mero;
Mercurio aut qualis fertur Boebeidos undis
uirgineum Brimo composuisse latus.
cedite iam, diuae, quas pastor uiderat olim
Idaeis tunicas ponere uerticibus!
hanc utinam faciem nolit mutare senectus,
etsi Cumaeae saecula uatis aget!

III

'Qui nullam tibi dicebas iam posse nocere,
haesisti, cecidit spiritus ille tuus!
uix unum potes, infelix, requiescere mensem,
et turpis de te iam liber alter erit.'
quaerebam, sicca si posset piscis harena
nec solitus ponto uiuere toruus aper;

78 *nouam el. incipit N1*
}sco

II 4 ignoro *N*: ignosco *pro u.l. P1, V2*: ignoro *FP1DV1* fata *N* 7 Vt ς cum] ceu *Baehrens* 11 Mercurio satis *NF*: Mercurioque satis Δ: Mercurio qualis *P1*: Mercurio et sacris ς: talis *Haupt*: et qualis *Winbolt*: aut qualis *malui* 12 primo *O, corr. Turnebus* 13 iam ς: etiam *O* 16 agat *V2* *adde* 6 et] ut *Otto, Postgate*

III 1 nullum *O, corr. Heinsius* 3 cognoscere *F1P*

aut ego si possem studiis uigilare seueris:
  differtur, numquam tollitur ullus amor.

nec me tam facies, quamuis sit candida, cepit
  (lilia non domina sint magis alba mea;
ut Maeotica nix minio si certet Hibero,
  utque rosae puro lacte natant folia),
nec de more comae per leuia colla fluentes,
  non oculi, geminae, sidera nostra, faces,
nec si qua Arabio lucet bombyce puella
  (non sum de nihilo blandus amator ego):
quantum quod posito formose saltat Iaccho,
  egit ut euhantis dux Ariadna choros,
et quantum, Aeolio cum temptat carmina plectro,
  par Aganippaeae ludere docta lyrae;
et sua cum antiquae committit scripta Corinnae,
  carminaque illius non putat aequa suis.

non tibi nascenti primis, mea uita, diebus
  candidus argutum sternuit omen Amor?
haec tibi contulerunt caelestia munera diui,
  haec tibi ne matrem forte dedisse putes.
non non humani partus sunt talia dona:
  ista decem menses non peperere bona.
gloria Romanis una es tu nata puellis:
  Romana accumbes prima puella Ioui,

10 sunt Δ 11 Et *FP* 12 natent *N primo, PVo.* 15 si quando Araba *Puccius* 17 iactat *F1P* 18 ariadna *N2*: adriagna *N1*: adrian(n)a *cett.* 19 quantum...quod *Guyet* 22 carminaque illius *Otto*: Carmina qu(a)e quiuis *O, quo seruato post* carmina *et* quiuis *dist. Rothstein*: l lyrines *in mg. V2 et similia pro* quiuis *in uersu habent* ς, *unde* carminaque Erinnes *Volscus, Beroaldus*: *alii alia* 23 Non *N*: Num *FP*: Nunc *DV1Vo.* 24 candidus *Macrobius GLK* 5. 626. 15 (= 651. 29): Ardidus *NF1P*: Adridus *F4*: Ar(r)idus Δ 25 tibi *om. N* contulerunt ς: contulerint *NFPV2*: cum tulerint Δ 26 ne *NV2*: me *cett.* 27 sunt partus *F1PDV* 29 limata *F1P* 30 accumbens *O, corr.* ς

nec semper nobiscum humana cubilia uises;
  post Helenam haec terris forma secunda redit.

hac ego nunc mirer si flagret nostra iuuentus?
  pulchrius hac fuerat, Troia, perire tibi.
olim mirabar, quod tanti ad Pergama belli
  Europae atque Asiae causa puella fuit:
nunc, Pari, tu sapiens et tu, Menelae, fuisti,
  tu quia poscebas, tu quia lentus eras.
digna quidem facies, pro qua uel obiret Achilles;
  uel Priamo belli causa probanda fuit.
si quis uult fama tabulas anteire uetustas,
  hic dominam exemplo ponat in arte meam:
siue illam Hesperiis, siue illam ostendet Eois,
  uret et Eoos, uret et Hesperios...
his saltem ut tenear iam finibus! aut mihi si quis
  acrius, ut moriar, uenerit alter amor!

at ueluti primo taurus detractat aratra,
  post uenit assueto mollis ad arua iugo,
sic primo iuuenes trepidant in amore feroces,
  dehinc domiti post haec aequa et iniqua ferunt.
turpia perpessus uates est uincla Melampus,
  cognitus Iphicli surripuisse boues;
quem non lucra, magis Pero formosa coegit,
  mox Amythaonia nupta futura domo.

IV

Multa prius dominae delicta queraris oportet,
  saepe roges aliquid, saepe repulsus eas,

40 priamo *N primo*: priamus *N corr.*, *FPΔ* 42 arte *DVo.*: ante *NFPV* 45–54 *el. sequenti coniungunt nonnulli* 45 aut] ā *F1*: ah *Puccius*: hei *Lachmann* 46 acrius *O*: acrior ς 45–6 *uarie dist. edd.* 47 At *FP*: Ac *cett.* 51 melampus *F4*, *in ras. P*, *DVo.*: nylampus *NV*: uilampus *F1*

et saepe immeritos corrumpas dentibus unguis,
  et crepitum dubio suscitet ira pede!
nequiquam perfusa meis unguenta capillis,
  ibat et expenso planta morata gradu.

non hic herba ualet, non hic nocturna Cytaeis,
  non Perimedaea gramina cocta manu;
quippe ubi nec causas nec apertos cernimus ictus;
  unde tamen ueniant tot mala caeca uia est.
non eget hic medicis, non lectis mollibus aeger,
  huic nullum caeli tempus et aura nocet;
ambulat—et subito mirantur funus amici!
  sic est incautum, quidquid habetur amor.
nam cui non ego sum fallaci praemia uati?
  quae mea non decies somnia uersat anus?

hostis si quis erit nobis, amet ille puellas:
  gaudeat in puero, si quis amicus erit.
tranquillo tuta descendis flumine cumba:
  quid tibi tam parui litoris unda nocet?
alter saepe uno mutat praecordia uerbo,
  altera uix ipso sanguine mollis erit.

V

Hoc uerum est, tota te ferri, Cynthia, Roma,
  et non ignota uiuere nequitia?
haec merui sperare? dabis mihi, perfida, poenas;
  et nobis aliquo, Cynthia, uentus erit.
inueniam tamen e multis fallacibus unam,
  quae fieri nostro carmine nota uelit,

IV 4 strepitum *PD1 Vo.* 7 nocitura *D1 Vo.* 8 *sic codd. Passeratii, Muretus*: per mede(a)e...manus *O* 9–10 *post* 14 *Enk* 15–16 *post* 8 *Birt* 20 limitis *Palmer*
V *priori continuant N1FP* 3 Hoc *F1P* mihi *P2* Δ: mi *NFP1* 4 aquilo *O, corr. Bosscha*: alio *Burman* 5 ē *N1*

nec mihi tam duris insultet moribus et te
uellicet: heu sero flebis amata diu.

nunc est ira recens, nunc est discedere tempus:
si dolor afuerit, crede, redibit amor.
non ita Carpathiae uariant Aquilonibus undae,
nec dubio nubes uertitur atra Noto,
quam facile irati uerbo mutantur amantes:
dum licet, iniusto subtrahe colla iugo.
nec tu non aliquid, sed prima nocte, dolebis;
omne in amore malum, si patiare, leue est.

at tu per dominae Iunonis dulcia iura
parce tuis animis, uita, nocere tibi.
non solum taurus ferit uncis cornibus hostem,
uerum etiam instanti laesa repugnat ouis.
nec tibi periuro scindam de corpore uestis,
nec mea praeclusas fregerit ira fores,
nec tibi conexos iratus carpere crinis,
nec duris ausim laedere pollicibus:
rusticus haec aliquis tam turpia proelia quaerat,
cuius non hederae circuiere caput.
scribam igitur, quod non umquam tua deleat aetas,
'Cynthia, forma potens: Cynthia, uerba leuis.'
crede mihi, quamuis contemnas murmura famae,
hic tibi pallori, Cynthia, uersus erit.

VI

Non ita complebant Ephyraeae Laidos aedis,
ad cuius iacuit Graecia tota fores;

10 afuerit *inscr. Pomp. CIL* 4.4491 = *carm. epigr.* 1785 (*Buecheler*): affuerit *NF1P*: abfuerit *F3* Δ 21 periur(a)e *PDV1Vo.* 26 circumiere *NP1Vo.* 28 *an* formipotens *scribendum*? uerba] forma ς
VI 2 pedes Δ

turba Menandreae fuerat nec Thaidos olim
  tanta, in qua populus lusit Ericthonius;
nec, quae deletas potuit componere Thebas,
  Phryne tam multis facta beata uiris.
quin etiam falsos fingis tibi saepe propinquos,
  oscula nec desunt qui tibi iure ferant.

me iuuenum pictae facies, me nomina laedunt,
  me tener in cunis et sine uoce puer;
me laedet, si multa tibi dabit oscula mater,
  me soror et cum quae dormit amica simul:
omnia me laedent: timidus sum (ignosce timori):
  et miser in tunica suspicor esse uirum.

his olim, ut fama est, uitiis ad proelia uentum est,
  his Troiana uides funera principiis;
aspera Centauros eadem dementia iussit
  frangere in aduersum pocula Pirithoum.
cur exempla petam Graium? tu criminis auctor,
  nutritus duro, Romule, lacte lupae:
tu rapere intactas docuisti impune Sabinas:
  per te nunc Romae quidlibet audet Amor.
felix Admeti coniunx et lectus Vlixis,
  et quaecumque uiri femina limen amat!
templa Pudicitiae quid opus statuisse puellis,
  si cuiuis nuptae quidlibet esse licet?
quae manus obscenas depinxit prima tabellas
  et posuit casta turpia uisa domo,

5 deletas *N2, F?, PV2*: delectas *N1F1DV1Vo.*: deiectas *Gebhard* 6 Phy(i)rn(a)e tam *N* Δ: Phy(i)meram *F1P* 8 O. ne desint qui tibi iure ferant *F3P* 9 facies picte *FP* 12 quae *Dousa filius*: qua *O* 20 durae ς 23 admeti *P*: ameti *cett.* 24 uiri *F3P*: feri *NF1* Δ *post* 26 *uu.* 35–6 *posuit Kuinoel, fortasse recte* 26 quidlibet *N*: cuilibet. *FPVo.*: quoilibet *DV*

illa puellarum ingenuos corrupit ocellos
nequitiaeque suae noluit esse rudis.
a gemat in tenebris ista qui protulit arte
orgia sub tacita condita laetitia!
non istis olim uariabant tecta figuris:
tum paries nullo crimine pictus erat.
sed non immerito uelauit aranea fanum
et mala desertos occupat herba deos.

quos igitur tibi custodes, quae limina ponam,
quae numquam supra pes inimicus eat?
nam nihil inuitae tristis custodia prodest:
quam peccare pudet, Cynthia, tuta sat est.
nos uxor numquam, numquam deducet amica:
semper amica mihi, semper et uxor eris.

VII

Gauisa es certe sublatam, Cynthia, legem,
qua quondam edicta flemus uterque diu,
ni nos diuideret: quamuis diducere amantis
non queat inuitos Iuppiter ipse duos.
'At magnus Caesar.' sed magnus Caesar in armis:
deuictae gentes nil in amore ualent.
nam citius paterer caput hoc discedere collo
quam possem nuptae perdere more faces,
aut ego transirem tua limina clausa maritus,
respiciens udis prodita luminibus.
a mea tum qualis caneret tibi tibia somnos,
tibia, funesta tristior illa tuba!

31 in tenebris *Fonteine*: in terris *O* 32 orgia *Ruhnken*: Iurgia *O*: turpia *van Herwerden* 35 *post* immerito *dist. multi* 35–6 *post* 26 *Kuinoel* 41 deducet *Volscus*: me ducet *O*: seducet *Birt*: diducet *Lachmann*

VII 1 es *Schrader*: est *codd.* 2 flemus ς: stemus *O* 3 Ni *N*, *pro u.l.P1*: Qui *P1*: Quis *F* Δ 5 At *N1* Δ: An *N2FP* sed] an *F1P1*: sit *Markland* 8 amore *DV1Vo.*

unde mihi patriis natos praebere triumphis?
  nullus de nostro sanguine miles erit.
quod si uera meae comitarem castra puellae,
  non mihi sat magnus Castoris iret equus.
hinc etenim tantum meruit mea gloria nomen,
  gloria ad hibernos lata Borysthenidas.
tu mihi sola places: placeam tibi, Cynthia, solus:
  hic erit et patrio sanguine pluris amor.

VIII

Eripitur nobis iam pridem cara puella:
  et tu me lacrimas fundere, amice, uetas?
nullae sunt inimicitiae nisi amoris acerbae:
  ipsum me iugula, lenior hostis ero.
possum ego in alterius positam spectare lacerto?
  nec mea dicetur, quae modo dicta mea est?
omnia uertuntur: certe uertuntur amores:
  uinceris aut uincis, haec in amore rota est.
magni saepe duces, magni cecidere tyranni,
  et Thebae steterunt altaque Troia fuit.
munera quanta dedi uel qualia carmina feci!
  illa tamen numquam ferrea dixit 'Amo.'

ergo ego tam multos nimium temerarius annos,
  improba, qui tulerim teque tuamque domum?
ecquandone tibi liber sum uisus? an usque
  in nostrum iacies uerba superba caput?

sic igitur prima moriere aetate, Properti?
  sed morere; interitu gaudeat illa tuo!

13 *nouam el. incipiunt codd.* 13 patriis *O*: Parthis *Ruhnken*: Latiis *Heinsius* 15 comitarem (*et* comitarer) *Itali*: comitarent *O* 20 sanguine *O*: nomine *Postgate*

VIII 6 quomodo *F1 P* 8 at uinces *Palmer*: ut uincas *Bailey*: a uictis *Barber* 10 steterunt *Scaliger*: steterant *O* 12 dicit *FP* 13 ergo ego tam (*P1*) *Heinsius*: ergo iam *codd. plerique*

exagitet nostros Manis, sectetur et umbras,
  insultetque rogis, calcet et ossa mea!
quid? non Antigonae tumulo Boeotius Haemon
  corruit ipse suo saucius ense latus,
et sua cum miserae permiscuit ossa puellae,
  qua sine Thebanam noluit ire domum?

sed non effugies: mecum moriaris oportet;
  hoc eodem ferro stillet uterque cruor.
quamuis ista mihi mors est inhonesta futura:
  mors inhonesta quidem, tu moriere tamen.

ille etiam abrepta desertus coniuge Achilles
  cessare in tectis pertulit arma sua.
uiderat ille fuga stratos in litore Achiuos,
  feruere et Hectorea Dorica castra face;
uiderat informem multa Patroclon harena
  porrectum et sparsas caede iacere comas,
omnia formosam propter Briseida passus:
  tantus in erepto saeuit amore dolor.
at postquam sera captiua est reddita poena,
  fortem illum Haemoniis Hectora traxit equis.
inferior multo cum sim uel matre uel armis,
  mirum, si de me iure triumphat Amor?

IXa

Iste quod est, ego saepe fui: sed fors et in hora
  hoc ipso eiecto carior alter erit.
Penelope poterat bis denos salua per annos
  uiuere, tam multis femina digna procis;

25 Sed non effugies (*ex* Sed effigies *corr.*) *N*: Sed non efficies *cett.* 31 fugas tractos *O*: *corr. ex uet. cod. Passerat* 39 marte (in arte *D*) *O*, *corr.* ς

IX 2 eiecto *DV2Vo.*: electo *NFPV1*

coniugium falsa poterat differre Minerua,
nocturno soluens texta diurna dolo;
uisura et quamuis numquam speraret Vlixem,
illum exspectando facta remansit anus.
nec non exanimem amplectens Briseis Achillem
candida uesana uerberat ora manu;
et dominum lauit maerens captiua cruentum,
propositum flauis in Simoente uadis,
foedauitque comas, et tanti corpus Achilli
maximaque in parua sustulit ossa manu;
cum tibi nec Peleus aderat nec caerula mater,
Scyria nec uiduo Deidamia toro.
tunc igitur ueris gaudebat Graecia nuptis,
tunc etiam felix inter et arma pudor.
at tu non una potuisti nocte uacare,
impia, non unum sola manere diem!
quin etiam multo duxistis pocula risu:
forsitan et de me uerba fuere mala.
hic etiam petitur, qui te prius ipse reliquit:
di faciant, isto capta fruare uiro!
haec mihi uota tuam propter suscepta salutem,
cum capite hoc Stygiae iam poterentur aquae,
et lectum flentes circum staremus amici?
hic ubi tum, pro di, perfida, quisue fuit?
quid si longinquos retinerer miles ad Indos,
aut mea si staret nauis in Oceano?
sed uobis facile est uerba et componere fraudes:
hoc unum didicit femina semper opus.
non sic incerto mutantur flamine Syrtes,
nec folia hiberno tam tremefacta Noto,

7 Visuram *P2* (*m. rec.*), *Paley* 12 Propositum *NFP*: Appositum Δ fluuiis *O*, *corr. Heinsius*: fuluis ς Simoente *Guyet*: simoenta *et similia O* 13 achilli *N*: hachilli *P1*: achillis *F* Δ 15 cui tum *Housman* 16 uiro *O*, *corr. Itali* 17 ueris *pro u.l. P2*, ς: uiris *NF2P1*: iuris *F1*: castis Δ nuptis *Baehrens*: natis *O* 21 duxistis *N*: duxisti *cett.* 33 incertae ς

quam cito feminea non constat foedus in ira,
siue ea causa grauis siue ea causa leuis.
nunc, quoniam ista tibi placuit sententia, cedam:
tela, precor, pueri, promite acuta magis,
figite certantes atque hanc mihi soluite uitam!
sanguis erit uobis maxima palma meus.
sidera sunt testes et matutina pruina
et furtim misero ianua aperta mihi,
te nihil in uita nobis acceptius umquam:
nunc quoque erit, quamuis sis inimica, nihil.
nec domina ulla meo ponet uestigia lecto:
solus ero, quoniam non licet esse tuum.
atque utinam, si forte pios eduximus annos,
ille uir in medio fiat amore lapis!

IXb

Non ob regna magis diris cecidere sub armis
Thebani media non sine matre duces,
quam, mihi si media liceat pugnare puella,
mortem ego non fugiam morte subire tua.

X

Sed tempus lustrare aliis Helicona choreis,
et campum Haemonio iam dare tempus equo.
iam libet et fortis memorare ad proelia turmas
et Romana mei dicere castra ducis.
quod si deficiant uires, audacia certe
laus erit: in magnis et uoluisse sat est.

38 precor] quidem *F1PV 2* promitte *NVo.*: pincte *F1* puer hic promit *P* 44 eris *O, corr. Postgate* sis *F1 et F4, P* Δ: sic *N*: sit *F3* mihi *O, corr. Postgate* 49–52 *non separant codd.*: *ante* 49 *lacunam statuunt multi. num distinguas rectius quam separes?*

X *priori continuant F1P* *hinc tertium librum incipit Lachmann*

aetas prima canat Veneres, extrema tumultus:
  bella canam, quando scripta puella mea est.
nunc uolo subducto grauior procedere uultu,
  nunc aliam citharam me mea Musa docet.

surge, anime, ex humili; iam, carmina, sumite uires;
  Pierides, magni nunc erit oris opus.
iam negat Euphrates equitem post terga tueri
  Parthorum, et Crassos se tenuisse dolet:
India quin, Auguste, tuo dat colla triumpho,
  et domus intactae te tremit Arabiae;
et si qua extremis tellus se subtrahit oris,
  sentiat illa tuas postmodo capta manus!
haec ego castra sequar; uates tua castra canendo
  magnus ero: seruent hunc mihi fata diem!

ut, caput in magnis ubi non est tangere signis,
  ponitur hinc imos ante corona pedes,
sic nos nunc, inopes laudis conscendere currum,
  pauperibus sacris uilia tura damus.
nondum etiam Ascraeos norunt mea carmina fontis,
  sed modo Permessi flumine lauit Amor.

XI

Scribant de te alii uel sis ignota licebit:
  laudet, qui sterili semina ponit humo.
omnia, crede mihi, tecum uno munera lecto
  auferet extremi funeris atra dies;
et tua transibit contemnens ossa uiator,
  nec dicet 'Cinis hic docta puella fuit.'

11 *sic dist. F* anima *O, corr. Heinsius* carmina *F*: carmine *cett.* 15 quin ϛ: quis *O* 18 sentiet *edd. uett.* 21 Vt *O*: at *Fonteine* 22 haec ϛ: hac *NFP*: hic Δ: his *Scaliger*: hinc *malui* 23 currum *Markland*: carmen *O*: culmen *uet. cod. Memmii teste Passeratio*
XI *priori continuant F1P* 2 Laudet *DV1Vo.*: Ludet *NFPV2* 6 hic *N1P* Δ: h' (= haec) *F*: hec *N2*

XII

Quicumque ille fuit, puerum qui pinxit Amorem,
nonne putas miras hunc habuisse manus?
is primum uidit sine sensu uiuere amantis,
et leuibus curis magna perire bona.
idem non frustra uentosas addidit alas,
fecit et humano corde uolare deum:
scilicet alterna quoniam iactamur in unda,
nostraque non ullis permanet aura locis.
et merito hamatis manus est armata sagittis,
et pharetra ex umero Cnosia utroque iacet:
ante ferit quoniam tuti quam cernimus hostem,
nec quisquam ex illo uulnere sanus abit.

in me tela manent, manet et puerilis imago:
sed certe pennas perdidit ille suas;
euolat heu nostro quoniam de pectore nusquam,
assiduusque meo sanguine bella gerit.
quid tibi iucundum est siccis habitare medullis?
si pudor est, alio traice bella tua!
intactos isto satius temptare ueneno:
non ego, sed tenuis uapulat umbra mea.
quam si perdideris, quis erit qui talia cantet,
(haec mea Musa leuis gloria magna tua est),
qui caput et digitos et lumina nigra puellae
et canat ut soleant molliter ire pedes?

XII 3 Hic *FP* 6 haut uano *Nodell, Housman* 12 abit *ND2V*: erit *FPD1Vo.* 15 heu *Muretus*: è *N*: e *cett.*: a! *Baehrens* 18 pudor *V2*, ς: puer *O* bella ς: puella *O*: tela *V2*: duella *Lipsius* tua ς: tuo *O*: loco *N2* (*m. rec.*), ς

XIII

Non tot Achaemeniis armantur *Susa* sagittis,
  spicula quot nostro pectore fixit Amor.
hic me tam gracilis uetuit contemnere Musas,
  iussit et Ascraeum sic habitare nemus;
non ut Pieriae quercus mea uerba sequantur,
  aut possim Ismaria ducere ualle feras,
sed magis ut nostro stupefiat Cynthia uersu:
  tunc ego sim Inachio notior arte Lino.

non ego sum formae tantum mirator honestae,
  nec si qua illustris femina iactat auos:
me iuuet in gremio doctae legisse puellae,
  auribus et puris scripta probasse mea.
haec ubi contigerint, populi confusa ualeto
  fabula: nam domina iudice tutus ero.
quae si forte bonas ad pacem uerterit auris,
  possum inimicitias tunc ego ferre Iouis.

quandocumque igitur nostros mors claudet ocellos,
  accipe quae serues funeris acta mei.
nec mea tunc longa spatietur imagine pompa,
  nec tuba sit fati uana querela mei;
nec mihi tunc fulcro sternatur lectus eburno,
  nec sit in Attalico mors mea nixa toro.
desit odoriferis ordo mihi lancibus, adsint
  plebei paruae funeris exsequiae.
sat mea sit magni, si tres sint pompa libelli,
  quos ego Persephonae maxima dona feram.

XIII 1 armantur *F3* Δ: armatur *NF1P* Susa *cod. Pici Mirandulani teste Beroaldo, Volscus*: etrusca *O* 11 iuuat *P*, ς 12 puris *PD1Vo.*: pueris *NFD2V* 13 contigerint *NF4V2*: confugerint *F1P1* 15 Quod *FD2* 17 *sequentia separant multi* 24 obsequi(a)e *N primo, F* 25 magni *scripsi*: magno *Phillimore*: magna *O*: sat magna est ς

tu uero nudum pectus lacerata sequeris,
  nec fueris nomen lassa uocare meum,
osculaque in gelidis pones suprema labellis,
  cum dabitur Syrio munere plenus onyx.
deinde, ubi suppositus cinerem me fecerit ardor,
  accipiat Manis paruula testa meos,
et sit in exiguo laurus super addita busto,
  quae tegat exstincti funeris umbra locum,
et duo sint uersus: QVI NVNC IACET HORRIDA PVLVIS,
  VNIVS HIC QVONDAM SERVVS AMORIS ERAT.
nec minus haec nostri notescet fama sepulcri,
  quam fuerant Pthii busta cruenta uiri.
tu quoque si quando uenies ad fata, memento,
  hoc iter ad lapides cana ueni memores.
interea caue sis nos aspernata sepultos:
  non nihil ad uerum conscia terra sapit.

atque utinam primis animam me ponere cunis
  iussisset quaeuis de Tribus una Soror!
nam quo tam dubiae seruetur spiritus horae?
  Nestoris est uisus post tria saecla cinis:
cui si longaeuae minuisset fata senectae
  barbarus Iliacis miles in aggeribus,
non ille Antilochi uidisset corpus humari,
  diceret aut 'O mors, cur mihi sera uenis?'

tu tamen amisso non numquam flebis amico:
  fas est praeteritos semper amare uiros.

34 tetigit *N primo*: regat *F1*   35 arida *Itali*   36 Vnus *N*   38 funere quam *Housman*   phthi(y)i *DV*: phithii *PVo.*: phitii *F4* (fitii *F1*): pythii *N*   busta] fama *F1PV2*   40 cara *Heinsius*   45 aurae *Housman*   47 cui si *Livineius*: Quis *O*   longaeuae *Itali, qui etiam* tam longae: tam long(a)eu(a)e *O*   minuisset *NF4PV2*: iurauisset *F1*   48 barbarus *nescioquis*: Gallicus *O*: Dardanus *Heinsius*: Caricus *Enk*: *alii alia*   49 ille *om. N*

testis, cui niueum quondam percussit Adonem
  uenantem Idalio uertice durus aper;
illis formosum lauisse paludibus, illic
  diceris effusa tu, Venus, isse coma.
sed frustra mutos reuocabis, Cynthia, Manis:
  nam mea qui poterunt ossa minuta loqui?

XIVa

Non ita Dardanio gauisus Atrida triumpho est,
  cum caderent magnae Laomedontis opes;
nec sic errore exacto laetatus Vlixes,
  cum tetigit carae litora Dulichiae;
nec sic Electra, saluum cum aspexit Oresten,
  cuius falsa tenens fleuerat ossa soror;
nec sic incolumem Minois Thesea uidit,
  Daedalium lino cum duce rexit iter;
quanta ego praeterita collegi gaudia nocte:
  immortalis ero, si altera talis erit.
nec mihi iam fastus opponere quaerit iniquos,
  nec mihi ploranti lenta sedere potest;
at dum demissis supplex ceruicibus ibam,
  dicebar sicco uilior esse lacu.
atque utinam non tam sero mihi nota fuisset
  condicio! cineri nunc medicina datur.
ante pedes caecis lucebat semita nobis:
  scilicet insano nemo in amore uidet.
hoc sensi prodesse magis: contemnite, amantes!
  sic hodie ueniet, si qua negauit heri.

53 qui *O*, *corr. Huschke*   55 Illic ς   formosum *O*: formosus *Postgate*   lauisse (*et* fleuisse) ς: iacuisse *O*   illic *scripsi*: illuc *O*   58 qui *N*, *F4*?: quid *cett.*

XIV 1 est *om. apud Charisium GLK* 1. 67. 11   7–8 sic cum (*van Herwerden*)...cui duce *Housman*   11 Aut *N1*   cum *PD*: tum *F1*   13–14 *post* 10 *transtulit Fonteine*: *ego olim post* 22 *malebam*   16 Condicio Δ: Condito *NFP*

pulsabant alii frustra dominamque uocabant:
  mecum habuit positum lenta puella caput.
haec mihi deuictis potior uictoria Parthis,
  haec spolia, haec reges, haec mihi currus erunt.
magna ego dona tua figam, Cytherea, columna,
  taleque sub nostro nomine carmen erit:
HAS PONO ANTE TVAS TIBI, DIVA, PROPERTIVS AEDIS
  EXVVIAS, TOTA NOCTE RECEPTVS AMANS.

XIVB

Nunc ad te, mea lux, ueniatne ad litora nauis
  seruata, an mediis sidat onusta uadis.
quod si forte aliqua nobis mutabere culpa,
  uestibulum iaceam mortuus ante tuum!

XV

O me felicem! o nox mihi candida! et o tu
  lectule deliciis facte beate meis!
quam multa apposita narramus uerba lucerna,
  quantaque sublato lumine rixa fuit!
nam modo nudatis mecum est luctata papillis,
  interdum tunica duxit operta moram.
illa meos somno lapsos patefecit ocellos
  ore suo et dixit 'Sicine, lente, iaces?'
quam uario amplexu mutamus bracchia! quantum
  oscula sunt labris nostra morata tuis!

non iuuat in caeco Venerem corrumpere motu:
  si nescis, oculi sunt in amore duces.

24 erit *P* 27 tuam...aedem *Scaliger* 29 ad te *O*: a te ς, *Housman* ueniatne ad *Luck*: ueniat mea *Vo.*: ueniet mea *cett.*: ueniat me...(seruato) *Barber*: (a te) pendet, mea...*Housman* litora *F1*: li(t)tore *NF4PΔ* 30 seruata *O*: seruato *Barber*: soluat *Housman* 29–32 *non separant codd.*: *num distinguas rectius quam separes?*

XV 1 nox o *Itali* 7 lassos *O, corr.* ς 8 lente *PD*: lecte *NF*

ipse Paris nuda fertur periisse Lacaena,
cum Menelaeo surgeret e thalamo:
nudus et Endymion Phoebi cepisse sororem
dicitur et nudae concubuisse deae.
quod si pertendens animo uestita cubaris,
scissa ueste meas experiere manus:
quin etiam, si me ulterius prouexerit ira,
ostendes matri bracchia laesa tuae.
necdum inclinatae prohibent te ludere mammae:
uiderit haec, si quam iam peperisse pudet.
dum nos fata sinunt, oculos satiemus amore:
nox tibi longa uenit, nec reditura dies...
atque utinam haerentis sic nos uincire catena
uelles, ut numquam solueret ulla dies!
exemplo iunctae tibi sint in amore columbae,
masculus et totum femina coniugium.
errat, qui finem uesani quaerit amoris:
uerus amor nullum nouit habere modum.

terra prius falso partu deludet arantis,
et citius nigros Sol agitabit equos,
fluminaque ad caput incipient reuocare liquores,
aridus et sicco gurgite piscis erit,
quam possim nostros alio transferre dolores:
huius ero uiuus, mortuus huius ero.
quod mihi si tantum talis concedere noctes
illa uelit, uitae longus et annus erit.
si dabit et multas, fiam immortalis in illis:
nocte una quiuis uel deus esse potest.

16 nudus *Rossberg*: nitidae *Palmer* 17 cubares *O*, *corr. Muretus*: pertendes...cubare *Riuius* 22 h(a)ec *NF*: hoc *P*Δ 26 Vellet *F1*, *quo probato* uti *pro* ut *Baehrens*: uellent (*sc.* fata) *Burman* 27 iunctae *F1PDV*: uinctae *N*, *F*?, *Vo.* 35 possit *N* calores *Beroaldus* 37 tantum *scripsi*: tecum *O*: secum *P corr.*, ς: interdum *Housman* 39 et *Bailey*: haec *codd.*: heu *uelim*

qualem si cuncti cuperent decurrere uitam
  et pressi multo membra iacere mero,
non ferrum crudele neque esset bellica nauis,
  nec nostra Actiacum uerteret ossa mare,
nec totiens propriis circum oppugnata triumphis
  lassa foret crinis soluere Roma suos.
haec certe merito poterunt laudare minores:
  laeserunt nullos proelia nostra deos.
tu modo, dum lucet, fructum ne desere uitae!
  omnia si dederis oscula, pauca dabis;
ac ueluti folia arentis liquere corollas,
  quae passim calathis strata natare uides,
sic nobis, qui nunc magnum spiramus amantes,
  forsitan includet crastina fata dies.

XVI

Praetor ab Illyricis uenit modo, Cynthia, terris,
  maxima praeda tibi, maxima cura mihi.
non potuit saxo uitam posuisse Cerauno?
  a, Neptune, tibi qualia dona darem!
nunc sine me plena fiunt conuiuia mensa,
  nunc sine me tota ianua nocte patet.
quare, si sapis, oblatas ne desere messis
  et stolidum pleno uellere carpe pecus;
deinde, ubi consumpto restabit munere pauper,
  dic alias iterum nauiget Illyrias!
Cynthia non sequitur fascis nec curat honores,
  semper amatorum ponderat una sinus. 12

41 cuperent] uellem *F1P*: uellent *D2* 43 esset neque *DV* 47 H(a)ec *N2*, *F2*?, *F4*: Nec *N1F1PDV1Vo*. 48 proelia *Fonteine*: pocula *codd.* 49 lucet *N*, *F4*?: licet *F1* Δ: licitum est *P1*: licet o *L. Mueller* 51 Ac *NP*: At *F* Δ 53 Sic magnum nobis nunc qui *N* speramus *O*, *corr. Scaliger*
XVI 11–12 *post* 16 *Fonteine, quo probato nouam el. a* 15 *Sandbach* 12 illa *DV*

semper in Oceanum mittit me quaerere gemmas,
et iubet ex ipsa tollere dona Tyro.

at tu nunc nostro, Venus, o succurre dolori,
rumpat ut assiduis membra libidinibus!
ergo muneribus quiuis mercatur amorem?
Iuppiter, indigna merce puella perit.
atque utinam Romae nemo esset diues, et ipse
straminea posset dux habitare casa!
numquam uenales essent ad munus amicae,
atque una fieret cana puella domo;
numquam septenas noctes seiuncta cubares,
candida tam foedo bracchia fusa uiro;
non quia peccarim (testor te), sed quia uulgo
formosis leuitas semper amica fuit.

barbarus excussis agitat uestigia lumbis—
et subito felix nunc mea regna tenet!
aspice quid donis Eriphyla inuenit amari,
arserit et quantis nupta Creusa malis!

nullane sedabit nostros iniuria fletus?
an dolor hic uitiis nescit abesse tuis?
tot iam abiere dies, cum me nec cura theatri
nec tetigit Campi, nec mea mensa iuuat.
'at pudeat!' certe, pudeat—nisi forte, quod aiunt,
turpis amor surdis auribus esse solet.
cerne ducem, modo qui fremitu compleuit inani
Actia damnatis aequora militibus:
hunc infamis amor uersis dare terga carinis
iussit et extremo quaerere in orbe fugam.

17–18 *post* 12 *olim Enk* 15 amicam *FPD2* 16 indignum ς 18 ipso *O*, *corr.* ς 23 Non quia *O*, *corr. Palmer* seiuncta *F2PDV*: seuincta *N*: semucta *F1* cubaris *NF4P* Δ: curabis *F1*: *corr.* ς 27 excussis ς: exclusit *N*: exclusis *cett.* 29 amari *Lee*: amaris *codd.* 32 tuis ς: suis *O* 34 musa *P* 35 dist. *Luck* 39 insanus *F primo*, *P*

Caesaris haec uirtus et gloria Caesaris haec est:
illa, qua uicit, condidit arma manu.

sed quascumque tibi uestis, quoscumque smaragdos,
quosue dedit flauo lumine chrysolithos,
haec uideam rapidas in uanum ferre procellas:
quae tibi terra, uelim, quae tibi fiat aqua.
non semper placidus periuros ridet amantis
Iuppiter et surda neglegit aure preces.
uidisti toto sonitus percurrere caelo,
fulminaque aetheria desiluisse domo:
non haec Pleiades faciunt neque aquosus Orion,
nec sic de nihilo fulminis ira cadit;
periuras tunc ille solet punire puellas,
deceptus quoniam fleuit et ipse deus.
quare ne tibi sit tanti Sidonia uestis,
ut timeas, quotiens nubilus Auster erit.

XVII

'Mentiri noctem, promissis ducere amantem, 1
hoc erit infectas sanguine habere manus. 2
nunc iacere e duro corpus iuuat, impia, saxo, 13
sumere et in nostram trita uenena *necem*.' 14
horum ego sum uates, quotiens desertus amaras 3
expleui noctes, fractus utroque toro.
uel tu Tantalea moueare ad flumina sorte, 5
ut liquor arenti fallat ab ore sitim;
uel tu Sisyphios licet admirere labores,
difficile ut toto monte uolutet onus;

44 flauos *F1PDV1Vo.* 46 fiat *DV1Vo.*: fiet *NFPV2* 49 uidisti *Barber*: Vidistin ς: Vidistis *O*

XVII 13–14 *post* 2 *Housman*, 16 *Lachmann* 14 nostram...necem *scripsi*: nostras...manus *codd.* tetra *P*

durius in terris nihil est quod uiuat amante,
  nec, modo si sapias, quod minus esse uelis.
quem modo felicem inuidia admirante ferebant,
  nunc decimo admittor uix ego quoque die;
nec licet in triuiis sicca requiescere luna,
  aut per rimosas mittere uerba fores...
quod quamuis ita sit, dominam mutare cauebo:
  tum flebit, cum in me senserit esse fidem.

XVIII A

Assiduae multis odium peperere querelae:
  frangitur in tacito femina saepe uiro.
si quid uidisti, semper uidisse negato!
  aut si quid doluit forte, dolere nega!

XVIII B

Quid mea si canis aetas candesceret annis,
  et faceret scissas languida ruga genas?
at non Tithoni spernens Aurora senectam
  desertum Eoa passa iacere domo est:
illum saepe suis decedens fouit in ulnis
  quam prius abiunctos sedula lauit equos;
illum ad uicinos cum amplexa quiesceret Indos,
  maturos iterum est questa redire dies;
illa deos currum conscendens dixit iniquos,
  inuitum et terris praestitit officium.

15 nunc licet *Beroaldus*: nunc libet *Guyet*: nec libet *Otto*
XVIII 1–4 *priori coniungunt nonnulli; alii a sequentibus non separant*
XVIII A 3 uidistis *N*   4 *post hunc u. lacunam statuit Rossberg*
XVIII B 5 Quid mea si *N*: Quid si iam *cett.*   candesceret *Heinsius*: canesceret *N*: mea caneret *FPDV1Vo.*   7 At *V2*, ς: An (*cum* est? *N*) *O*   9 descendens *Markland*   in ulnis ς, *Beroaldus*: in undis *NF2PΔ*: budis *F1*   10 cum *Burman*: nec *Postgate*   abiunctos *Scaliger*: adiunctos *F4* (*om. F1*), *PΔ*: aduinctos *N*

cui maiora senis Tithoni gaudia uiui
quam grauis amisso Memnone luctus erat.
cum sene non puduit talem dormire puellam
et canae totiens oscula ferre comae.
at tu etiam iuuenem odisti me, perfida, cum sis
ipsa anus haud longa curua futura die...
quin ego deminuo curam? quod saepe Cupido
huic malus esse solet, cui bonus ante fuit.

XVIIIc

Nunc etiam infectos demens imitare Britannos,
ludis et externo tincta nitore caput?
ut natura dedit, sic omnis recta figura est:
turpis Romano Belgicus ore color.
illi sub terris fiant mala multa puellae,
quae mentita suas uertit inepta comas!
deme: mihi certe poteris formosa uideri;
mi formosa sat es, si modo saepe uenis.
an si caeruleo quaedam sua tempora fuco
tinxerit, idcirco caerula forma bona est?
cum tibi nec frater nec sit tibi filius ullus,
frater ego et tibi sim filius unus ego.
ipse tuus semper tibi sit custodia lectus,
nec nimis ornata fronte sedere uelis.
credam ego narranti noli committere famae:
et terram rumor transilit et maria.

20 haud *F3*: aut *O* 21 deminuo *N*: diminuo *cett.* 22 Nunc *F1PDV1Vo.*

XVIIIc *separauit Kuinoel* 25 est *om. F1P* 29–30 *post* 24 *Housman* 29 Deme ?*N*, *P*: De me *F*Δ: desine *Baehrens* *post* deme *dist.* *N* mi Δ per te *Bosscha* 30 satis *O*, *corr. Heinsius* 31–2 *post* 26 *Lachmann*, *post* 28 *Baehrens* 38 terras *Guyet*

XIX

Etsi me inuito discedis, Cynthia, Roma,
laetor quod sine me deuia rura coles.
nullus erit castis iuuenis corruptor in agris,
qui te blanditiis non sinat esse probam;
nulla neque ante tuas orietur rixa fenestras,
nec tibi clamatae somnus amarus erit.
sola eris et solos spectabis, Cynthia, montis
et pecus et finis pauperis agricolae.
illic te nulli poterunt corrumpere ludi,
fanaque peccatis plurima causa tuis.
illic assidue tauros spectabis arantis,
et uitem docta ponere falce comas;
atque ibi rara feres inculto tura sacello,
haedus ubi agrestis corruet ante focos;
protinus et nuda choreas imitabere sura;
omnia ab externo sint modo tuta uiro.
ipse ego uenabor: iam nunc me sacra Dianae
suscipere et Veneris ponere uota iuuat.
incipiam captare feras et reddere pinu
cornua et audaces ipse monere canis;
non tamen ut uastos ausim temptare leones
aut celer agrestis comminus ire sues.
haec igitur mihi sit lepores audacia mollis
excipere et structo figere auem calamo,
qua formosa suo Clitumnus flumina luco
integit, et niueos abluit unda boues.
tu quotiens aliquid conabere, uita, memento
uenturum paucis me tibi Luciferis.

XIX 2 colis *O*, *corr.* ς 4 sinet Δ meam *D1 V1 Vo.* 18 ueneri *O*, *corr.* ς 20 monere *N*: mouere *cett.* 24 stricto *O*, *corr.* *Salmasius*

sic me nec solae poterunt auertere siluae,
nec uaga muscosis flumina fusa iugis,
quin ego in assidua metuam tua nomina lingua:
absenti nemo non nocuisse uelit.

XX

Quid fles abducta grauius Briseide? quid fles
anxia captiua tristius Andromacha?
quidue mea de fraude deos, insana, fatigas?
quid quereris nostram sic cecidisse fidem?
non tam nocturna uolucris funesta querela
Attica Cecropiis obstrepit in foliis,
nec tantum Niobe, bis sex ad busta superba,
sollicito lacrimans defluit a Sipylo.
mi licet aeratis astringant bracchia nodis,
sint tua uel Danaes condita membra domo,
in te ego et aeratas rumpam, mea uita, catenas,
ferratam Danaes transiliamque domum.
de te quodcumque, ad surdas mihi dicitur auris:
tu modo ne dubita de grauitate mea.
ossa tibi iuro per matris et ossa parentis
(si fallo, cinis heu sit mihi uterque grauis!)
me tibi ad extremas mansurum, uita, tenebras:
ambos una fides auferet, una dies.
quod si nec nomen nec me tua forma teneret,
posset seruitium mite tenere tuum.
septima iam plenae deducitur orbita lunae,
cum de me et de te compita nulla tacent:

29 Sic *O*: hic *Passerat* 31 metuam *Jacob*: mutem *O*: mussem *Palmier* XX *priori continuant F1P1* 7 *dist. Barber* (ad *sc. usque ad*) niobe *O* superba π, *Beroaldus*: superbe *O*: superne *Lachmann* niobae...superbae ς 8 lacrimans *FP*Δ: lacrimas *N*: lacrimae *Heinsius* s. lacrimans d. os Sipylo *Housman* depluit *Scaliger* 9 Mi ς: Me *O* 10 tua *Santen*: mea *O* danes *NF4V*: damnes *DP1Vo.*: demes *F1* 12 transiliamque *V2*, ς: stasiliamque *NP2V1Vo.*: sta iliamque *FP1D* 16 falso *N primo*

interea nobis non numquam ianua mollis,
  non numquam lecti copia facta tui.
nec mihi muneribus nox ulla est empta beatis:
  quidquid eram, hoc animi gratia magna tui.
cum te tam multi peterent, tu me una petisti:
  possum ego naturae non meminisse tuae?
tum me uel tragicae uexetis Erinyes, et me
  inferno damnes, Aeace, iudicio,
atque inter Tityi uolucris mea poena uagetur,
  tumque ego Sisyphio saxa labore geram!
ne tu supplicibus me sis uenerata tabellis:
  ultima talis erit quae mea prima fides.
hoc mihi perpetuo ius est, quod solus amator
  nec cito desisto nec temere incipio.

XXI

A quantum de me Panthi tibi pagina finxit,
  tantum illi Pantho ne sit amica Venus!
sed tibi iam uideor Dodona uerior augur?
  uxorem ille tuus pulcher amator habet!
tot noctes periere: nihil pudet? aspice, cantat
  liber: tu, nimium credula, sola iaces.
et nunc inter eos tu sermo es, te ille superbus
  dicit se inuito saepe fuisse domi.
dispeream, si quicquam aliud quam gloria de te
  quaeritur: has laudes ille maritus habet.
Colchida sic hospes quondam decepit Iason:
  eiecta est (tenuit namque Creusa) domo.

23, 24 non numquam *FPV2*: non umquam *NDV1Vo.* 28 naturae] nunc curae *Suringar* (curae *iam Heinsius*) 33 ne *scripsi*: Nec *codd.* 35 haec m. p. laus *Housman*

XXI 3 *hinc incipit L* 5 pudet *om. F1L, P primo* 7 te *om. FLP* 11 quando *N* (*corr. in mg. m.* 1) 12 tenuis *O, corr.* ς

sic a Dulichio iuuene est elusa Calypso:
uidit amatorem pandere uela suum.
a nimium faciles aurem praebere puellae,
discite desertae non temere esse bonae!
huic quoque—quid restat?—iam pridem quaeritur alter:
experta in primo, stulta, cauere potes.
nos quocumque loco, nos omni tempore tecum
siue aegra pariter siue ualente sumus.

XXIIA

Scis here mi multas pariter placuisse puellas;
scis mihi, Demophoon, multa uenire mala.
nulla meis frustra lustrantur compita plantis;
o nimis exitio nata theatra meo,
siue aliquis molli diducit candida gestu
bracchia, seu uarios incinit ore modos!
interea nostri quaerunt sibi uulnus ocelli,
candida non tecto pectore si qua sedet,
siue uagi crines puris in frontibus errant,
Indica quos medio uertice gemma tenet.
quaeris, Demophoon, cur sim tam mollis in omnis?
quod quaeris, 'quare', non habet ullus amor.
cur aliquis sacris laniat sua bracchia cultris
et Phrygis insanos caeditur ad numeros?
uni cuique dedit uitium natura creato:
mi fortuna aliquid semper amare dedit.
me licet et Thamyrae cantoris fata sequantur,
numquam ad formosas, inuide, caecus ero.

17 Nunc ς quid restat? *Burman*: qui restat *O*: qui restet ς
XXIIA 3 meis] mihi *FLP* 5 deducit *O*, *corr. Passerat* 6 incinit *NLP*: iucūt *F1* 7 nostri] quoniam *F1LPD2* 10 *post hunc u. lacunam statuerunt Fonteine, alii* 11–12 *post* 24 *malui*: *secl. Housman* 18 aliquam *Heimreich*

sed tibi si exilis uideor tenuatus in artus,
falleris: haud umquam est culta labore Venus.
percontere licet: saepe est experta puella
officium tota nocte ualere meum; 24
quae si forte aliquid uultu mihi dura negarat, 11
frigida de tota fronte cadebat aqua. 12
Iuppiter Alcmenae geminas requieuerat Arctos, 25
et caelum noctu bis sine rege fuit;
nec tamen idcirco languens ad fulmina uenit:
nullus amor uires eripit ipse suas.
quid, cum e complexu Briseidos iret Achilles?
num fugere minus Thessala tela Phryges?
quid, ferus Andromachae lecto cum surgeret Hector?
bella Mycenaeae non timuere rates?
ille uel hic classis poterant uel perdere muros:
hic ego Pelides, hic ferus Hector ego.
aspice uti caelo modo sol modo luna ministret:
sic etiam nobis una puella parum est.
altera me cupidis teneat foueatque lacertis,
altera si quando non sinit esse locum;
aut, si forte *ingrata* meo sit facta *cubili*,
ut sciat esse aliam, quae uelit esse mea!
nam melius duo defendunt retinacula nauim,
tutius et geminos anxia mater alit.

XXII B

Aut, si es dura, nega: sin es non dura, uenito!
quid iuuat, heu, nullo ponere uerba loco?

24 Hospitium *F1LP* 29 e *om. FLP* 30 Num *F*, *in ras. L*, *P*: Non *NΔ* 33 poterant *N*: poterat *cett.* illi uel classis *Baehrens* 39 *ita temptaui*: irata...ministro *codd.* 40 ut] at sciet (*malis* sciat) *Heinsius* aliquam ς

XXII B *separauerunt Itali*, *post* xvii. 4 *transfert Housman* 44 heu *Rothstein*: et *O*: in ς: a! *Mueller*: haec *Brandt* in n. pondere...loqui *Beroaldus*

hic unus dolor est ex omnibus acer amanti,
  speranti subito si qua uenire negat.
quanta illum toto uersant suspiria lecto,
  cum recipi *quod* non uenerit illa uetat,
et rursus puerum quaerendo audita fatigat,
  quem, quae scire timet, quaerere fata iubet!

XXIII

Cui fuit indocti fugienda et semita uulgi,
  ipsa petita lacu nunc mihi dulcis aqua est.
ingenuus quisquam alterius dat munera seruo,
  ut praemissa suae uerba ferat dominae?
et quaerit totiens 'Quaenam nunc porticus illam
  integit?' et 'Campo quo mouet illa pedes?',
deinde, ubi pertuleris, quos dicit fama labores
  Herculis, ut scribat 'Muneris ecquid habes?',
cernere uti possis uultum custodis amari,
  captus et immunda saepe latere casa?
quam care semel in toto nox uertitur anno!
  a pereant, si quos ianua clausa iuuat!
contra, reiecto quae libera uadit amictu,
  custodum et nullo saepta timore, placet;
cui saepe immundo Sacra conteritur Via socco,
  nec sinit esse moram, si quis adire uelit.
differet haec numquam, nec poscet garrula, quod te
  astrictus ploret saepe dedisse pater,

48 Cum *V2*, ς: Cur *O*   quod *scripsi*: qu(a)e *O*: quem *et* quam ς   nouerit *O*, *corr. Phillimore*   illa Δ: ille *NFLP*: ipse ς   uetat *O*: putat ς   50 *om. N*   Quem quae *FV2*: Quae quoque *LPDV1Vo.*   qu(a)erere *FLP*Δ: dicere ς: sciscere *Luck*   fata *F1L*: plura *F4*, *P in ras.*, Δ: furta *Palmer*: facta *Baehrens*

XXIII 1 Cui *FLP*: Qui *NDV1*   et *ante* semita *om.* Δ, *habent NFLP* fugienda fuit indocti semita *Housman*   4 praemissa *Housman*: commissa *edd. uett.*: promissa *O*   11 uenditur *Ayrmann*   12 quas ς   14 placet? *dist. N*   17 q̄ te (= qu(a)e te) *FL*

nec dicet 'Timeo, propera iam surgere, quaeso:
  infelix, hodie uir mihi rure uenit.'
et quas Euphrates et quas mihi misit Orontes,
  me iuerint: nolim furta pudica tori:
libertas quoniam nulli iam restat amanti.
  nullus liber erit, si quis amare uolet.

XXIVa

'Tu loqueris, cum sis iam noto fabula libro
  et tua sit toto Cynthia lecta foro?'
cui non his uerbis aspergat tempora sudor?
  aut pudor ingenuis aut reticendus amor.
quod si iam facilis spiraret Cynthia nobis,
  non ego nequitiae dicerer esse caput,
nec sic per totam infamis traducerer urbem,
  urerer et quamuis, nomine uerba darem.
quare ne tibi sit mirum me quaerere uilis:
  parcius infamant: num tibi causa leuis?

XXIVb (fragmentum)

et modo pauonis caudae flabella superbae
  et manibus dura frigus habere pila,
et cupit iratum talos me poscere eburnos,
  quaeque nitent Sacra uilia dona Via.
a peream, si me ista mouent dispendia, sed me
  fallaci dominae iam pudet esse iocum!

22 iuuerint *N*: capiant *cett.* 24 Nullus *O*: stultus *Baehrens* si quis liber erit, nullus *Foster*

XXIV priori *continuant L1P1* 1–16 *priori coniungit Rothstein*

XXIVa 1 sis *P2*(*uel* sic), ς: sit *NFLP1* Δ 4 ingenuis *Haupt*: ingenuus *O* amor? *dist. N* 5 tam ς 8 Vreret *O*, *corr.* ς nomine] non bene *Housman* *post* nomine, *non post* quamuis *dist. nonnulli* 10 *post hunc u. lacunam statuit Baehrens. an uu.* 11–16 *post xxiii. 20 transponendi? sed puto nouae elegiae initium excidisse.*

XXIVb 11 et] haec *Lachmann* superbi *Broekhuyzen* 12 durae... pilae *Heinsius* 13 interdum *Phillimore* 14 *an*... Via? *distinguendum*? 15 Ac *DV* sed me ς: si me *O*

XXIV c

Hoc erat in primis quod me gaudere iubebas?
  tam te formosam non pudet esse leuem?
una aut altera nox nondum est in amore peracta,
  et dicor lecto iam grauis esse tuo.
me modo laudabas et carmina nostra legebas:
  ille tuus pennas tam cito uertit amor?

contendat mecum ingenio, contendat et arte,
  in primis una discat amare domo:
si libitum tibi erit, Lernaeas pugnet ad hydras
  et tibi ab Hesperio mala dracone ferat,
taetra uenena libens et naufragus ebibat undas,
  et numquam pro te deneget esse miser:
(quos utinam in nobis, uita, experiare labores!)
  iam tibi de timidis iste proteruus erit,
qui nunc se in tumidum iactando uenit honorem:
  discidium uobis proximus annus erit.
at me non aetas mutabit tota Sibyllae,
  non labor Alcidae, non niger ille dies.

tu mea compones et dices 'Ossa, Properti,
  haec tua sunt? eheu tu mihi certus eras,
certus eras eheu, quamuis nec sanguine auito
  nobilis et quamuis non ita diues eras.'
nil ego non patiar, numquam me iniuria mutat:
  ferre ego formosam nullum onus esse puto.
credo ego non paucos ista periisse figura,
  credo ego sed multos non habuisse fidem.

XXIV c *separauit Canter* 17 erit *N* 27 Terra *F1LP*: trita *Heinsius* 31 se *om.* ς 35 tum (ς) me (*Porson*) *Baehrens* 36 *dist. Rothstein* 38 non ita *Pontanus*: nauita *O*: haud ita *Heinsius*

paruo dilexit spatio Minoida Theseus,
  Phyllida Demophoon, hospes uterque malus.
iam tibi Iasonia nota est Medea carina
  et modo seruato sola relicta uiro.

dura est quae multis simulatum fingit amorem,
  et se plus uni si qua parare potest.
noli nobilibus, noli conferre beatis:
  uix uenit, extremo qui legat ossa die.
hi tibi nos erimus: sed tu potius precor ut me
  demissis plangas pectora nuda comis.

XXV

Vnica nata meo pulcherrima cura dolori,
  excludit quoniam sors mea saepe 'ueni,'
ista meis fiet notissima forma libellis,
  Calue, tua uenia, pace, Catulle, tua.
miles depositis annosus secubat armis,
  grandaeuique negant ducere aratra boues,
putris et in uacua requiescit nauis harena,
  et uetus in templo bellica parma uacat:
at me ab amore tuo deducet nulla senectus,
  siue ego Tithonus siue ego Nestor ero.

nonne fuit satius duro seruire tyranno
  et gemere in tauro, saeue Perille, tuo?
Gorgonis et satius fuit obdurescere uultu,
  Caucasias etiam si pateremur auis.

46 seruato *NF4V2*: *om. F1L*: fallaci *F3D2Vo.*: ab infido *PDV1* 51 Hic ς in me *Lachmann*

XXV 2 *dist.* μ uenit *N1* excludi (*Scaliger*)...uenit *Paldam* 9 diducet ς 12 s(a)epe *O*, *corr.* ς

sed tamen obsistam. teritur robigine mucro
ferreus, et paruo saepe liquore silex:
at nullo dominae teritur sub crimine amor, qui
restat et immerita sustinet aure minas.
ultro contemptus rogat, et peccasse fatetur
laesus, et inuitis ipse redit pedibus.

tu quoque, qui pleno fastus assumis amore,
credule, nulla diu femina pondus habet.
an quisquam in mediis persoluit uota procellis,
cum saepe in portu fracta carina natet?
aut prius infecto deposcit praemia cursu,
septima quam metam triuerit ante rota?
mendaces ludunt flatus in amore secundi:
si qua uenit sero, magna ruina uenit.
tu tamen interea, quamuis te diligat illa,
in tacito cohibe gaudia clausa sinu.
namque in amore uiro semper sua maxima cuique
nescio quo pacto uerba nocere solent.
quamuis te persaepe uocet, semel ire memento:
inuidiam quod habet, non solet esse diu.
at si saecla forent antiquis grata puellis,
essem ego quod nunc tu: tempore uincor ego.
non tamen ista meos mutabunt saecula mores:
unus quisque sua nouerit ire uia.

at, uos qui officia in multos reuocatis amores,
quantus sic cruciat lumina nostra dolor!

17 nullus *Palmer* sub limine *LP1*: sublimine *NP2*: sub lumine *FDV*: *corr. Langermann* 18 perstat *Wakker, Ayrmann* immeritas ς 26 ante *O*: arte ς: axe *Burman* 27 secundo *Heinsius* 31 uiro *scripsi*: suo *codd.* 33 isse *Barber* 35 gta *N primo* 37 mutabant *N* 39 in *NF4V2*: *om. cett.* 40 quantus *nescioquis*: quantum *O* sic ς: si *O* nostra *NFLP*: uestra Δ

uidisti pleno teneram candore puellam,
  uidisti fuscam, ducit uterque color;
uidisti quandam Argiua prodire figura,
  uidisti nostras, utraque forma rapit;
illaque plebeio uel sit sandycis amictu:
  haec atque illa mali uulneris una uia est.
cum satis una tuis insomnia portet ocellis,
  una sat est cuiuis femina multa mala.

XXVI A

Vidi te in somnis fracta, mea uita, carina
  Ionio lassas ducere rore manus,
et quaecumque in me fueras mentita fateri,
  nec iam umore grauis tollere posse comas,
qualem purpureis agitatam fluctibus Hellen,
  aurea quam molli tergore uexit ouis.
quam timui, ne forte tuum mare nomen haberet,
  teque tua labens nauita fleret aqua!
quae tum ego Neptuno, quae tum cum Castore fratri,
  quaeque tibi excepi, iam dea, Leucothoe!
at tu uix primas extollens gurgite palmas
  saepe meum nomen iam peritura uocas.
quod si forte tuos uidisset Glaucus ocellos,
  esses Ionii facta puella maris,
et tibi ob inuidiam Nereides increpitarent,
  candida Nesaee, caerula Cymothoe.
sed tibi subsidio delphinum currere uidi,
  qui, puto, Arioniam uexerat ante lyram.
iamque ego conabar summo me mittere saxo,
  cum mihi discussit talia uisa metus.

41–4 (*cf.* 47) uidisti *scripsi*: uidistis *codd.* 42 fuscam *Mueller*: fusco *O* ducit *ND2*: dulcis *FD1VVo.*: lucus *L*: lucet *P* 43 quadam *N* prodire *NF4V2*: prodente *cett.* 48 sat est ς: sit et *O*

XXVI A 8 teque *Heinsius*: atque *O* 10 quae tibi suscepi *Heinsius* 15 prae inuidia *FDV1Vo.* 18 Qui *F3?*, *PΔ*: Quam *N*: Quod *F1L*

XXVIb

Nunc admirentur quod tam mihi pulchra puella
  seruiat et tota dicar in urbe potens!
non, si Cambysae redeant et *munera* Croesi,
  dicat 'De nostro surge, poeta, toro.'
nam mea cum recitat, dicit se odisse beatos:
  carmina tam sancte nulla puella colit.
multum in amore fides, multum constantia prodest:
  qui dare multa potest, multa et amare potest.

XXVIc

Heu, mare per longum mea cogitat ire puella!
  hanc sequar et fidos una aget aura duos.
unum litus erit sopitis unaque tecto
  arbor, et ex una saepe bibemus aqua;
et tabula una duos poterit componere amantis,
  prora cubile mihi seu mihi puppis erit.
omnia perpetiar: saeuus licet urgeat Eurus,
  uelaque in incertum frigidus Auster agat;
quicumque et uenti miserum uexastis Vlixem,
  et Danaum Euboico litore mille ratis;
et qui mouistis duo litora, cum ratis Argo
  dux erat ignoto missa columba mari.
illa meis tantum non umquam desit ocellis,
  incendat nauem Iuppiter ipse licet.
certe isdem nudi pariter iactabimur oris:
  me licet unda ferat, te modo terra tegat.

XXVIb *separauit Burman* 23 se dent *Barber* munera *scripsi, dubitanter*: flumina *codd., quod fortasse seruandum.*

XXVIc 29 *nouam el. incipit N*: *lacunam statuunt nonnulli* Heu *Guyet*: Seu *O* cogitet *codd.* 31 sopitis] positis torus *Housman* 36 in *om. NF1LP* 39 ratis] rudis *in mg. F2 et P1, ς* argo *N, in mg. F2, P corr.*, Δ: ergo *F1L, P primo*: argus *ς* 41 numquam *FP1* desit] spectat *F1LP1* (*corr. in mg. P1*) 43 his'am *F1*: hys'am *L* 44 modo *N, in mg. F4 et P1, V2*: quoque *F1LP1DV1Vo.*

sed non Neptunus tanto crudelis amori,
Neptunus fratri par in amore Ioui:
testis Amymone, latices dum ferret, in aruis
compressa, et Lernae pulsa tridente palus;
iam deus amplexu uotum persoluit, at illi
aurea diuinas urna profudit aquas.
crudelem et Borean rapta Orithyia negauit:
hic deus et terras et maria alta domat.
crede mihi, nobis mitescet Scylla, nec umquam
alternante uacans uasta Charybdis aqua;
ipsaque sidera erunt nullis obscura tenebris,
purus et Orion, purus et Haedus erit.
quod mihi si ponenda tuo sit corpore uita,
exitus hic nobis non inhonestus erit.

XXVII

Et uos incertam, mortales, funeris horam
quaeritis, et qua sit mors aditura uia?
quaeritis et caelo Phoenicum inuenta sereno,
quae sit stella homini commoda quaeque mala?
seu pedibus Parthos sequimur seu classe Britannos,
et maris et terrae caeca pericla uiae;
rursus et obiectum flemus caput esse tumultu,
cum Mauors dubias miscet utrimque manus;
praeterea domibus flammam domibusque ruinas,
neu subeant labris pocula nigra tuis.
solus amans nouit, quando periturus et a qua
morte, neque hic Boreae flabra neque arma timet.

47 dum *N*: cum *cett.* argis ς (*et uid. Ou. Am.* 1.10.5) 49 nam *Vahlen* 54 uorans *O, corr. Ayrmann* 57 Quod *FLPV2*: Quid *cett.* tuost in *Barber*

XXVII 1 Et ς: At *O* 6 terrent *Phillimore* 7 flemus *FLPΔ*: fletus *N* (-s *postea add. m. 1, ut uid.*): fletis ς: fles tu *Housman*: fletur *Gwynn* caput *NF1*: capiti *LPΔ* tumultum *O, corr.* ς 8 *post hunc u. lacunam statuit Havet* 9 dominisque *Lachmann*: metuisque *Mueller*

iam licet et Stygia sedeat sub harundine remex,
  cernat et infernae tristia uela ratis:
si modo clamantis reuocauerit aura puellae,
  concessum nulla lege redibit iter.

XXVIII A

Iuppiter, affectae tandem miserere puellae:
  tam formosa tuum mortua crimen erit. 2
hoc tibi uel poterit coniunx ignoscere Iuno: 33
  frangitur et Iuno, si qua puella perit. 34
uenit enim tempus, quo torridus aestuat aer, 3
  incipit et sicco feruere terra Cane.

sed non tam ardoris culpa est neque crimina caeli,
  quam totiens sanctos non habuisse deos.
hoc perdit miseras, hoc perdidit ante puellas:
  quidquid iurarunt, uentus et unda rapit.
num sibi collatam doluit Venus? illa peraeque
  prae se formosis inuidiosa dea est.
an contempta tibi Iunonis templa Pelasgae?
  Palladis aut oculos ausa negare bonos?
semper, formosae, non nostis parcere uerbis.
  hoc tibi lingua nocens, hoc tibi forma dedit.

sed tibi uexatae per multa pericula uitae
  extremo ueniet mollior hora die.
Io uersa caput primos mugiuerat annos:
  nunc dea, quae Nili flumina uacca bibit.
Ino etiam prima terris aetate uagata est:
  hanc miser implorat nauita Leucothoen.

XXVIII A 2 Iam *N* erit? *dist. N* 33–34 *huc transtulit Passerat* 8 iurarem *N* 9 Num *FLPD*: Non *N* perǫque *V2*: ꝑ eq̃ *N*: parēq; (*ut uid., ex* perēq; *corr.*) *F*: ꝑeque *L*: ꝑ-eque *P* 15 uexata...uita ς 16 ueniet *V2*: uenit *O*: ueniat ς aura ς, *Passerat*

Andromede monstris fuerat deuota marinis:
haec eadem Persei nobilis uxor erat.
Callisto Arcadios errauerat ursa per agros:
haec nocturna suo sidere uela regit.

quod si forte tibi properarint fata quietem,
illa sepulturae fata beata tuae.
narrabis Semelae, quo sit formosa periclo,
credet et illa, suo docta puella malo;
et tibi Maeonias omnis heroidas inter
primus erit nulla non tribuente locus.

nunc, utcumque potes, fato gere saucia morem:
et deus et durus uertitur ipse dies.

XXVIII B

Deficiunt magico torti sub carmine rhombi,
et iacet exstincto laurus adusta foco;
et iam Luna negat totiens descendere caelo,
nigraque funestum concinit omen auis.
una ratis fati nostros portabit amores
caerula ad infernos uelificata lacus.
si non unius, quaeso, miserere duorum!
uiuam, si uiuet; si cadet illa, cadam.
pro quibus optatis sacro me carmine damno:
scribam ego 'Per magnum est salua puella Iouem';
ante tuosque pedes illa ipsa operata sedebit,
narrabitque sedens longa pericla sua.

21 deuota *N*, *in mg.* *F4P1V2*: monstrata *F1LP1DV1Vo.* 26 ipsa (ϛ) sepultura facta (ϛ)...tua *Markland* 27 fit *F1LP*: sis ϛ 29 omnis herodias inter Δ: inter heroidas omnis *NFLP*

XXVIII B 35 *nouam el. incipit N, continuant cett.* sub i(y)magine *FLPVo.1* rhombi *V2*: rombi *F2*?, *LP*: bombi *N*: nimbi *F1* 38 condidit *O*, *corr.* *V2* 41 S; (= Set) *N* 45 operata *P*: operta *cett.*

haec tua, Persephone, maneat clementia, nec tu,
  Persephonae coniunx, saeuior esse uelis.
sunt apud infernos tot milia formosarum:
  pulchra sit in superis, si licet, una locis!
uobiscum est Iope, uobiscum candida Tyro,
  uobiscum Europe nec proba Pasiphae,
et quot Troia tulit uetus et quot Achaia formas,
  et Thebae et Priami diruta regna senis:
et quaecumque erat in numero Romana puella,
  occidit: has omnis ignis auarus habet.
nec forma aeternum aut cuiquam est fortuna perennis:
  longius aut propius mors sua quemque manet.

tu quoniam es, mea lux, magno dimissa periclo,
  munera Dianae debita redde choros,
redde etiam excubias diuae nunc, ante iuuencae;
  uotiuas noctes, ei mihi, solue decem!

XXIX A

Hesterna, mea lux, cum potus nocte uagarer,
  nec me seruorum duceret ulla manus,
obuia nescio quot pueri mihi turba minuta
  uenerat (hos uetuit me numerare timor);
quorum alii faculas, alii retinere sagittas,
  pars etiam uisa est uincla parare mihi.
sed nudi fuerant. quorum lasciuior unus,
  'Arripite hunc,' inquit, 'iam bene nostis eum.

51 antiope (? *recte*) *uel* est iole ς   54 Thebae *Scaliger*: ph(o)ebi *O*: *alii alia*   58 propius *F2?*, *LPDV*: proprius *NF1Vo.*   59 demissa (-o *Vo.*) *O*, *corr.* ς   62 ei *Damsté*: et *O*

XXIX *priori continuant F1DV1Vo.*

XXIX A 1 extrema *Heinsius*   mea *NF4*, *P corr.*, *V2*: modo *F1L*, *P primo*, *DV1Vo.*   3 minuti *Heinsius*   4 hos *F3?*, *P corr.*, Δ: hoc *NF1L*, *P primo*   8 iam *N*: nam *cett.*

hic erat, hunc mulier nobis irata locauit.'
dixit, et in collo iam mihi nodus erat.
hic alter iubet in medium propellere, at alter,
'Intereat, qui nos non putat esse deos!
haec te non meritum totas exspectat in horas:
at tu nescio quas quaeris, inepte, fores.
quae cum Sidoniae nocturna ligamina mitrae
soluerit atque oculos mouerit illa grauis,
afflabunt tibi non Arabum de gramine odores,
sed quos ipse suis fecit Amor manibus.
parcite iam, fratres, iam certos spondet amores;
et iam ad mandatam uenimus ecce domum'.
atque ita mi iniecto dixerunt rursus amictu:
'I nunc et noctes disce manere domi.'

XXIXB

Mane erat, et uolui, si sola quiesceret illa,
uisere: at in lecto Cynthia sola fuit.
obstipui: non illa mihi formosior umquam
uisa, neque ostrina cum fuit in tunica,
ibat et hinc castae narratum somnia Vestae,
neu sibi neue mihi quae nocitura forent:
talis uisa mihi somno dimissa recenti.
heu quantum per se candida forma ualet!
Quid tu matutinus,' ait, 'speculator amicae?
me similem uestris moribus esse putas?
non ego tam facilis: sat erit mihi cognitus unus,
uel tu uel si quis uerior esse potest.

10 *post hunc u. duo uu. excidisse putat Butler* 11 at *NLP*: et *FΔ* 14 foris *Dousa pater* 21 me *O, corr. Canter* in lecto *O, corr. ς* dixerunt *F1, ς, Canter*: duxerunt *NF4LPΔ*

XXIXB *separauerunt ς, Guyet, alii* 25 mihi est *P* 27 hinc] huic *LPVo.*: in *Jacob* 29 demissa *O, corr. ς* 31 Quid *DV1Vo.*: Quod *NFLPV2*: Quo *ς*

apparent non ulla toro uestigia presso,
signa uolutantis nec iacuisse duos.
aspice ut in toto nullus mihi corpore surgat
spiritus admisso notus adulterio.'
dixit, et opposita propellens sauia dextra
prosilit in laxa nixa pedem solea.
sic ego tam sancti custos deludor amoris:
ex illo felix nox mihi nulla fuit.

XXXA

Quo fugis a demens? nulla est fuga: tu licet usque
ad Tanain fugias, usque sequetur Amor.
non si Pegaseo uecteris in aere dorso,
nec tibi si Persei mouerit ala pedes;
uel si te sectae rapiant talaribus aurae,
nil tibi Mercurii proderit alta uia.
instat semper Amor supra caput, instat amanti,
et grauis ipse super libera colla sedet.
excubat ille acer custos et tollere numquam
te patietur humo lumina capta semel.
at, iam si pecces, deus exorabilis ille est,
si modo praesentis uiderit esse preces.

XXXB

Ista senes licet accusent conuiuia duri:
nos modo propositum, uita, teramus iter.

36 uolutantis *LP*: uoluntatis *NF1* 39 dextra ς: nostra *O* 40 in laxa *F3P2V2*: in saxa *O* 41 custos Δ: custode *NLP*: custodis *F* deludor *Palmer*, *Housman*: reludor, *ut uid.*, *N*: rector *FLP*: eludor *Burman*: secludor *Passerat* 42 nox ς: non *O*
XXX *priori continuant F1L1PDV1Vo.*
XXXA 8 ipsa *Beroaldus* 11 at *J. H. Voss*: et *O*: sed *Burman*
XXXB *separauit Heimreich*

illorum antiquis onerentur legibus aures:
  hic locus est in quo, tibia docta, sones,
quae non iure uado Maeandri iacta natasti,
  turpia cum faceret Palladis ora tumor.
num tamen immerito Phrygias nunc ire per undas
  et petere Hyrcani litora *nolo* maris,
spargere et alterna communis caede Penatis
  et ferre ad patrios praemia dira Lares?
una contentum pudeat me uiuere amica?
  hoc si crimen erit, crimen Amoris erit:
mi nemo obiciat. libeat tibi, Cynthia, mecum
  rorida muscosis antra tenere iugis.
illic aspicies scopulis haerere Sorores
  et canere antiqui dulcia furta Iouis,
ut Semela est combustus, ut est deperditus Io,
  denique ut ad Troiae tecta uolarit auis.
quod si nemo exstat qui uicerit Alitis arma,
  communis culpae cur reus unus agor?
nec tu Virginibus reuerentia moueris ora:
  hic quoque non nescit quid sit amare chorus;
si tamen Oeagri quaedam compressa figura
  Bistoniis olim rupibus accubuit.
hic ubi te prima statuent in parte choreae,
  et medius docta cuspide Bacchus erit,
tum capiti sacros patiar pendere corymbos:
  nam sine te nostrum non ualet ingenium.

15 onerentur *P2Vo.*: ornentur *V2*: onerantur *cett.* 16 sones *NF4P2*: senes *F corr., LP1* 17 m(a)eandri *N2, F?, Vo.*: menandri *cett.* 18 palladis *N, P corr.*: pallidus *cett.* 19–22 *hic alienos esse putauerunt multi* 19 num *Scaliger*: Non *N1*: Nunc *N2FLPΔ* tam̃ (= tamen) *N*: tu *F4* (*om. F1*), *LPDV1* immerito *N*: dura paras *cett.* 20 nolo *scripsi*: nota *codd.*: nuda *Lachmann*: rauca *Munro* 21 Spargere et *NVo.*: Spargereque *cett.* 30 uolarit *N2P2V2Vo.*: uolari *N1*: uolaret *FP1DV1*: uolares *L* 35 Set *N* figurae *Housman* 37 te ς: me *O*

XXXI

Quaeris, cur ueniam tibi tardior? aurea Phoebi
  porticus a magno Caesare aperta fuit.
tantam erat in speciem Poenis digesta columnis,
  inter quas Danai femina turba senis.
hic equidem Phoebo uisus mihi pulchrior ipso
  marmoreus tacita carmen hiare lyra;
atque aram circum steterant armenta, Myronis
  quattuor artificis uiuida signa boues.
tum medium claro surgebat marmore templum,
  et patria Phoebo carius Ortygia:
in quo Solis erat supra fastigia currus,
  et ualuae, Libyci nobile dentis opus;
altera deiectos Parnasi uertice Gallos,
  altera maerebat funera Tantalidos.
deinde inter matrem deus ipse interque sororem
  Pythius in longa carmina ueste sonat.

XXXII

Nam quid Praenesti dubias, o Cynthia, sortis, 3
  quid petis Aeaei moenia Telegoni?
cur ita te Herculeum deportant esseda Tibur?
  Appia cur totiens te uia Lanuuium?

XXXI *priori continuant FL1PDV1* 1 tardior? *dist. N* 3 Tanta *O*, *corr. edd. uett.* poenis *F4Vo.*: penis *NPV2*: pennis *V1*: *om. F1LD* columnis *F4V2Vo.*: columbis *NF1LPDV1* 5 hic Phoebus Phoebo *Hoeufft*: *an* hic quidam *scribendum*? 8 artifices *uulgo* 10 carius *N*, *in mg. P1*: clarior *FLP1* 11 In quo *ς*, *qui etiam* E quo: Et quo (Et auro quo *Vo.*) *O* *finem deesse huic, initium sequenti el. putat Perreius*
XXXII *priori continuant O*, *separauerunt Itali* 1–2 *post* 10 *posui* 2 crimina lumen *O*, *corr. ς* 4 Thelegoni *V2*: telagoni *P*: le(o *L*)thogoni *cett.* 5 cur ita te *Richmond*: Curua te *N*: Cur uatem *cett.*: cur tua te *Baehrens*: curnam te *Housman* deportantes sed abitur *N* 6 Lanuuium *Jortin*: dicit anum *NF4*: ducit anum *F1LPDV1*

hoc utinam spatiere loco, quodcumque uacabis,
   Cynthia! sed tibi me credere turba uetat,
cum uidet accensis deuotam currere taedis
   in nemus et Triuiae lumina ferre deae:
qui uidet, is peccat: qui te non uiderit ergo, 1
   non cupiet: facti lumina crimen habent. 2
scilicet umbrosis sordet Pompeia columnis 11
   porticus, aulaeis nobilis Attalicis,
et platanis creber pariter surgentibus ordo,
   flumina sopito quaeque Marone cadunt,
et leuiter nymphis toto crepitantibus orbe
   cum subito Triton ore recondit aquam.

falleris, ista tui furtum uia monstrat amoris:
   non urbem, demens, lumina nostra fugis!
nil agis, insidias in me componis inanis,
   tendis iners docto retia nota mihi.
sed de me minus est: famae iactura pudicae
   tanta tibi miserae, quanta meretur, erit.
nuper enim de te nostras me laedit ad auris
   rumor, et in tota non bonus urbe fuit.

sed tu non debes inimicae *cedere* linguae:
   semper formosis fabula poena fuit.
non tua deprenso damnata est fama ueneno:
   testis eris puras, Phoebe, uidere manus.
sin autem longo nox una aut altera lusu
   consumpta est, non me crimina parua mouent.

7–10 *post* 16 *Enk* 8 tibi me *P corr.*, Δ: time *N*: timeo *FL*, *P primo* uocat *N* 13 plat. creb. pariter *N*: creb. plat. pariter *F1* (pariterque *F2*?), *LP* surgentibus *Vo.*: urgentibus *cett.* 15 lymphis ς toto...orbe *Heinsius*: tota...urbe *O* 16 quam *Housman*: qua *Butler* recludit ς 22 meretur *N*: mereris *cett.* 23 nostras *FP* (*in hoc* -s *add. m. 1*), *Vo.*: nostra *NLDV* me l(a)edit (-et *DV*) *O* 25–30 *Cynthiae dat Barber, qui duo uu. post* 30 *excidisse putat* 25 tu...cedere *Wakker*: tu...credere *O, Barber*: te...credere *Scaliger* 26 tuis *N* 27 mea *Barber* 30 num te *Barber* crimina *N2LP*Δ: scrinia *N*: carmina *F*

Tyndaris externo patriam mutauit amore,
  et sine decreto uiua reducta domum est.
ipsa Venus fertur corrupta libidine Martis;
  nec minus in caelo semper honesta fuit.
quamuis Ida Parim pastorem dicat amasse
  atque inter pecudes accubuisse deam,
hoc et Hamadryadum spectauit turba sororum
  Silenique senes et pater ipse chori;
cum quibus Idaeo legisti poma sub antro,
  supposita excipiens, Nai, caduca manu.

an quisquam in tanto stuprorum examine quaerit
  'Cur haec tam diues? quis dedit? unde dedit?'
o nimium nostro felicem tempore Romam,
  si contra mores una puella facit!
haec eadem ante illam iam impune et Lesbia fecit:
  quae sequitur, certe est inuidiosa minus.
qui quaerit Tatios ueteres durosque Sabinos,
  hic posuit nostra nuper in urbe pedem.
tu prius et fluctus poteris siccare marinos,
  altaque mortali deligere astra manu,
quam facere, ut nostrae nolint peccare puellae:
  hic mos Saturno regna tenente fuit;
at cum Deucalionis aquae fluxere per orbem,
  et post antiquas Deucalionis aquas,
dic mihi, quis potuit lectum seruare pudicum,
  quae dea cum solo uiuere sola deo?

31 motauit *N*   33–40 *aliter dist. multi edd.*   33 fertur *N*: quamuis *cett.*   correpta *Fonteine*   Martis] uixit *LP*   35 parim *O*: etiam *Enk*   37 Non *F1LP*: uos *Housman*   et Δ: etiam *NFLP*   38 senes *Vo.*: senis *cett.*   40 nai(y)ca dona *O*, *corr. Scaliger*   45 iam *habet Vo., om. cett.*   47 tatios Δ: tacios *FLP*: tacitos *N*   48 H(a)ec *LP*: Hac *Vo.*   50 deripere *Burman*   51 nolint *F3P* Δ: noluit *NL*: uoluit *F1*   52 Hic *NV2Vo.*: His *F1L*: Is *F3PDV1*   53–54 at *Beroaldus*: Et *O*   Et...orbem; / At ς, *Palmer*, *Vahlen*

uxorem quondam magni Minois, ut aiunt,
corrupit torui candida forma bouis;
nec minus aerato Danae circumdata muro
non potuit magno casta negare Ioui.

quod si tu Graias es tuque imitata Latinas,
semper uiue meo libera iudicio!

XXXIIIa

Tristia iam redeunt iterum sollemnia nobis:
Cynthia iam noctes est operata decem.
atque utinam pereant, Nilo quae sacra tepente
misit matronis Inachis Ausoniis!
quae dea tam cupidos totiens diuisit amantis,
quaecumque illa fuit, semper amara fuit?
tu certe Iouis occultis in amoribus, Io,
sensisti multas quid sit inire uias,
cum te iussit habere puellam cornua Iuno
et pecoris duro perdere uerba sono.
a quotiens quernis laesisti frondibus ora,
mandisti et stabulis arbuta pasta tuis!
an, quoniam agrestem detraxit ab ore figuram
Iuppiter, idcirco facta superba dea es?
an tibi non satis est fuscis Aegyptus alumnis?
cur tibi tam longa Roma petita uia?
quidue tibi prodest uiduas dormire puellas?
sed tibi, crede mihi, cornua rursus erunt,
aut nos e nostra te, saeua, fugabimus urbe:
cum Tiberi Nilo gratia nulla fuit...

61 es tuque *Baehrens*: tuque es *NFLPVo.*: siue es *DV*: tuque is *Phillimore*: seu tu es *Luck*

XXXIII *priori continuat N, sed distinxit rubricator*

XXXIIIa 3 pereant *NP*: pereat *FL Δ* 12 mansisti *O, corr. Palmer, Rossberg* et *inseruit Heinsius* abdita *O, corr. Palmer* 19 fugabimus *NF2PV2Vo.*: fugauimus *F1LDV1*

at tu, quae nostro nimium placata dolore es,
  noctibus his uacui, ter faciamus iter.

XXXIII B

Non audis et uerba sinis mea ludere, cum iam
  flectant Icarii sidera tarda boues.
lenta bibis: mediae nequeunt te frangere noctes.
  an nondum est talos mittere lassa manus?
a pereat, quicumque meracas repperit uuas
  corrupitque bonas nectare primus aquas!
Icare, Cecropiis merito iugulate colonis,
  pampineus nosti quam sit amarus odor!
tuque o Eurytion uino Centaure peristi,
  nec non Ismario tu, Polypheme, mero.
uino forma perit, uino corrumpitur aetas,
  uino saepe suum nescit amica uirum...
me miserum, ut multo nihil est mutata Lyaeo!
  iam bibe: formosa es: nil tibi uina nocent.
cum tua praependent demissae in pocula sertae,
  et mea deducta carmina uoce legis,
largius effuso madeat tibi mensa Falerno,
  spumet et aurato mollius in calice.
semper in absentis felicior aestus amantis: 43
  eleuat assiduos copia longa uiros... 44
nulla tamen lecto recipit se sola libenter: 41
  est quiddam, quod uos quaerere cogat Amor. 42

21 pacata *Markland*

XXXIII B *separauerunt Hertzberg, alii* 31 eurytion Δ: euricio (-tio *F*) *NFLP* 35 es *F* 37 praependent *NF*, *P corr.*, *Charisius GLK* 1.107. 25: perpendent *L*, *P primo* demiss(a)e...sertae *N*, *Charisius*; *cf. auctor de dub. nom. GLK* 5. 590. 24: demissa...serta *cett. codd.* 41–42 *post* 44 *maluit Barber* 42 nos *F1LPDV1*

XXXIV

Cur quisquam faciem dominae iam credat Amori?
  sic erepta mihi paene puella mea est.
expertus dico, nemo est in amore fidelis:
  formosam raro non sibi quisque petit.
polluit ille deus cognatos, soluit amicos,
  et bene concordis tristia ad arma uocat.
hospes in hospitium Menelao uenit adulter:
  Colchis et ignotum nonne secuta uirum est?
Lynceu, tune meam potuisti, perfide, curam
  tangere? nonne tuae tum cecidere manus?
quid si non constans illa et tam certa fuisset?
  posses in tanto uiuere flagitio?
tu mihi uel ferro pectus uel perde ueneno:
  a domina tantum te modo tolle mea.
te socium uitae, te corporis esse licebit,
  te dominum admitto rebus, amice, meis:
lecto te solum, lecto te deprecor uno:
  riualem possum non ego ferre Iouem.
ipse meas solus, quod nil est, aemulor umbras,
  stultus, quod stulto saepe timore tremo.
una tamen causa est, qua crimina tanta remitto,
  errabant multo quod tua uerba mero.
sed numquam uitae fallet me ruga seuerae:
  omnes iam norunt quam sit amare bonum.

XXXIV *nouam el. incipit Vo., priori continuant cett.*
1 iam credat *NF4V2Vo.*: non credit *F1LPDV1* amico ς 9–10 perfide...Tangere *NV2Vo., mutato ordine cett.* 12 Posses in *NV2Vo.*: Posses et in *LPDV1*: Posset et in *F*: possesne in *Heinsius* 15 socium] dominum] *Cornelissen* 16 dominum] socium *Cornelissen* 18 possem *Flor.* 20 st., qui...ς: st. et in nullo *Heinsius* 21 qua *FLP*Δ: cur *N* (tanta[d] remitto[e] crimina[a] causa[b] ⁘ č) 23 fallet me *NVo.*: me fallet *cett.* 24 *hunc u. finem elegiae putauit Barth, nouam elegiam a u. 25 incipere arbitratus*

Lynceus ipse meus seros insanit amores!
solum te nostros laetor adire deos.
quid tua Socraticis tibi nunc sapientia libris
proderit aut rerum dicere posse uias?
aut quid *Aratei* tibi prosunt carmina lecti?
nil iuuat in magno uester amore senex.
tu satius memorem Musis imitere Philitan
et non inflati somnia Callimachi.

non rursus licet Aetoli referas Acheloi,
fluxerit ut magno fractus amore liquor,
atque etiam ut Phrygio fallax Maeandria campo
errat et ipsa suas decipit unda uias,
qualis et Adrasti fuerit uocalis Arion,
tristia ad Archemori funera uictor equus.
non Amphiareae prosint tibi fata quadrigae
aut Capanei magno grata ruina Ioui.
desine et Aeschyleo componere uerba coturno,
desine, et ad mollis membra resolue choros.
incipe iam angusto uersus includere torno,
inque tuos ignis, dure poeta, ueni.
tu non Antimacho, non tutior ibis Homero:
despicit et magnos recta puella deos.

sed non ante graui taurus succumbit aratro,
cornua quam ualidis haeserit in laqueis,

25 seros *NF4V2Vo.*: sacros *F1LPDV1* 29 Aratei *Mair*: erechti *N*: crethei *FLPDV1*: Erechthei *plerique edd.*: *alii alia* lecti ς: lecta *O*: plectri *Palmer* 31 memorem musis *N*, *P corr.*: musis memorem *cett.*: Musis Meropem *cod. Lusat, Luck*: tenuem . . . Philitan *uelim.* 32 inflatis (inflantis *VVo.*) omnia *O*: *corr. F4*, *P2* (*m. rec.*) 33 cursus ς non *scripsi*: nam *codd.* 34 fractus ς: factus *O*: tactus *Heinsius* ab ore *malim* 37 orion *NFLP* 38 tristia *Heinsius*: tristis *codd.* equus *Vo.*: equos *cett.* 39 (Non) amphiarerę *N*, amphiaree: *F1*, amphiare *L*, amphiarae *P*, amphiareae *DV* prosunt *F* Amphiaraëae non prosint fata *Itali*: Amphiarea nihil prosint tibi *Rothstein*: *alii alia* 40 magno *NVo.*: *om. cett.* 47–50 *post* 54 *Mueller* 47 graui *F*?: grauis *O* 48 lacrimis *F1L*, *P primo*

nec tu tam duros per te patieris amores:
trux tamen a nobis ante domandus eris.
harum nulla solet rationem quaerere mundi,
nec cur fraternis Luna laboret equis,
nec si post Stygias aliquid restabimus undas,
nec si consulto fulmina missa tonent.
aspice me, cui parua domi fortuna relicta est
nullus et antiquo Marte triumphus aui,
ut regnem mixtas inter conuiua puellas
hoc ego, quo tibi nunc eleuor, ingenio!

me iuuet hesternis positum languere corollis,
quem tetigit iactu certus ad ossa deus;
Actia Vergilium custodis litora Phoebi,
Caesaris et fortis dicere posse ratis,
qui nunc Aeneae Troiani suscitat arma
iactaque Lauinis moenia litoribus.
cedite Romani scriptores, cedite Grai!
nescio quid maius nascitur Iliade.

tu canis umbrosi subter pineta Galaesi
Thyrsin et attritis Daphnin harundinibus,
utque decem possint corrumpere mala puellas
missus et impressis haedus ab uberibus.
felix, qui uilis pomis mercaris amores!
huic licet ingratae Tityrus ipse canat.
felix intactum Corydon qui temptat Alexin
agricolae domini carpere delicias!

49 iam *N* 50 dominandus *N* 53 restabimus undas *Wassenberg* restabit *NFLP*: restauerit Δ erum(p)nas *FLP*: undas Δ: *om. N*: arenas *anon. ap. Burmannum* aliquid rest arbiter (*Jacob*) undas *Munro* 55 est *om. FL* 59 *sqq. separat Jacob* 59 hester nis (*sic*) *V2*: externis *NF4*: ecternis *F1*: eternis *F3LP* 61 Virgilium ς: Virgilio *O* 66 quod *NL post hunc u.* 77–80 *transf. Ribbeck, Heydenreich, nonnulli* 69 puellam *Itali* 72 Hinc *FLP1DV1*: nunc *Luck* ipse *F4PV2*: ipsa *cett.*

quamuis ille sua lassus requiescat auena,
  laudatur facilis inter Hamadryadas.
tu canis Ascraei ueteris praecepta poetae,
  quo seges in campo, quo uiret uua iugo.
tale facis carmen docta testudine quale
  Cynthius impositis temperat articulis.

non tamen haec ulli uenient ingrata legenti,
  siue in amore rudis siue peritus erit.
nec minor hic animis, ut sit minor ore, canorus
  anseris indocto carmine cessit olor.
haec quoque perfecto ludebat Iasone Varro,
  Varro Leucadiae maxima flamma suae;
haec quoque lasciui cantarunt scripta Catulli,
  Lesbia quis ipsa notior est Helena;
haec etiam docti confessa est pagina Calui,
  cum caneret miserae funera Quintiliae.
et modo formosa quam multa Lycoride Gallus
  mortuus inferna uulnera lauit aqua!
Cynthia quin uiuet uersu laudata Properti,
  hos inter si me ponere Fama uolet.

82 periturus *N* 83 hic *ed. Lachmanni* (1829): his (hiis *F*) *O* animis *N*, *P* (*in hoc* -s *fort. additum*), Δ: animi *FL* ut sit *Korsch*: aut sim *O* minor ore canorus *om. N* 91 quam] qui ς 92 fleuit *Postgate* 93 quin uiuet *Barber*: quin etiam *O*

NOTES

I

This opening elegy falls into distinguishable sections, as follows: 1–16 the poet's whole inspiration comes from his mistress and her varied charms; 17–38 he assures Maecenas that if he were capable of epic poetry he would take for subject Caesar's feats and Maecenas' loyal service to Caesar; 39–46 but in fact he is not fitted by nature or experience to write on epic subjects; his life is spent in love; 47–70 he will be faithful to his love till death; no witch's spell can change him, nor doctor's art relieve him of his pain; 71–8 and so when death comes for him it will be through a woman's unkindness; may Maecenas then spare him a tear.

The initial sixteen lines lead into what follows by way of *quod si*...in line 17. It will be seen also from the analysis above that in the remainder of the elegy, lines 17–78, there appears to be a balance, very nearly exact, in the quantitative distribution of the parts: twenty-two lines and eight lines of apology to Maecenas being followed by twenty-four lines and eight lines about the poet's condition. This may support the view of those who (on other grounds) hold that a couplet has fallen out after line 38, as the corresponding passages will then have precisely twenty-four lines apiece. It will be noted too that each of these corresponding passages (17 ff. and 47 ff.) has a punctuation of thought after its tenth line (see lines 27 and 57). As the complex thus delineated begins (17) and ends (73 ff.) with apostrophe of Maecenas there seems no doubt about the intended unity of the elegy as a whole, despite the marked differences of tone in the poet's references to his love (cf. for instance 5–16, 49–56, 65–70, 78). The explanation of these differences may be that whereas in 1–16 we have a presentation of the object of the poet's love in a series of visual images (perceived and recollected with a certain heightened sensibility), in 47–78 we have an account of an emotional turbulence within the poet which passes through several phases, reaching a climax in 65–70 and ending on a plaintive and lower note in 71–8: there will be other examples of such movements of feeling in the elegies that are to come. The passage 17–46, to which this statement in 47–78 of the poet's condition is a complement, is a *recusatio*, i.e. a familiar type of apology to a distinguished person (cf. Virg. *Ec.* VI, I ff., Hor. *Od.* I, 6, etc.) for not writing in that person's honour or on some subject recommended by him, such apology being based usually on a profession of the poet's inadequacy and including some turn of sentiment complimentary to the addressee.

1–2. quaeritis, etc.: for this way of beginning an elegy cf. I, xxii, II, xxxi, III, xiii. The people supposed to be addressed are the poet's friends or readers in general. The couplet here printed as a question (and cf., for instance, II, xxii, 13) can alternatively be taken as a statement and printed accordingly.

1. unde: this here as often means simply 'why'; and so also in the next line, where, however, the word's original meaning 'whence' is becoming relevant (in the sense 'from what source of inspiration').

2. mollis: the connotations of *mollis* range from 'unmanly' to 'wanton', through 'voluptuous', 'sensuous', 'languishing', 'erotic', etc. Its status in the sentence here is predicative; and the purport of the whole is: 'why is it all love and languors, this book of mine which is going round the town?'.

ueniat...in ora: said here of publication (cf. Ov. *Tr.* III, xiv, 21–3 *illud opus...incorrectum populi peruenit in ora*), but suggesting fame too as it usually does (cf. III, ix, 32 *et uenies tu quoque in ora uirum*, of celebrity; and Catull. 40. 5 *an ut peruenias in ora uulgi?*, of notoriety).

3. Calliope...Apollo: divinities conventionally supposed to inspire poets. Calliope (foremost of the Muses according to Hesiod, *Theog.* 79) is the one named elsewhere by Propertius as his patroness, e.g. at III, ii, 16; III, iii, 38 and 51.

5. Cois: from neut. pl. *Coa* = stuff of Cos, a fine and often translucent silk-like material.

[*uidi* is an old conjecture, for the MS tradition's *cogis*, which may be an echo of *Cois* earlier in the line. For the repetition *uidi...uidi* in lines 5 and 7 cf. that of *canerem* in lines 28 and 31 below. For alliteration or assonance between the last foot of the hexameter and the latter half of the pentameter cf. the two preceding couplets, 1–4.]

incedere: of a stately walk; cf. II, ii, 6 below.

6. hoc...uolumen: i.e. the book resulting from this experience.

7. ad frontem: an unusual use of *ad* in the sense 'on'; cf. IV, iii, 58 *et crepat ad ueteres herba Sabina focos* (i.e. *on* the hearth or altar).

9. lyrae carmen...percussit: the player striking the strings of the lyre (cf. Sen. *Tro.* 833 *plectro feriente chordas*) to produce the notes of which the music consists is said to strike the notes or music of the lyre; the genitive *lyrae* with *carmen* is thus easily intelligible. With *carmen...percussit* here cf. Ov. *Tr.* IV, x, 50 *dum ferit...carmina.* Music, words, or both in combination may be described as *carmen*; here, where our attention is focused on the movements of the lyre-player, the music is meant.

digitis...eburnis: cf. Ov. *Am.* III, vii, 7–8 *eburnea...bracchia.* (The *plectrum* used by the musician might be also itself of ivory; cf. [Tibull.] III, iv, 39 *plectro modulatus eburno.*)

10. facilis: acc. pl. with *manus.* It means here 'responding readily to the musician's will', and so 'nimble'.

premat: referring primarily to the play of the fingers of the left hand on the strings (while the right hand used the *plectrum*); cf. II, xxxiv, 79–80 *carmen...impositis temperat articulis.* With the phrase *premat...manus* cf. Virg. *Aen.* XI, 788 *premimus uestigia.*

11. seu cum: here *seu* (which above has had the value 'or if...') has the value 'or' (as it frequently does); for a similar variation of the value of the word in adjoining clauses cf. Virg. *Aen.* VI, 879–81.

declinat ocellos: i.e. lets her eyelids fall; cf. Virg. *Aen.* IV, 185 (of unsleeping Rumour) *nec dulci declinat lumina somno.* (Whereas Catull. LXIV, 91–2 *non prius ex illo flagrantia declinauit lumina* means that Ariadne could not take her eyes off her beloved.)

14. longas...Iliadas: the term 'an Iliad' became proverbial for a long tale of troubles; so Cic. *Att.* VIII, 11 *tanta malorum impendet* Ἰλιάς; Ov. *Pont.* II, vii, 32–4 *nostris...malis; quae tibi si memori coner perscribere uersu, Ilias est fati longa futura mei.* Here the allusion is to the *Iliad* as a long (cf. *longas*) tale of *battles*, and a grand epic poem: the poet's amorous tussles with his mistress provide material for another such.

15. seu quidquid fecit siue est quodcumque locuta: either (1) 'or whatever she has done, or whatever she has said...'; or (2) 'or if she has done no matter what, or said no matter what'. On the latter supposition *quidquid* and *quodcumque* will have here the value of *quidlibet*; for which compare the adjectival uses of *quocumque* in I, viii, 34 *et quocumque modo maluit esse mea*; II, xxi, 19 *nos quocumque loco, nos omni tempore tecum...sumus*.

17. **quod mihi si...etc.:** i.e. if fate had given me the talent to...

tantum: either (*a*) with *si*, making *si tantum* = 'if only' (cf. Virg. *Georg*. III, 251 *si tantum*; *Aen*. IV, 657 *si...tantum*); or (*b*) as object of *dedissent*, meaning 'such great talent', or 'talent enough'.

Maecenas: despite line 74 below, it is not clear that Propertius was ever intimate with Maecenas. In the next book it is noteworthy that the elegy III, ix which is addressed to him is not positioned, as a dedication probably would be, at the beginning of the book; and in book IV Maecenas is no longer mentioned. Propertius would not *need* a patron. He was of equestrian family (IV, i, 121 and 131), and despite loss of part of his patrimony in the confiscations of 41 B.C. he evidently still had adequate independent means; this is implied by his way of living, and by the terms in which he refers to his 'poverty': II, xxiv, 38 *non ita diues*; II, xxxiv, 55 *parua domi fortuna relicta*.

18. **ut possem...ducere in arma:** i.e. write an epic describing such events.

heroas: acc. pl. fem. of an (infrequent) adjective *herous-a-um*.

manus: 'companies'; or, perhaps, 'might'.

19–24. Typical epic subjects.

19. **Titanas:** i.e. the battle of the Titans with the gods; cf. Hesiod, *Theog*. 629 ff.

19–20. **Ossan Olympo impositam, etc.:** in *Odyssey* XI, 315 is told how the giants Otus and Ephialtes piled the mountains on top of one another, Ossa on Olympus, and Pelion on Ossa, hoping thereby to make a stair to heaven.

20. **caeli iter:** 'a way to heaven'; for this unusual use of the genitive cf. I, xx, 18 *Phasidos...uiam* = 'way to Phasis'.

21. **ueteres Thebas:** he has in mind the Theban wars of the Seven and of the Epigoni.

nomen Homeri: (source of) Homer's fame.

22. **bina uada:** 'two seas'; *uada* being used often by metonymy for 'sea' in general, as well as in its proper sense of 'shallows'. The reference is to the cutting of the canal through Athos.

23. Remi: Remus here is King of Rome, and so cannot be the brother and rival of Romulus; the name must stand for Romulus himself, as also in Catull. 58. 5 *magnanimi Remi nepotes*; Prop. IV, vi, 80 *signa Remi* (Roman standards).

animos (Carthaginis): 'rage', or 'pride'.

24. Cimbrorumque minas: the menace averted by Marius' victory over the Cimbri at the Raudine plains in 101 B.C.

bene facta: this can mean 'services', or 'feats'; here both meanings are appropriate.

25. res: 'deeds', as in *res gestae.*

tui...Caesaris: marking Maecenas' devotion to Caesar.

26. Caesare sub magno: next after great Caesar himself; cf. Virg. *Aen.* V, 323 *quo deinde sub ipso...uolat...Diores* (close behind him).

27–9. As will be seen from the notes below the topics listed in these lines might well have painful associations for Octavian, as well as for Propertius himself. But it would be rash to see much significance in this. The list of wars waged is historical, as in Suet. *Aug.* 9 *bella ciuilia quinque gessit, Mutinense, Philippense, Perusinum, Siculum, Actiacum*; and it is a list of wars about which the poet will *not* be writing, as the context shows.

27. Mutinam: where D. Brutus was besieged by Antonius, and relieved by the victory gained over the besiegers by the forces of Hirtius and Pansa (who were killed) and the young Caesar in 43 B.C.

ciuilia busta: i.e. graveyard of Romans killed in civil war, at the battle of Philippi in 42 B.C.

28. Siculae classica bella fugae: the genitive *fugae* seems to be of the kind that joins two substantives which express two aspects of the same thing, as *spretaeque iniuria formae, urbem Pataui*, etc.; if so it can be rendered by an apposition: 'the naval war, the rout (of the enemy) off Sicily'. The reference is to the war with Sextus Pompeius in 38–36 B.C. This ended in the total defeat of Sextus at sea at Naulochus in 36 B.C., but not before Octavian himself had suffered disasters and defeats; cf. Suet. *Aug.* 16, Pliny, *N.H.* VII, 148 (where *in nauali fuga* is said of such a defeat).

canerem: the imperfect subjunctive here and in line 31 is of the kind used in stating an 'unfulfilled condition'.

29. euersosque focos antiquae gentis Etruscae: the capture and destruction of Perusia (an Etruscan city) by the young Caesar's forces in 41 B.C., after its defence by L. Antonius. From I, xxi, 2 and I, xxii, 3 ff. we know that Propertius suffered a personal loss from this action. (It was also alleged that Caesar displayed barbarous cruelty after his victory; cf. Suet. *Aug.* 14–15.)

focos: i.e. the homes, or home; the hearth symbolizing this (as also it symbolizes the family); cf. 62 below.

30. **litora...Phari** = 'the conquest of the shore (? or harbour; see on II, iv, 20 below) where stands (or which is famed for) Ptolemy's lighthouse'. The lighthouse, one of the wonders of the world, stood on the island Pharos, off the harbour of Alexandria. It was erected by a certain Sostratus of Cnidos.

31. **Nilum, cum attractus, etc.:** the reference is to Caesar's triumph of 29 B.C., after the conquest of Egypt, in which a picture of the Nile will have been carried.

32. **septem...debilis...aquis:** cf. phrases such as *crus debile*, *crure debilis*, etc. The sense of *debilis* is 'maimed' or 'broken'; and the seven issues of the Nile seem to be thought of as limbs.

33–4. **aut regum...Actiaque...rostra:** further features of the triumph, for which see also Virg. *Aen.* VIII, 714 ff.

34. **currere rostra:** either beaks taken from ships, or 'beaked ships', were evidently dragged on wheels in the procession.

Sacra...Via: passing along which the triumphal procession skirted the Forum before ascending the Capitol.

36. **fidele caput:** cf. II, ix, 26 *capite hoc* (= you, or your spirit), IV, xi, 55 *dulce caput* (of the speaker's mother), Virg. *Aen.* IV, 613 *infandum caput* (said by Dido of Aeneas). The rendering of *caput* in each case depends on the context.

sumpta...pace: a phrase coined on the analogy of *sumere arma* (or *bellum*), perhaps to suggest that Maecenas' services to Caesar in the management of civil affairs were on a par with the services of others in warfare.

37–8. **Theseus infernis, superis testatur Achilles, hic Ixioniden, ille Menoetiaden:** '(the stories of) Theseus in the underworld and Achilles in the world of men preserve the memory of (their faithful friends) the son of Ixion (Pirithous) and the son of Menoetius (Patroclus)'. This illustrates the way in which the poet's tribute to Caesar would commemorate

Maecenas (his faithful friend) also, as stated in lines 35–6. It seems better to take *infernis* and *superis* thus as local ablatives (neuters), closely with the names *Theseus* and *Achilles*, than as datives (masculine) indicating the audience of the testimony; since the memory of Pirithous is not confined to the population of the underworld. For the use of the neuter here supposed cf. Sen. *H.F.* 423 *inferna tetigit* (descended to the world below). The meaning supposed for *superis* is as in II, xxviii, 50 below *superis...locis*, and Virg. *Aen.* VI, 680 *animas superum...ad lumen ituras* (the world of the living), not as in *superi* = 'the gods'. For *testatur* = 'is a memorial of' cf. III, xiii, 51 *torrida sacrilegum testantur limina Brennum* (the threshold blackened by the lightning is a memorial of Brennus and his sacrilegious deed), where the fact that wickedness instead of virtue is remembered does not invalidate the parallel.

Other interpretations can be studied in the editions of Rothstein, B-B., and Enk. The above follows D. M. Jones in *C.R.* (N.S.), XI, 3, 198.

If the passage is taken thus the sense appears to be complete as it stands. Many feel, however, that a couplet completing it more explicitly must have fallen out after line 38; and the apparently symmetrical construction of 17–78 (see introductory note to this elegy above) lends some support to this view. [Housman wished to transpose hither III, ix, 33–4 *Caesaris et famae uestigia iuncta tenebis: Maecenatis erunt uera tropaea fides*. The couplet fits here very well indeed; but it is needed also in its present position, and its displacement at such long range defies plausible explanation.]

39. **sed...etc.**: having said that if he were capable of epic poetry, he would take Caesar and Maecenas for his heroes, he now continues: 'but I am not capable of epic subjects, I can only write of love'.

Phlegraeos...tumultus: the furious battle between the gods and the giants in the legendary Phlegraean plain, variously supposed by the ancients to be in Thessaly or in the neighbourhood of Cumae in Italy.

Enceladique: Enceladus was the huge giant supposed to have been blasted by Jupiter with a thunderbolt and then confined under Mt Aetna (cf. Virg. *Aen.* III, 578).

40. **intonet**: with reference to the loud-sounding and impressive style supposed to be required for epic poety; cf. Callim. *fr.* I, 20 βροντᾶν οὐκ ἐμόν.

angusto pectore: this suggests both (*a*) the opposite of the deep *chest* that can support a loud and resonant voice; and (*b*) the frail *spirit* that cannot sustain lofty emotions.

Callimachus: of Cyrene, third century B.C., the greatest of the Greek elegists, whose Roman successor Propertius aspires to be (cf. IV, i, 64), and whose aversion from the epic he shares (cf. III, i, 1 ff.).

41. praecordia: i.e. 'my temperament', or 'my talents'.

duro...uersu: morally and aesthetically austere epic style (as opposed to *mollis* of love-poetry, etc., cf. on line 2 above) and the hexameter metre associated with it.

42. condere: to compose (*carmen*), or to put into poetry (*laudes*, *bella*, etc.).

nomen: this can mean both (*a*) 'glory', and (*b*) 'line' or 'race' (cf. Virg. *Aen.* VI, 758 *illustres animas nostrumque in nomen ituras*), and both senses are present here.

in Phrygios auos: i.e. (trace the glories of his line) back to his Trojan forbears; in allusion to the supposed descent of the Julian *gens* from Aeneas.

45. uersamus = *agitamus*.

angusto...lecto: here *angusto* is said not because the bed is literally a narrow one, nor (I think) with reference to the poet's alleged poverty (as in I, viii, 33), but to convey how narrow are the confines within which his whole activity is deployed. (It also echoes *angusto* in line 40 above, where, however, the point is slightly different.)

proelia: the amorous warfare of a pair of lovers (cf. line 13 above) is contrasted with the *bella* of Caesar (line 25 above), and the *uulnera* of the soldier (line 44). The emphasis is thus: '*my* warfare is all within the narrow confines of a lover's bed'. Regarding the sequence of thought cf. on line 46 below.

[*uersamus* is an old conjecture: the tradition has *uersantes*, which most editions retain, supplying the sense of a verb such as *narramus* from the context. Some then take *uersantes* as accusative: 'I tell of lovers waging their wars', etc.; but surely Propertius in this elegy is preoccupied with his own love, not with the experience of lovers in general. Others take *uersantes* still as nominative and suppose the sense to be: 'I, waging my own wars, tell of these wars of mine'.]

46. qua pote quisque, in ea conterat arte diem: as the strong verb *conterat* shows, *diem* here = 'life' (or 'days', as we might say). This thought is pursued in the following couplet (47–8); so that *arte* here evidently refers to the activity of the habitual *lover*, as much as or more than it does to that of the *love-poet*. (The sentence as a whole is a modification of the proverb quoted in Cic. *T.D.* I, 41 *quam quisque norit artem, in hac se exerceat.*)

pote: a word at home in everyday speech; for cf. Cic. *Brut.* 172 '*hospes, non pote minoris*' (a market-woman speaks, in an anecdote); Mart. IX, XV, 2 *quid pote simplicius?*, etc.

47–78. After the negative *recusatio* of epic and patriotic poetry in 17–46 there now follows as its complement (see introductory note above, on the elegy as a whole) a positive profession of the poet's involvement in love. In this the development of the thought (or rather, feeling) tends to proceed by association of ideas rather than in a 'logical' sequence; contrast the transition at 57 below with that at 27 (*nam...*) above. And immediately here in 47 the sentiment *laus in amore mori* appears to arise from 46 *in ea conterat arte diem*; it will therefore mean 'it is a noble thing to live and die a lover'. This proposition, as yet not very precise and not very strong, will be given more precision and more emphasis in what follows.

47. laus: i.e. a matter for praise and congratulations; cf. (for instance) Hor. *Epist.* I, xvii, 35 *principibus placuisse uiris non ultima laus est.* Cf. also I, vi, 27–8 *multi longinquo periere in amore libenter; in quorum numero me quoque terra tegat.*

47–8. uno (sc. amore) posse frui: i.e. loving one woman only, to be able to possess her undisturbed; cf. II, vii, 19 *tu mihi sola places: placeam tibi, Cynthia, solus.* This does not depend solely on the lover's devotion; hence *si datur*. The repetition... *frui: fruar...* in line 48 shows that the emphasis in the first sentence is on *frui*; *uno* provides the link between this sentence and the preceding *laus in amore mori* (i.e. *in uno amore permanere usque ad mortem*).

49. si memini: an obviously colloquial tag such as this will not keep its face value, but will simply add a tone (of a kind depending on the context) to the statement to which it is attached; here perhaps 'haven't I often heard her speak with disapproval of... ?'. Similarly at II, xv, 12 (below) the value of *si nescis* can be rendered 'don't you know that... ?'.

50. ex Helena: because of Helen, i.e. her infidelity. This feature of the *Iliad* spoils the whole poem (he says) in the eyes of his beloved. For the use of *ex* cf. *uir ex doctrina nobilis*, etc.

51. **seu mihi:** 'as for me, though I...'. I think that there is a contrast with *illa* in line 49, and that *mihi* carries an emphasis here, despite its position.

This line contains an uncommon rhythm: a 'weak' caesura in the third foot, followed by a word which scans ⏑ – –; cf. II, xxxiii, 9 and 27 below; and see Platnauer, *L.E.V.*, pp. 8–9.

seu mihi sunt tangenda: 'even if I am destined to...' = 'even though I should...'; and so also *seu...pereundum est* in line 53. The sense of 51–6 is: 'no love-potion or magic of any witch, however potent, can ever change my love for this woman'.

51–4. **Phaedrae...Circaeo...Colchis...:** Phaedra is evidently quoted as resorting to love-potions in an attempt to make her stepson Hippolytus love her; in this Propertius is alluding to a version of the legend which has not come down to us. Circe and the Woman of Colchis (= Medea) were notorious witches, but not, in the stories that we have of them, specialists in love-magic. Either they are cited here simply as typically powerful witches, or the point is that Circe *changed* men into beasts and that Medea *changed* Jason's father Aeson from old to young in the version of the story followed by Ovid in *Met.* VII, 158–293. The poet is then saying that no witch can change his love. In these lines the poet is protesting that he will *never love any other* woman (cf. 55–6), but always this one only.

51. **pocula:** i.e. love-potions. The purpose of these is to compel love; and so the poet is here saying that no love-philtre could ever force him to love another woman than her whom he loves now. (In other contexts a witch's potions may be intended to *cure* love, as for instance in Hor. *Od.* I, xxvii, 21–2 *quae saga, quis te soluere...magus uenenis...poterit?* But that the potions here thought of are not the curative kind is made certain by the word *nocitura* in the parenthesis which follows in line 52.)

52. **non nocitura:** if the potions were not destined to or able to work on Hippolytus, this cannot be because they had not potency enough, as the poet would not conceivably allude to this in a passage in which extreme potency is what they are mentioned to illustrate. We have therefore to suppose that in the story which is in Propertius' mind Hippolytus did not after all drink the potion prepared for him. [Or we could emend *non nocitura* to *uel nocitura* = 'potent enough even to have worked upon her

stepson', assuming a corruption which would be palaeographically easy to explain, and making Hippolytus' notorious frigidity illustrate the potency of the drug.]

priuigno...suo: Phaedra's stepson, Hippolytus. *suo* is said because Phaedra is subject in thought, though the grammatical subject of the sentence is *pocula*.

53. **gramine:** herbs.

54. **Iolciacis:** because it was at Iolcus in Thessaly that Medea rejuvenated Jason's father Aeson with magic liquor brewed in her cauldron (cf. Ov. *Met.* VII, 158 ff., and esp. 262 ff.).

aena: neuter pl. of *aenum* = cauldron.

urat: 'should heat on her fire'; an unusual use of *urere*, with which compare an unusual use of *feruere* at II, viii, 32 below.

56. **ex hac ducentur funera nostra domo:** it is not meant literally that the poet expects to die in, and so be carried out to burial from, the residence of his beloved; there is a play on the colloquial use of *domus* in phrases such as that to be seen below in II, xxiv, 24 *una discat amare domo*, said of a man who is faithful to a single mistress. The meaning is: 'this woman till I am carried to my grave will still be my only love'.

57 ff. The thought of fidelity until death to a single love (56) suggests the somewhat different thought of love as an incurable complaint (57–70).

58. **morbi...artificem:** the man whose trade or profession it is to deal with disease, i.e. the physician. (Elsewhere a genitive with *artifex* very often indicates that which the *artifex* makes or causes. Here the genitive has a different value.)

non amat = *odit* = 'has no love for', i.e. shuns, or spurns. The patient refuses treatment; the disease does not respond to it.

59–64. Miraculous legendary cures of other complaints, to emphasize by contrast the incurability of love. Philoctetes, poisoned by a snake-bite (or wounded accidentally by one of the poisoned arrows given to him by Hercules), was cured at Troy by (we are here told) the warrior-physician Machaon whom we meet in the *Iliad*. Phoenix, blinded by his father (though not in Homer's version), had his sight restored by the centaur Chiron, who was son of Jupiter (= Zeus) by the nymph Philyra. Androgeos (or Androgeon), son of Minos, King of Crete, met his death prematurely, in circumstances very variously related, but was restored to life (as Propertius here but no other extant author tells us) by Asclepius, the god of healing, whose most celebrated sanctuary was at Epidaurus. Telephus, King of Mysia, was wounded by Achilles, and healed only by an application to the wound of rust from the spear that inflicted it.

61. Cressis...herbis: an example might be the *dictamnum* with which Aeneas' wound is healed in Virg. *Aen.* XII, 412 ff. But it has been well suggested that Propertius may be confusing the story of Androgeon with that of his brother Glaucus. According to Apollodorus (III, iii, 1) this Glaucus was restored to life by means of a magic herb, after being drowned in a vat of honey; and in one version (Apoll. III, x, 3) his reviver was Asclepius.

63. Haemonia...cuspide: 'the Thessalian spear', i.e. that of Achilles.

65–70. hoc uitium, etc.: i.e. '*my* affliction contrasts with those of which the cures have just been enumerated, for it is incurable'. *uitium* is specially appropriate here, because it is sometimes used specifically of an ineradicable defect as opposed to a temporary ailment. The fact that the poet's affliction is incurable is then emphasized by classing it with a number of legendary afflictions known notoriously to be everlasting and so irremediable.

66–70. List of everlasting afflictions in legend. Tantalus is tempted for ever by the luscious fruit that withdraws from his grasp as he reaches out for it. The Danaids are condemned for ever to carry water in water-pots to fill a storage jar which leaks as fast as it is replenished. Prometheus is chained with arms outstretched on Mount Caucasus while a vulture devours his vitals. (Propertius here like Horace at *Epod.* XVII, 65 and *Od.* II, xiii, 37 supposes Prometheus' punishment to be everlasting. But according to one common version of the legend he was freed by Hercules.)

66. manu: dative here.

67. dolia: big jars used for storage, as we use casks.

68. colla: the Danaids no doubt carry their water-pots on their heads, as at IV, iv, 16 does the Vestal Tarpeia. In this process the *colla* bear the strain.

71 ff. quandocumque igitur, etc.: the thought of death (cf. 47 and 57–8) recurs, conceived now (as is plain from the context though not stated) as result of the tormenting malady which is love.

uitam: sc. *meam*, from *mea fata.*

73. spes: this can mean either *object* of hope, or *ground* of hope (as well as *hope* itself); see further below.

inuidiosa = (here) 'envied', or 'exciting envy'.

nostrae spes inuidiosa iuuentae: either (1) 'you, whose encouragement of my youthful promise is envy of all'; or (2) 'you, whose favour all young Romans (cf. II, iii, 33 *nostra iuuentus*) hope for and covet'. It is difficult to exclude either of these senses.

74. et uitae et morti gloria iusta meae: i.e. whose favour is my pride while I live and will be my glory when I am dead. *gloria* includes in its meaning both 'boast' and 'fame'.

75. si te forte meo ducet uia proxima busto: either (1) 'if your way should bring you past my tomb'; taking *uia* as 'journey' and *proxima* as adverbial in value (somewhat as in I, xxi, 4 *pars ego sum uestrae proxima militiae* = 'I was lately', etc.); or (2) 'if you travel the road that passes by my tomb'; taking *proxima* as adjectival and *uia ducet* as in Virg. *Ec.* IX, 1 *an, quo uia ducit, in urbem?*

76. esseda: poetic plural. The *essedum* was a fast two-wheeled vehicle used by Gauls and Britons as a war-chariot, but taken over by the Romans for pleasure and travel; cf. II, xxxii, 5 below.

caelatis iugis: the yoke is either carved (cf. Virg. *Ec.* III, 37 for *caelare* said of wood-carving), or has a chased metal overlay. The latter is the more likely, as chariot-fittings of decorative metal-work were much in use.

78. dura puella: 'a woman's unkindness'. It does not follow that she is at present unkind. He says that *when* his death comes it will be due to this.

71–8. This is Gray's translation of these lines:

'When then my Fates, that breath they gave, shall claim,
When the short Marble shall preserve a Name,
A little Verse, my All that shall remain;
Thy passing Courser's slacken'd Speed detain,
(Thou envied Honour of thy Poet's Days,
Of all our Youth th'Ambition & the Praise!)
Then to my quiet Urn awhile draw near,
And say, (while o'er the place you drop a Tear)
Love & the Fair were of his Life the Pride,
He lived, while She was kind, & when she frown'd, he died.'

(*Correspondence*, I, 199.)

II

The poet had thought himself free, but is overmastered again by love. He tries to express the woman's beauty through legendary and divine illustrations.

1. **uacuo...lecto:** i.e. without a mistress.

2. **composita pace:** 'after making peace'; cf. Virg. *Aen.* VII, 339 *disice compositam pacem.*

1–2. There is evidently some relationship between this couplet and Tib. I, v, 1–2 *asper eram et...at mihi...*

3. **cur...moratur:** i.e. how is it that one so lovely is allowed by the gods to remain on earth and undeified, instead of being carried off to heaven and made immortal, as often happened to the gods' favourites—Io, Ariadne, etc. (Or is the underlying idea simply the old commonplace exemplified in Plaut. *Bacch.* 816–17 *quem di diligunt adulescens moritur*?)

4. **Iuppiter, ignosco, etc.:** he can forgive Jupiter for his legendary amours with mortal women, since he now himself sees an example of a mortal woman who is overpoweringly attractive.

5. **fulua:** a tawny-golden colour.

longaeque manus: generally admired, as can be seen from Cat. 43. 3 where short fingers are specified as one of the unattractive features of a plain girl who is being described.

6. **incedit:** of a stately walk.

et incedit uel Ioue digna soror: 'she bears herself (as) a sister worthy of Jove himself'; the sentence compresses (I think) several ideas, viz.: *quanta cum dignitate incedit! est sane uel Ioue digna mulier! dixeris ipsam Iouis sororem!* In the resulting sentence the word *digna* (especially) compensates the absence of a comparative conjunction; in the following line 7 the syntax continues as if such a conjunction were felt to have been already introduced. (The combination *incedo...Iouis...soror* occurs also in Virg. *Aen.* I, 46–7.)

7. **aut cum...Pallas:** the construction continues with *Pallas* parallel to *soror* in the preceding line; 'or (like) Pallas, when...'. For the *sense* of comparison already introduced in line 6 see note above.

spatiatur: of a stately walk, like *incedit* in line 6.

[Some read *ceu* for *cum* here; some also *ut* for *et* in line 6.]

Dulichias: 'Ithacan', Dulichium being one of the islands of the Ithacan group in the *Odyssey*. The point of the sentence is

Pallas' bearing, and where she walks is really a matter of indifference. This particular epithet was probably chosen here for its sound, though suggested by the prominence of Athena in the *Odyssey*.

8. Gorgonis: Athena (= Pallas = Minerva) set the Gorgon's head with its snake-locks in her aegis, which here as often is conceived as worn like a breastplate.

9. qualis: the verb of the comparison is no longer (I think) felt to be *incedit*; we supply subconsciously *talis est forma qualis fuit* or the like.

Ischomache: the name occurs only here, evidently as that of a Lapith woman seized by the Centaurs in the fight that arose at Pirithous' wedding (for which see Hyg. *Fab.* 33 and Ov. *Met.* XII, 210 ff., etc.).

Lapithae genus: the Lapith's daughter (or daughter of Lapithes, if we care to suppose an individual so named).

heroine: the fifth foot spondee in a word borrowed from the Greek, an effect often exemplified in Catull. 64.

11–12. Mercurio...Boebeidos...Brimo: 'or like Brimo who lay once with Mercury beside Boebeis, as the legend runs'. The allusion is very obscure; and indeed a romantic mysteriousness is no doubt the poet's aim. *Brimo* was a name of Hecate or Proserpina. The scholiast on Lycophron's Alexandra 680 records that Brimo bore Hermes (= Mercury) three daughters. *Boebeis* was the name of a lake in Thessaly, not far from Pherae.

Boebeidos undis: i.e. 'by the shore of Boebeis'; cf. I, xiv, 1 *abiectus Tiberina...unda* = 'reclining at ease by Tiber's side'.

[*Mercurio aut qualis* is conjecture; the MS tradition has *Mercurio satis*.]

13–14. cedite iam, diuae, etc.: he refers to the judgment of Paris. For *pastor* = Paris cf. Hor. *Od.* I, xv, 1 *pastor cum traheret*, etc.

uiderat: the pluperfect here has the value of an aorist.

16. Cumaeae saecula uatis: the Sibyl was destined to live 1,000 years; cf. Ov. *Met.* XIV, 132 ff.

aget: for the indicative, though the poet must know that the condition cannot be fulfilled, cf. II, xxv, 10 *siue ego Tithonus siue ego Nestor ero*.

III

Lines 1–46 (or 44) of this elegy follow in outline the same pattern as that of elegy ii, but in greater elaboration. The poet declares (1–8) that he lately fancied himself cured of love; but now is possessed by it again. He then (9–46), with mounting excitement, enumerates his mistress' beauties and accomplishments and tries to express her superlative quality by a comparison with the legendary Helen of Troy. This second section of the elegy can be analysed into three phases, as follows: her beauties and accomplishments (9–22); she transcends humanity (23–32); she surpasses Helen and the pictured beauties of the past (33–46).

The status of the remainder of the 54 lines of which the elegy (as presented by the MS tradition) consists is disputed. Most editors attach 45–6 more closely to what follows than to what precedes; and many detach the group 45–54 completely from 1–44 and make it one piece with the following elegy iv. To me it seems difficult to regard 45–6 and 47–54 as a continuum, because the excited tone of 45–6 is quite different from the plaintive and resigned tone of 47–54. It seems inevitable that one should read 45–6 as a cry with which the poet breaks off the outburst which has preceded; and then (reading *at* with *FP* rather than *ac* with *N* at the beginning of line 47) that one should understand 47–54 as a reversion to the mood of resignation which prevailed in 1–8. This preserves the division between elegies iii and iv which is given in the MS tradition, which though sometimes demonstrably at fault in such matters is still very much more often right than wrong.

1–4. The poet addresses himself, as for instance at II, v, 9–16 and II, viii, 17–24 below.

2. spiritus: 'pride'.

4. iam liber alter: presumably another book of poems illustrating his condition, like Book I. *iam* here = 'soon'.

5. quaerebam...si: 'I was trying to discover whether...' (and 'in the hope that' it might be so; cf. *o si...*, *si forte...*, etc.).

6. nec solitus: the *nec* resolves into *et* (joining *ponto uiuere ...aper* to what has preceded) and *non* (with *solitus* only).

8. differtur, etc.: the pause marked by the preceding colon enables the sentence to be read as if it began with 'but'.

9. nec me tam...: the *tam* is finally balanced by *quantum* in line 17 below.

11. Maeotica: i.e. Scythian, the *lacus Maeotis* being the sea of Azov by the Crimea.

minio...Hibero: because the main supply of *minium* (= 'red lead', yielding a bright red dye or paint) came from Spain.

12. folia = (here) petals; cf. below, II, xv, 51 and Ov. *Met.* XIII, 789.

13. de more: 'in due order', and so 'gracefully'; cf. Virg. *Aen.* X, 832 *comptos de more capillos* (of the hair of the young warrior Lausus).

15. nec si quă...puella: this change of subject is introduced no doubt for variety's sake; it is helped by the fact that any woman may wear a silk dress, whereas the other charms and accomplishments enumerated are peculiar to this woman herself. The sense is 'nor if (she or) any girl...'.

Arabio...bombyce: no doubt Arabia stands here for 'the East' generally. *bombyx,* masculine here according to our MSS, is feminine elsewhere.

lucet: cf. II, i, 5 *fulgentem,* of the shimmer or bright colour of the silk; but also relevant is Mart. VIII, lxviii, 7 *femineum lucet sic per bombycina corpus,* where the reference is to transparency.

17. quantum quod...: i.e. her accomplishments, now to be enumerated, are even more attractive in the poet's eyes than her beauties as enumerated in the preceding lines.

posito...Iaccho: when the wine is set (before the company); cf. III, xxv, 1 *positis...mensis. Iacchus* is treated by the Latin poets as a synonym for *Bacchus,* and *Bacchus* by a metonymy = 'wine'.

19. et quantum...cum...: a variation of construction, the *cum* clause like the preceding *quod* clause being subject of *me cepit* supplied from line 9 above. (For the *cum* clause as a substantive cf. Sil. It. XIII, 664 *dulce tamen uenit ad Manes cum gloria uitae duret apud superos,* etc.)

Aeolio...plectro: referring to the lyric metres associated with the Lesbian (i.e. Aeolian) poets Alcaeus and Sappho.

20. Aganippaeae: epithet from *Aganippe,* a fountain on Mt Helicon sacred to the Muses; hence *Aganippaeae...lyrae* = 'a Muse's lyre'. The construction of *par* is uncertain; I suppose it nominative, meaning 'a match for' (cf. Hor. *Od.* I, vi, 16 *Tydiden superis parem*, etc.) and in apposition to *ludere docta*.

21. cum: either (1) 'when', parallel to *cum* in line 19 above, or (2) 'with', in which case it is said to be the only example in the Latin elegists of an elision of *cum* as preposition. In either case *scriptis* can be supplied before *Corinnae* (genitive), as in II, viii, 23 *et sua cum miserae permiscuit ossa puellae* [sc. *ossibus*]; and will be dative on assumption (1), and ablative on assumption (2). Alternatively, on assumption (1) *Corinnae* may be dative and require no supplement. For *committit* = 'matches against' with acc. and dative cf. Calpurn. *Ec.* VI, 19–20 *uis igitur...ipse tuos iudex calamos committere nostris.*

Corinnae: Corinna was a Boeotian lyric poetess.

22. carminaque illius non putat aequa suis: 'and judges Corinna's poems inferior to her own'.

[*carminaque illius* is a conjecture; the MS tradition has *carmina quae quiuis.*]

23. non: this here = *nonne.*

24. sternuit: a sneeze is an omen.

candidus: i.e. propitiously.

argutum: 'clear' or 'sharp', of sounds.

28. decem menses: i.e. the duration of a human pregnancy, said to be ten months by the ancients as the lunar month was the original unit of calculation.

30. Romana...prima puella: like the many heroines of Greek legend whom Zeus (= Jupiter) had loved.

34. pulchrius...fuerat...tibi: 'it would have been more honourable for you...'; the construction being as with *debuit, debebam*, etc. For *fuerat* = *fuit* or *erat* cf. II, vi, 3 below, and some of the examples cited in B-B.'s note on I, viii, 36.

hac: 'through' or 'because of' her; with an emphasis on 'her'. To fall on her account would have done Troy more honour than to fall on account of Helen.

37. nunc...fuisti: i.e. 'now *my opinion is that* you were...'; cf. *mirabar* in line 35.

38. poscebas...lentus eras: Menelaus demanded the return of Helen; Paris was obstinate and would not yield her.

40. uel Priamo belli causa probanda fuit: 'it (i.e. your beauty) would have been judged even by Priam a worthy reason for a war'.

41. tabulas...uetustas: this must mean in the first instance pictures by the *old masters* (Zeuxis, Apelles, etc.), admired as more beautiful than any products of more recent art. But it suggests also pictures of the legendary *beauties of long ago* such as Helen, cause of the great conflict between east and west (cf. 37 above and now 42–3).

42. exemplo...ponat in arte: 'set before him as his model when he works...'; for *in arte* thus cf. III, v, 9.

43. Hesperiis...Eois: there is similar phrasing in Ov. *Am.* I, xv, 29 *Gallus et Hesperiis et Gallus notus Eois*, where the context makes it probable that a line of Gallus' elegies is being echoed.

43–4. Ĕois...Ēoos: for the first scansion cf. III, xxiv, 7, IV, vi, 81; for the second I, xv, 7, I, xvi, 24, II, xviii, 8, III, xiii, 15, IV, iii, 10, IV, v, 21.

44. uret: i.e. set them on fire, with love and wonder.

45–6. his saltem ut tenear iam finibus! aut mihi si quis acrius, ut moriar, uenerit alter amor!: here (but see introductory note above regarding other views) the poet breaks off his outburst about the beauties of his beloved. The text here printed is that of the MS tradition, and I suppose the sense to be: 'I only pray that my passion may go to no further lengths; or if a new attack should strike me more sharply still, that I may die' (and so be spared further torment). This interpretation supposes that *ut moriar* in 46 is a wish, parallel to *ut tenear* in 45, and that *si quis acrius...uenerit alter amor* is a conditional clause governing this wish; *acrius* being as in I, ix, 26 *acrius ille subit*, and the total construction of *aut mihi...alter amor* being a hyperbaton similar in form to Ov. *Pont.* I, v, 79 *quid tibi, si calidae, prosit, laudere Syenae.*

[There can be no certainty about text or interpretation here, as several alternative punctuations are available, and also various easily possible emendations, and also alternative values for words such as *si, ut, moriar, alter amor*, etc. It is plain, however, that the couplet is an agitated cry, in whatever form this should be cast.]

47. at ueluti, etc.: here the mood changes from excitement to resignation.

[*at*, marking a new turn of thought or mood, is given by one branch of the MS tradition; the usually more reliable *N* gives *ac*.]

48. mollis: 'meek' or 'tame'.

49. trepidant: 'rave and fret'. This (if the interpretation of the elegy followed above is correct) refers to the efforts to escape love's domination indicated in 1–8, perhaps also to the outburst of lines 45–6.

50. post haec = *posthac*; cf. I, iv, 19, etc.

domiti...aequa et iniqua ferunt: i.e. are broken and abject.

51–4. Melampus: the story of Melampus is of a *uates* (= 'prophet', which M. was, but also 'poet') who suffered abasement on a woman's account, and so illustrates the proposition of line 50 and also the experience of the poet himself. Melampus was son of Amythaon (cf. 54) and brother of Bias. He tried to lift the cattle of Iphiclus or his father Phylacus (a Thessalian magnate), at the behest of Neleus (King of Pylos) who demanded these as price of the hand of his daughter Pero. In this enterprise Melampus was caught and imprisoned, but later obtained his release, and the cattle too. In the version familiar to us Bias, not Melampus, was suitor of Pero, and Melampus went after the cattle for Bias' sake. Propertius perhaps knows or supposes (see *Odyssey* XI, 287 ff. for the possibility of this) another version in which Melampus was himself the lover; or perhaps (and the vague expression *Amythaonia... domo* in 54 rather suggests this) he is content for his illustration with the fact that Melampus was a *uates* and humiliated for a loved woman, slurring over the fact that the woman's lover was not himself. For such concentration on a particular point in a comparison cf. II, viii, 21 below and note.

53. magis: this here = *potius*, as at I, iv, 4, I, xi, 9, II, xiii, 7, etc. The asyndeton enables the sentence to be read as if it ran *non...sed magis*; cf. Catull. LXVIII, 30 *id...non est turpe, magis miserum est.*

IV

This piece appears (but see below) to be an imaginary homily addressed by the poet to a young newcomer to the world in which he moves, warning him against involvement with the women of that world. The speaker dwells on the frustrations to be expected (1–6); and the risk of sudden infatuation (7–16); and he ends (17–22) by advising homosexual relationships as safer and less emotionally exacting.

If the piece is thus understood as advice addressed in conversation to an interlocutor who does not get his turn to speak, then the first-persons in 5–6 and 15–16 are in the manner of one quoting his own experience in the process of correcting or instructing another.

Alternatively, the reader may prefer to suppose that the poet is soliloquizing in a moment of exasperation (the second-person in *queraris* in line 1 having then the value of our 'one').

1. prius: 'first', i.e. 'before you get your way', or as in colloquial English 'before you're through'; something having to be supplied in thought from the context, as in III, xx, 15 *foedera sunt ponenda prius*, and *Aen.* II, 596 *non prius aspicies...?*

2. aliquid: in erotic jargon this is said of a woman's compliance (cf. II, xxii, 11 below), and this sense is evidently present here.

4. crepitum dubio...pede: (?) *tapping* of the foot with the restless *irregularity* of an impatient person. For *dubius* of irregular or intermittent activity cf. below II, v, 12 *dubio...Noto.*

5. nequiquam...meis, etc.: I think (but see introductory note) that there is an emphasis on *meis*, and the speaker means that he too (i.e. like someone he is addressing) was once a fop, with scented hair and a languid, lordly bearing, confident in his attractiveness; but he soon found it did him no good.

perfusa...capillis: sc. *sunt* or *erant*; the more usual construction would have been *perfusi unguentis capilli.*

6. expenso...gradu: cf. our 'measured tread'; but perhaps 'deliberate' is nearer to the meaning of the Latin here.

7 ff. A new train of thought begins here.

7. hic: i.e. in the case of love's victims.

herba: magic herbs.

nocturna: the witch being conceived as doing her work by night.

Cytaeis: Greek fem. sing.; meaning 'women of Cytaea' (a town in Colchis) = woman of Colchis = Medea, standing here for witches as a class.

8. Perimedaea: adjective from *Perimede*, another witch's name, which is known to us only from Theocritus II, 16. *Perimede* here, like Medea in the previous line, is representative of witches as a class.

[The MS tradition here has *per medeae...manus.*]

9–10. quippe ubi, etc.: 'for in love (cf. *hic* in line 7 above) one cannot see what is causing one's trouble, the hand that wounds us is hidden, the troubles that beset us come from none knows where'. The connection with what has gone before is puzzling at first, since magic (lines 7–8) is not usually spoken of by the elegists as protecting against love (i.e. infatuation) but as expelling it, or as forcing the person loved to reciprocate. I think, however, that Propertius in this passage is not concerned with the precise functions of witches' magic (if indeed he knew anything precise about it anyway), and that the idea in his mind is a general one, and moreover is shifting as he moves from the thought of frustrations to the thought of the risk of sudden infatuations; the movement in 7–10 being 'do not suppose that magic can *help* you (? to get your way, ? to regulate your desire); no power can *protect* you (from infatuation)'. The risk envisaged in 11–16 is evidently that of a sudden infatuation.

10. **tamen:** this goes closely with *ueniant* and adds to it the implication 'as come they do, whatever their origin'.

caeca is best taken as predicate to *uia*; and its meaning here is not 'unseeing' but 'unseen', for which cf. such phrases as *caeca causa, caecus ictus*, etc. (both relevant also to the wording of line 9).

[The couplet 9–10 can be punctuated and construed in ways other than that assumed above; but all yield the same total sense.]

11. **hic...aeger:** this kind of a sick man, i.e. a man smitten with violent physical love.

12. **huic nullum caeli tempus et aura nocet:** i.e. his illness is not of the kind physicians know about, the kind that is brought on by ascertainable causes such as the season of the year (dog days, etc.) or climate. *nullum*, syntactically an adjective agreeing with *tempus*, does duty in the sentence for simple *non*, and thus negatives *aura* as well as *tempus*.

13. **ambulat—et subito...:** i.e. there he is, walking about in normal health: and without warning his friends are shocked to hear that he is dead, without any period of obvious illness (cf. line 11) intervening. (It need not be meant that the man literally dies of love: sudden death here may be a metaphor for his being suddenly knocked over by love.)

14. **incautum:** not, here, *quod non cauet*, but *quod caueri non potest* = 'which cannot be foreseen and guarded against', i.e. sudden and devastating.

quidquid habetur amor: i.e. 'this mysterious thing that is love' (literally, 'whatever one supposes love to be').

15. **nam:** this introduces an illustration, from the speaker's own experience, of what he has just said in line 14. He is a gold-

mine to the soothsayers (so often does he consult them), and a regular customer of the interpreters of dreams (a class known as *coniectores*, here represented by wise-women); but love catches him just the same.

sum...praemia (uati) = 'am a (source of) profit' or 'am a prey'; cf. Ov. *Am.* II, xvii, 5 *utinam dominae miti...praeda fuissem.*

16. quae: this may be either acc. pl. neut., with *mea somnia*, or nom. sing. fem. with *anus* (parallel to *cui...uati* in line 15).

17 ff. The conclusion is: 'have nothing to do with women; a boy-love is quieter and less exacting'.

18. gaudeat in puero: i.e. choose a boy to be his darling. The *in* is as at I, xiii, 7 *in quadam...pallescere.*

19. descendis: the second-person is 'ideal' and represents our 'one'; it is compatible with the piece being a soliloquy, but it may be felt to be the more appropriate if the speaker (as supposed above) is imagined as talking to some person present with him.

19–20. tranquillo...flumine...parui litoris unda: two metaphors appear to be used here to express the comparative ease and tranquillity of an emotional relationship with a boy as opposed to a woman. The first is gliding down a river (as opposed to rowing upstream, or braving storms at sea); the second, I think (but see below), is boating in a land-locked bay (again as opposed to braving storms at sea), where the water may become choppy but never agitated by substantial waves. This supposes that *litus* is used by metonymy for 'bay' or 'haven', an area of water enclosed by a stretch of shore which affords a safe landing; such a use of the word is nowhere as far as I know certainly exemplified, but it may be present at II, xiv, 29 below (perhaps also II, i, 30 above), and a way in which it might arise is suggested by Suet. *Tib.* 40 where *uno paruoque litore* is said of the landing-place at Capri; similarly at Stat. *Silu.* II, ii, 15–16 *montique interuenit...litus et in terras...exit* is said of a cove described a few lines later (24) as a *portus*.

Many editors suppose that only one metaphor is present, pentameter and hexameter referring to the same thing. These either understand *parui litoris* as = *parui fluminis ripae*, or accept the conjecture *limitis* = 'channel' for *litoris*.

21. alter: the one (of the two alternatives considered), i.e. a boy.

praecordia: i.e. his mind, or mood.

uno...uerbo: a rather free ablative, perhaps with the value 'because of'; cf. III, xxv, 9 *limina...nostris lacrimantia uerbis.*

22. **altera:** the other (of the alternatives), a woman.

uix ipso sanguine mollis erit: 'will not easily be softened, even though you bleed'. No doubt the victim's 'life-blood' is meant.

V

This elegy is in three distinct sections. In the first (1–8) the poet reproaches Cynthia (here named for the first time in this book) for loose living which he says is notorious, and promises to revenge himself by turning to another woman. In the second section (9–16) he adjures himself to be firm and to take this opportunity to escape from Cynthia while his anger is roused: else his love will get the better of him again and the opportunity to gain his freedom will be lost. In the third section (17–30) the opportunity *has* been lost; the poet turns again to Cynthia, addresses her as *uita* (= darling), and only entreats her not to try his patience too far. Not that he would handle her roughly in any physical way (there is no more talk of leaving her): he would write something about her which really would make her turn pale. The terms of this dreadful something are given in line 28.

1. **hoc uerum est:** this could mean either 'is this true?', or 'is this fair of you?'. The context (cf. *tota te ferri...Roma...non ignota...nequitia*) seems to favour the latter, for which cf. Mart. XI, xxiv, 9 *hoc, Labulle, uerum est? hoc quisquam ferat?* and other passages quoted by S-B. in his note on this passage.

te ferri: 'that you are talked about'; cf. Cic. *de Or.* III, 214 *quid fuit in Graccho...quod me puero tanto opere ferretur?* (It is here supposed that *ferri* can mean 'be talked about', either for good or for ill according to context. Many editors doubt this, however, and so prefer to take *ferri* here as meaning 'roam about', i.e. in search of lovers; for this they compare IV, vii, 89 *nocte uagae ferimur*, where ghosts are subject.)

4. **aliquo:** 'some-whither'; leaving her, he'll have a quick passage to some other woman's arms.

[*aliquo* is a correction: the MS tradition has *aquilo*.]

5. **e multis fallacibus unam:** among so many fickle women he will somehow find one at least who will be glad of the fame

his poetry can give her (i.e. and will be willing to earn this by behaving properly to him).

tamen: either with *unam* (though so many are fickle he will *all the same* somehow find *one*); or with the whole sentence, looking back (she has treated him badly: *never mind*, he will have his revenge).

7. tam duris...moribus: 'with cruel waywardness like yours'. *moribus* here seems to = 'humours', as in *morosus*.

mihi...insultet: 'make mock of me'.

8. (te) uellicet: either (1) 'say things about you that will hurt'; cf. II, xxi, 7 below; for *uellicare* is often to pull someone to pieces in gossip, etc.; or (2) 'make you jealous'; for *uellicare* is also said of that which causes twinges of pain, physical or mental.

9. Here the poet ceases to apostrophize Cynthia and begins to apostrophize himself; cf. *tu* in line 15 below.

11. Carpathiae...undae: the *mare Carpathium* between Rhodes and Crete was proverbially stormy.

uariant: *uariare* is used both transitively and intransitively; here the latter. It is used especially of colour, both of change and of variegation. Here the reference may be to change of colour, as in Aul. Gell. II, xxx, 11 *obseruatum est austris spirantibus mare fieri glaucum...aquilonibus obscurius atriusque*; or perhaps more probably to the flecking of the sea with white wave-crests as the wind gets up (as in Ov. *Met.* XII, 465 *uariabant tempora cani* is said of hair on the temples beginning to be flecked with white). Alternatively, the point may be that the waves set in a new direction, or pitch this way and that.

Aquilonibus: for the ablative cf. II, iv, 21 above.

12. nec dubio nubes uertitur atra Noto: the *Notus* has attached to it elsewhere such epithets as *nubifer* and *procellosus*, so the meaning here will be: 'nor so suddenly do the dark clouds come and go with south-westerly squalls'.

dubio: i.e. blowing irregularly, in gusts or squalls.

13. uerbo mutantur: cf. II, iv, 21 (above) *uno mutat praecordia uerbo*.

15. sed prima nocte: i.e. but *only* to begin with; for the special emphasis having to be supplied from the context cf. I, xix, 24 where *certa puella* has to mean, '*even* a woman whose heart is constant'.

16. omne in amore malum, si patiare, leue est: 'as a rule the pains of love can (*or* love brings no pain that cannot) be easily enough endured, if only a man be brave and patient'. For another version of the proverbial saying on which this is evidently a variant cf. Hor. *Od.* I, xxiv, 19–20 *sed leuius fit patientia quidquid corrigere est nefas*. For *omnis* meaning something less than 'all without exception' cf. II, i, 57 above. The second person in *patiare* is probably 'ideal'; but it could refer to the person addressed, i.e. himself.

17. Here the poet turns to Cynthia again, no more in rage (as in 1–8 above) but in remonstration. As anticipated in 10–13, exasperation has given way to affection.

per dominae Iunonis dulcia iura: 'by the sweet sovereignty of mistress Juno (I entreat you)'. Juno is queen of heaven and so *domina*, and her *iura* can be called *dulcia* because she presides over marriage (and P. often thinks of his relationship with Cynthia as analogous to a marriage). The *iura* thus may be either the rules governing such a union viewed as a *foedus*, or more generally they may symbolize Juno's power as mistress (as for instance in I, ix, 3 *uenis ad iura puellae*).

But the words may carry also another suggestion. *Iuno* is not always the consort of Jupiter and queen of heaven. Every woman has her personal *Iuno*, corresponding to the *Genius* of every man; cf. Plin. *N.H.* II, 16; [Tib.] III, xix, 15. A slave swears or entreats *per genium domini* or *per Iunonem dominae*; and the latter formula is appropriate also on the lips of an abject lover.

18. parce: with *nocere*, 'forbear to...'.

tuis animis: 'by your arrogance'.

uita: he speaks now as an adorer.

20. uerum etiam = *sed etiam*.

instanti = 'an attacker'.

21. nec: here *nec* can be read with the value of *nec tamen*, as quite often; cf. Kühner–Stegmann 2(2), p. 42, and for a good example Ov. *Met.* IV, 76, where Thisbe, after complaining of the wall as an obstruction, continues *nec sumus ingrati*... in acknowledging the fact that it does at least permit communication.

21–6. Contrast with this Tib. I, x, 59–62 *a, lapis est ferrumque, suam quicumque puellam uerberat: e caelo deripit ille deos. sit satis a membris tenuem rescindere uestem; sit satis ornatas dissoluisse comas.*

24. pollicibus: evidently a metonymy for 'fingers'. Perhaps he means slaps, perhaps rough grasping.

26. hederae: symbol of the poet.

27. scribam igitur: for this *igitur* cf. II, xix, 23 *haec igitur mihi sit...audacia*, etc., also introducing, as here, an affirmation after a denial. It seems to be a special use of *igitur*, throwing on the preceding word an emphasis which in English has to be rendered by the tone of voice.

tua...aetas: i.e. 'you in your lifetime', or 'as long as you live'.

28. forma potens...uerba leuis: here *forma* is nom. sing. in apposition to *Cynthia*; *uerba* is (an unusual) acc. of respect qualifying *leuis*. By *uerba leuis* is meant not only that she is careless about keeping her word, but that for this reason her word is no longer believed; cf. Ov. *Am.* III, xi, 31 *uerba potentia quondam*, of words that have ceased to carry weight. But the verse does not seem a very striking one, especially after the suspense about Cynthia's punishment generated during 21–7. Nor does it seem calculated to distress one who has been behaving as described in 1–2. Does the poet *intend* a bathos here perhaps? Cf. on 17 above. [And should we anyway read *formipotens* instead of *forma potens*, obtaining syntactical balance?]

29. quamuis: here 'however much you...' rather than simply 'although'.

30. pallori: i.e. *a cause* of her changing colour; the dative being as in *exitio est mare nautis*.

VI

The train of thought in this elegy is (I think) as follows: 'Men swarm around you, and you encourage them: you might be a Lais or a Thais or a Phryne (1–8). No wonder I resent it; for I am nervous even to extravagance—I admit—where you are concerned (9–14). Masculine rapacity (sometimes encouraged by women) led to strife and war, as legend relates, among the Greeks of old—as also among the Romans of old; and in consequence of Romulus' example modern Rome too is full of women-chasers who will stop at nothing (15–22). A woman who is faithful to her man is to be congratulated; for nowadays any married woman is free to play the whore (23–6). One cause of this promiscuity is the vogue for wall-paintings with erotic subjects: the sight of these turns decent girls into wantons. The world gets worse: but (?) the gods do not care (27–36). And so it would be useless for me to try to keep you for my own by shutting you up and setting a guard over you; only your heart can guard you (if it will). As for me, I shall always be true to you: you alone will always be both wife and mistress to me' (37–42). See also pp. 235–6.

Propertius here does not speak of Cynthia as *being* promiscuous, as he says her contemporaries are, but as behaving in a way that makes him afraid. He views his relationship with her as analogous to that of a husband, and any rival as in effect an adulterer. Hence the moralizing tone.

In the passage 15–36 the emphasis of the thought shifts by degrees from masculine rapacity to feminine promiscuity—both features of contemporary Roman life, and both threats to his relationship with Cynthia. The two topics are brought together in the conclusion of his reflections in 37–40.

Among the generalities two very specific complaints stand out: of the swarm of predatory males besetting Cynthia, and of the bad influence of erotic pictures on women's morals. The first of these topics is introduced in line 1 in such terms, and the second in line 27 with such seeming abruptness, that we are possibly to suppose that the setting of the piece is Cynthia's house, and that it is the sight of a lubricious picture on a wall there that is cue for the poet's discourse on this subject; cf. the picture in Thais' house at Ter. *Eun.* 583–5. There are other elegies in which a particular physical setting is assumed: e.g. in part of el. XV the poet is in bed, in el. XXXIII B he is at table. But it may be that what we have here exhibited is simply a rambling train of thought.

1. **complebant:** the subject is an unspecified 'they', identified by the context as Lais' admirers.

Ephyraeae: Corinthian, *Ephyre* being an old name of Corinth.

Laidos: Lais was name of (at least) two celebrated Greek courtesans, to one of whom the well-known epigram *A.P.* 6. 1 refers.

2. **ad cuius iacuit...fores:** for the familiar picture of the lover recumbent outside a woman's door cf. I, XVI, 22–3.

3. **Menandreae...Thaidos:** Thais of Athens, another famous courtesan. A comedy of Menander was called *Thais*; and cf. IV, V, 43 *Thais pretiosa Menandri.*

4. **in qua populus lusit Ericthonius:** 'in whom all Athens took its pleasure'. *ludere* is used sometimes of the 'play' of lovers, e.g. in Catull. LXI, 204 *ludite ut lubet, et breui liberos date*; Mart. XI, CIV, 5 *me ludere teste lucerna...iuuat.* The use of *in* here

is (grammatically) as in *Corn. Nep.* x, vi, 2 *in filio suo saeuitiam suam exercuit*. Evidently *populus* is meant to signify large numbers, for cf. in 2 above *Graecia tota* and in 6 below *tam multis...uiris*. The epithet *Ericthonius* = Athenian, from *Ericthonius* the legendary king of Athens.

5–6. nec...tam multis facta beata uiris: the construction is 'nor so many as these were the clients by whom Phryne was enriched, she who was rich enough to restore Thebes'. There is a strong predicative emphasis on *tam multis*, and with *facta* one supplies *est*. Here *beata* = 'rich'.

componere: 'to build', one of the regular meanings of this verb. Here, as *deletas* shows, the building is re-building.

potuit: 'was able to'; or 'was in a position to', or 'could have...', for apparently the offer (for which cf. Athen. XIII, 591 D) was not accepted.

6. Phryne: another famous courtesan, a native of Thespiae. She offered to rebuild Thebes at her own cost after its destruction by Alexander, with an inscription saying 'Destroyed by Alexander. Restored by Phryne'.

8. oscula...qui tibi iure ferant: Roman custom authorized kissing between a woman and her own and her husband's male relatives within fairly wide limits of propinquity; hence the term *ius osculi* (Suet. *Claud.* 26).

9–14. The argument here is that since the speaker's jealous anxiety about Cynthia is provoked even by trifles, it is bound *a fortiori* to be provoked violently by proceedings such as those just described. It is introduced rather abruptly, and perhaps we are to imagine the speaker as cutting short or forestalling some protest of Cynthia against the complaint in 1–8.

9. pictae facies: perhaps portraits of other admirers, or perhaps handsome men in mythological scenes painted on a wall; line 10 shows that his thinking is extravagant.

nomina: 'the mention of a name'.

10. sine uoce: infant.

12. cum quae dormit amica simul: 'and when sometimes a girl friend shares your bed'. Here *quae* is feminine of the indefinite *quis* and used with *cum* as in the familiar *si quis* construction; cf. Colum. 4, 25 *cum...desecare quid debet*; Cic. *T.D.* v, 78 *mulieres in India, cum est cuius earum uir mortuus* (where, however, the text is questioned). For the form *quae* for the fem. sing. nom. cf. Hor. *Sat.* II, vi, 10, etc.

[*quae* is an emendation, surely inevitable. The MS tradition has *qua*, with which the subject of *dormit* would be *soror*, pointlessly. Cynthia could not be subject of *dormit*, as she is apostrophized in 11 and 13.]

13. timidus sum (ignosce timori): cf. I, xi, 19 *ignosces igitur si quid tibi triste libelli attulerint nostri: culpa timoris erit.*

14. et miser in tunica suspicor esse uirum: (?) 'in my agony I suspect that even in the woman's dress there is a man'. (The name *tunica* was not confined to women's garments: it has to acquire this specialized meaning here from its context.)

15. his...uitiis: 'through this kind of lewdness...'. That he is thinking of the predatory male admirers is shown by the legendary parallels which follow, the seduction of Helen by Paris, the attempted rape of Pirithous' bride by the Centaurs, and the abduction of the Sabine girls by Romulus' men; only in the case of Helen could the victim be regarded as sharing any of the responsibility.

16. his Troiana uides funera principiis: sc. *orta* or *ducta esse*, or simply *fuisse*.

17–18. Centauros...Pirithoum: at the wedding-feast of Pirithous and Hippodamia the Centaurs got drunk and tried to rape the bride; hence the famous battle between the Centaurs and the Lapiths, regarding which see for instance Apollodorus *Epit.* I, 21, and a spirited account in Ov. *Met.* XII, 210 ff.

17. aspera: with *pocula*; cf. Virg. *Aen.* IX, 263 *aspera signis pocula*, i.e. 'embossed' with figures. (But the position of the word in the couplet and sentence makes one expect from it a meaning more important than this to the context. Perhaps it suggests also 'a savage blow'; cf. *pugna aspera, odia aspera*, etc.)

18. in aduersum...Pirithoum: i.e. full in his face, or right on his head, as he came towards him; cf. Virg. *Aen.* XII, 651 *Saces, aduersa sagitta saucius ora.*

19. tu criminis auctor: sc. *fuisti*: 'you were instigator of a wicked deed'.

20. duro...lacte lupae: no doubt *duro*, though attached grammatically to *lacte*, goes in sense more closely with *lupae*; the point is the savagery of the beast, not the taste or texture of the milk; cf. IV, iv, 54 *dura papilla lupae.*

21. intactas: 'virgin' (adj.) with *Sabinas* (subst.).

rapere...docuisti impune: i.e. *incited* (your men) to carry off the girls, and *showed* them that they could get away with it.

22. The Rape of the Sabines, originally introduced in parallel with the rapes of Helen and Hippodamia to illustrate the bloodshed caused of old by masculine rapacity, is now presented as an example of sexual laxity which modern Romans have followed, and so leads into the subject of the degeneracy of modern morals. This change in the direction of the speaker's thought began perhaps with *tu criminis auctor* in line 19 and was certainly operative in *docuisti* and *impune* in line 21.

23. felix: i.e. to be admired and congratulated, the more when one considers the moral corruption which now prevails.

Admeti coniunx: Alcestis.

lectus: i.e. 'marriage'.

25. templa Pudicitiae: according to Livy x, 23 there was a shrine of Pudicitia Patricia in the Forum Boarium and one of Pudicitia Plebeia in the Vicus Longus.

quid opus statuisse puellis: 'to what purpose have women founded...?'. According to Livy x, 23 the shrine of Pudicitia Plebeia was founded by a certain Verginia. Note that *opus est* is a weaker expression than *necesse est.*

26. si cuiuis nuptae quidlibet esse licet: for *quidlibet* cf. Ov. *Her.* VII, 168 *dum tua sit, Dido quidlibet esse ferat,* i.e. would accept any status, concubine, mistress, etc. For the construction cf. Cic. *Balb.* 29 *ciui Romano licet esse Gaditanum.*

27. quae manus, etc.: for a possible explanation of the abruptness with which the subject of erotic pictures is brought in see the introductory note on this elegy above.

obscenas: i.e. depicting the sexual act or some of its preliminaries; it is not necessary to suppose that exotic refinements are meant, in the present context; cf., however, Ov. *Trist.* II, 521–4 *scilicet in domibus nostris...quae concubitus uarios uenerisque figuras exprimat est aliquo parua tabella loco.*

31. a gemat in tenebris: 'may he groan in torment in the world of darkness'. For *tenebrae* in this sense cf. (for instance) Ov. *Met.* XV, 154 *quid Styga, quid tenebras...timetis?*; *Am.* III, viii, 36 *omne lucrum tenebris alta premebat humus.*

[*in tenebris* is a conjecture. The MS tradition has *in terris.* It does not seem possible that *in terris* should = *sub terris,* for which see II, xviii, 27 *illi sub terris fiant mala multa puellae, quae,* etc. Elsewhere (e.g. at II, xvii, 9) *in terris* = 'on earth'; and some keep it here and take it, in that sense, with *protulit* = 'produced'. But thus taken it seems otiose. See further on *protulit* below.]

protulit: 'revealed', or 'has revealed'; cf. *proferre in lucem, in medium proferre*, etc.

[Some prefer to take *protulit* here as = 'produced' or 'invented', for which sense cf. note on *in tenebris* above, and Tib. I, x, 1 *quis fuit, horrendos primus qui protulit enses?* But we have already had 'invention' in 27; and that 'revelation' is here in question is suggested by *tacita* and *condita* in the next line.]

32. **orgia sub tacita condita laetitia:** 'the mysteries that joy kept private in the past concealed'. The word *orgia*, often used of sacred implements, here stands for 'secret rites', as at Virg. *Georg.* IV, 521 *inter sacra deum nocturnique orgia Bacchi*; and cf. *Aen.* IV, 302 and Servius' note thereon. In Greek we find ὄργια of Aphrodite at Aristoph. *Lysist.* 832; and of the Muses at *Frogs* 356. (Some doubt this use of *orgia* in Latin.)

[*orgia* is a conjecture; the MS tradition has *iurgia*.]

34. **tum:** i.e. in the olden days, at the time indicated by *olim* in the previous line.

35–6. **sed non immerito uelauit aranea fanum, etc.:** 'but not without reason do cobwebs shroud the shrine, and the holy place is desolate and overgrown with weeds'. The reference very likely is to the shrine of Pudicitia in the Vicus Longus, mentioned in 25 above; of which Livy X, 23 says *uolgata dein religio ...postremo in obliuionem uenit*; in which case the point is that Pudicitia's shrine is neglected with good reason, because women no longer want to be *pudicae*, or because Pudicitia has ceased to keep them so. Alternatively, the reference may be to the temples of the gods in general, of which 82 required repair by Augustus in his sixth consulship (28 B.C.), as he records in the *Res Gestae*. The point will then be that the gods' temples are neglected with good reason because the gods have shown themselves indifferent to the conduct of men by not punishing and checking evil practices such as those indicated in 31–4. The plural *deos* in line 36 somewhat favours this latter interpretation; but as it possibly stands here for *templa* (which could be a poetic plural), the point cannot be pressed. See also pp. 235–6.

[Many editors prefer to punctuate with an exclamation mark after *immerito*, taking the sense to be: 'and this degeneracy is a punishment that we have deserved, because we have neglected the gods and their temples'.]

37. **igitur:** reaching a conclusion.

quos...custodes, quae limina...: i.e. 'I could never find a watcher vigilant enough, or a door secure enough, to keep marauders from getting at you'; for (he continues in 39–40) it all depends on the woman's own will whether she remains uncorrupted or not.

41. nos: with an emphasis: 'as for me...'.

deducet: cf. II, XXV, 9 *at me ab amore tuo deducet nulla senectus*. Here either (1) *a te* has to be supplied, or (2) *deducet* must be understood as = 'lead astray'; cf. Cic. *Verr.* II, i, 25 *cuius diuitiae me de fide deducere non potuissent*; Lucr. I, 370 *ne te deducere uero possit*; Caes. *B.C.* I, vii, 1 *a quibus* (by whom) *deductum ac deprauatum Pompeium queritur.*

[The MS tradition has *me ducet*, evidently corrupt. Many editors prefer the emendation *diducet*, or *seducet*, making *nos* = 'us two'.]

VII

The law that threatened to separate the poet from Cynthia has been withdrawn. Not that any law could separate true lovers against their will. Conqueror though Caesar is, his conquests count for nothing when people are in love (1–6). For the poet would sooner suffer execution than betray his beloved and take a wife; not for him to father soldiers for the triumphs of the future (7–14). But (?) if the poet were privileged to serve under Cynthia—the right sort of service for him—no charger would be spirited enough to make him a worthy mount. For this is the kind of service in which he has won world-wide renown. Cynthia is his only love: o that he may be the same to her: then indeed their relationship will be worth more than his duty to his ancestors, i.e. his duty to carry on the family (15–20).

The law here in question is evidently one that would have forced the poet to marry, but would not have enabled him to marry Cynthia herself. Very likely this was the proposed *lex de maritandis ordinibus* of which Suetonius (*Aug.* 34) says *hanc cum aliquanto seuerius quam ceteras emendasset, prae tumultu recusantium perferre non potuit*; though we do not know the date of the event to which Suetonius refers, or the terms of the proposed law. *The lex Iulia de maritandis ordinibus* (18 B.C.) was later than the present elegy.

There is a certain extravagance, even shrillness, in the manner in which Propertius here expresses his defiance of ordinary Roman values; as also in his fancy at II, XV, 41 ff. that a life devoted to love and dissipation is justified by comparison of its harmlessness with the horrors of the recent civil wars. This may reflect tensions in the poet himself. We cannot tell.

From *certe* in line 1, the contrast between *places* and *placeam* in line 19, and perhaps the form ('unfulfilled') of the conditional construction in 15–16, it seems that the poet is not here confident of Cynthia's affection.

1. **certe:** either 'you must have been...', or 'you were glad enough, after all,...'; in either case, not a confident assertion that Cynthia now shares his feeling about the law's withdrawal.

[*es* in this line is a conjecture. The MS tradition has *est*; but Cynthia is apostrophized from line 6 on, and 1–2 would seem odd as a reflection addressed by the poet to himself or to a third party.]

2. **flemus:** this, like I, vii, 5 *consuemus* and II, xv, 3 *narramus*, is most easily understood as a contracted form of the perfect, here with preterite force; this seems to be required by the dependent past tense *diuideret* immediately following. [Some prefer to take *flemus* as a historic present like II, ix, 10 *uerberat* or Virg. *Aen.* II, 274–5 *quantum mutatus ab illo...qui redit*, etc.; or as a present with the value 'we have been and still are'; but the past subjunctive *diuideret* seems to tell against either view. It should be noted that *flemus* itself is a correction: the MS tradition has *stemus*.]

3. **ni:** an old alternative to *ne*; cf. (for instance) Catull. LXI, 146 *ni petitum aliunde eat*. Its employment here (where archaism would be pointless) shows that it remained in use in everyday speech.

5. **magnus:** i.e. 'Caesar's *power* is great'. One regular meaning of *magnus* is 'mighty' or 'potent'.

6. **deuictae gentes nil...ualent:** i.e. '*to have* conquered... counts for nothing'.

8. **nuptae perdere more faces:** 'waste torches at a bride's behest'. With *nuptae* in the same sentence, *faces* must be the torches of a bridal procession, both because the association of the two words in this sense is ubiquitous (cf., for instance, IV, iii, 13; IV, xi, 33 and 46), and also because the reference to the *tibia* in line 12 shows that a bridal procession is actually here in mind. These torches are provided by the bridegroom (cf. Virg. *Ec.* VIII, 29); and *perdere* is said here partly from petulance, and partly perhaps because the torches here misused (from the

speaker's point of view) had earlier associations for him as the torches that light a lover in his nocturnal promenades or as he waits outside his mistress' door (e.g. I, iii, 10; I, xvi, 8). *more* (with which *nuptae* goes) appears to be used in a sense similar to that shown in *morem gerere*, and in Plaut. *Bacch.* 459 *obsequens oboediensque est mori atque imperio patris*, or Ter. *Andr.* 152 *prope adest quom alieno more uiuendumst mihi* (where the speaker is supposed to be about to get married): it will then mean 'in compliance with the wishes of a wife', expressing the fact that Propertius will have lost his freedom.

[The above interpretation follows the text of the main MS tradition. Some editors prefer to read *amore* (given by some MSS) in place of *more*; they then take *faces* as the burning love of the poet for Cynthia, now to be eliminated by love of a wife. One difficulty in this view is indicated above; another is that *amor* and matrimony are in this kind of context much more likely to be contrasted than to be associated with one another: cf. Ter. *Andr.* 155 *si propter amorem* (i.e. because he has a mistress whom he loves) *uxorem nolit ducere*.]

9. **aut ego transirem tua limina, etc.**: evidently the marriage-procession is in mind; for cf. the following line, and also the whole situation in Ov. *Her.* XII, 137–52. Like the *faces* of line 8 and the *tibia* of line 12 the *limina* have their own special but different associations (cf. for instance II, xvii, 16 below) with the kind of love-life that would now be ending for the speaker. For *transeo* meaning 'pass by' rather than 'pass over', cf. Ov. *R.A.* 785–6 *dominae transire relictae limina*; also II, xi, 5 below.

11. **qualis caneret tibi tibia somnos**: i.e. what kind of a serenade. For the serenade, cf. Hor. *Od.* III, vii, 29–32 *neque in uiam sub cantu querulae despice tibiae, et te saepe uocanti duram difficilis mane*.

12. **funesta...tuba**: the trumpet sounded at (important) funerals: cf. Ov. *Her.* XII, 139–40 *tibiaque effundit socialia carmina uobis, at mihi funesta flebiliora tuba* (Medea recalls Jason's marriage with Creusa).

13. **unde mihi...praebere**: 'how (or, why) should I (or, such a one as I) give sons?', etc. There is an emphasis on *mihi*, and on *nostro* in the next line. With *unde mihi* the sense of a verb has to be supplied. Cf., for instance, Hor. *Sat.* II, vii, 116 *unde mihi lapidem?*; Juv. XIV, 56 *unde tibi frontem libertatemque parentis?*; from which it will be seen that the sense of the verb requiring to

be supplied in sentences of this form varies according to the context.

patriis: 'of our country', the adjective here relating to *patria* rather than to *pater*.

15. quod si uera meae comitarem castra puellae: 'but if I were soldiering under my mistress—the only true soldiering, as I hold...'. *castra sequi*, of which *comitarem castra* here is a variant, is regular Latin for military service: cf. Sen. *Contr.* I, iv, 8 *pater filio ignoscit non sequenti castra, si non potest, quamuis pater ipse militaris sit*. For the metaphor, common in elegy, whereby the lover's activity is spoken of in terms of military service, cf. I, vi, 30, IV, i, 137, and especially Ov. *Am.* I, ix. 1 *militat omnis amans et habet sua castra Cupido*; *ibid.* 43–4 *impulit ignauum formosae cura puellae, iussit et in castris aera merere suis*. The train of thought in 13–16 is: 'I am not a one to father soldiers; I am good only for the kind of soldiering that is love; but if my soldiering were that kind, the right kind, then you'd see that no war-horse would be too fiery for me; for through my prowess in this love-soldiering I have won fame that is world-wide', i.e. by my poems, inspired by it and describing it. (Some editors prefer to understand line 15 as meaning 'if this my service under my mistress were (no metaphor but) real soldiering'. This seems difficult; though it gives a good value to the unfulfilled condition *si...comitarem*.)

[*comitarem* is an emendation: the MS tradition gives *comitarent*.]

16. Castoris...equus: i.e. the most spirited imaginable charger, Castor being the ideal *equum domitor*.

17. hinc: i.e. from my service as a lover under my mistress.

meruit mea gloria nomen: here *gloria* and *nomen* mean much the same; they reinforce one another. *meruit* = 'has earned'.

18. Borysthenidas: the inhabitants of Borysthenis, a town at the mouth of the river Borysthenes (Dnieper).

19. places: placeam: the distinction between the statement and the wish is significant. The phrase *tu mihi sola places* is basic (like 'I love you'); for cf. Ov. *A.A.* I, 42 *elige cui dicas 'tu mihi sola places'*.

20. patrio sanguine: i.e. 'line' or 'stock'; Propertius is willing even that his line should end with him. For the relevant sense of *sanguine* cf. Virg. *Aen.* IV, 230 *genus alto a sanguine Teucri*, etc. Here *patrio* = 'of my fathers'.

VIII

This elegy is instructive because it exhibits a quantitative symmetry in the disposition of its component parts, these component parts being clearly identified in each case by successive changes of the person apostrophized. Thus are established both (*a*) the fact that elaborate quantitative balance of this kind is sometimes at least to be reckoned with in Propertius, and (*b*) the fact that the unity of a given elegy may be compatible with the presence within it of numerous apparently abrupt transitions.

The pattern of the groups in the present elegy is chiastic, 12 lines+4+8+4+12. Thus lines 1–12 are addressed to a friend ('My love is being stolen from me'); lines 13–16 to the woman ('Fool that I was to endure your arrogance so long'); lines 17–24 to the speaker himself ('Die then, Propertius'); 25–8 again to the woman ('But you shall not escape; you shall die with me'); lines 29–40 again, apparently, to the friend ('Achilles too allowed grief for the loss of a woman to overwhelm him; can you wonder if I am overwhelmed?').

1. **iam pridem:** with *cara* (I think): 'a woman who has long been my love'. (Many editors prefer to take *iam pridem* with *eripitur*. But *cara* does not seem a strong enough word to be effective here in isolation, and *iam pridem* does not seem to harmonize with the tone of *eripitur*.)

7. **omnia uertuntur: certe uertuntur amores:** here *certe* is said with a certain bitterness: 'all things change (the proverb says); well, it's certainly true of love...'.

8. **uincis:** for the treatment of the short final syllable as long before the strong caesura cf. Tib. I, iv, 27 (*eris*), I, x, 13 (*trahor*), II, ii, 5 (*Genius*).

8–10. He is thinking ruefully of his past triumphs; for the idea of the lover as triumphant, victorious, etc., cf. (for instance) II, xiv, 23–8, II, xxvi, 22.

10. **steterunt...fuit:** perfects of completed action, with the resulting values 'Thebes is fallen; Troy has had its day'. For the scansion *stetĕrunt* cf. II, iii, 25 *contulĕrunt* and instances from Tibullus and Ovid cited in Platnauer *L.E.V.* p. 53. [The MS tradition here has *steterant*, which might serve in Propertius as a preterite; but here a true perfect is required, to match *fuit*.]

11. **uel qualia carmina feci:** here *uel* cannot be plain 'or';

it evidently has a corrective force like that of *immo* (cf. English 'nay...'), substituting a stronger term for a less strong one. Poems, to the speaker's mind, are more valuable than any other kind of present.

12. illa tamen numquam, etc.: this might mean either that she never loved him, or that desperate bids against the rival to keep her love met with no response.

13–16. He apostrophizes the woman.

13. temerarius: 'a mad fool'.

nimium: here conveying an extreme degree, but not necessarily 'excess'; cf. Virg. *Georg.* II, 458 *o fortunatos nimium.*

[*ergo ego tam* is a conjecture, for the MS tradition's *ergo iam.* Since the verb in this sentence has to be supplied, it would be hard to supply the subject too, as required by the MSS reading. And *tam* suits the tone of *ergo* as used here; cf. III, xxiii, 1 *ergo tam doctae*, etc.]

14. tuamque domum: presumably the expenses and demands of her own establishment (*mater, soror,* maids, etc.; cf. II, vi, 11–12, II, xv, 20, III, viii, 38 (?); and Ov. *Am.* I, viii, 91 *et soror et mater, nutrix quoque carpat amantem*). To these the reigning lover for the time being would find himself contributing.

17–24. He apostrophizes himself.

19–20. exagitet, etc.: i.e. let her pursue me with hatred and every kind of insult when I am dead. With these thoughts the rejected lover fans his resentment and despair.

21–2. Haemon: son of Creon of Thebes, and betrothed of Antigone, at whose tomb he killed himself. The point of comparison here is that Haemon killed himself for loss of his loved one; the poet has said in 17–18 that he will kill himself for loss of his. The fact that the circumstances attending the loss are quite different in the two cases is not a fault; the speaker's thoughts are rendered incoherent by emotion.

23. et sua cum miserae permiscuit ossa puellae: with *cum* supply *ossibus* (*puellae*). Here the story of Haemon suggests a new idea: union with the loved one in death. This, however, takes in 25–6 a form divergent from the story of Haemon which suggested it: the poet will kill his beloved in order to keep her for himself, or to be avenged on her.

25–8. He again apostrophizes the woman.

26. uterque cruor: i.e. the blood of both of us.

29–40. The poet here apparently turns again to the *amicus* of line 2 (or to the world at large). The story of Achilles now cited illustrates, not the project of suicide and murder which has been prominent in lines 17–28, but the milder original proposition of lines 1 ff. that the poet is profoundly distressed and cannot follow his friend's advice to take the loss of his woman lightly. If there is a connection in thought between 17–28 and 29 ff. it is in the idea (though it is not expressed) that Achilles' conduct was after all *inhonestum* (cf. 27).

29. **coniuge:** Briseis; cf. on II, ix, 17 below.

30. **pertulit:** i.e. endured to let...and (*per-*) did not relent.

31. [*fuga stratos* is a correction; see *app. crit.*]

32. **feruere:** an unusual application of the word, which commonly refers to seething, etc.; cf. on II, i, 54 *urat*. (For the 3rd conjugation form cf. Virg. *Georg.* I, 456, etc.)

Hectorea...face: in the *Iliad* (XV, 717 ff. and 743 ff., XVI, 112 ff.) the Trojans, led by Hector, storm into the Greek camp and attack the Greek ships with firebrands.

Dorica castra: here *Dorica* stands by metonymy for 'Greek'; cf. the same phrase *Dorica castra* in Virg. *Aen.* II, 27. In actual fact Dorians do not figure in the *Iliad*, the story of which is set in an age before the Dorians became a power in Greece.

36. **in erepto...amore:** i.e. at being robbed of his beloved. Here *in* is of the occasion of an emotion, as in (e.g.) Cic. *Cat.* II, 3 *in hoc ipso, in quo exsultat et triumphat oratio mea.*

37. **captiua:** i.e. Briseis, restored (*reddita*) to Achilles by Agamemnon in *Iliad* 19.

sera...poena: ablative of manner or attendant circumstances: literally, 'by an act of amend made after all too long delay'.

38. **Haemoniis:** i.e. Thessalian, *Haemonia* being a general name for the northern region of Greece, and Achilles' homeland Phthia being in Thessaly.

39. **inferior...cum sim...matre:** since Achilles' mother Thetis was a goddess. [*matre* is a correction: the MSS have *marte*.]

40. **mirum, si de me iure triumphat Amor?:** perhaps a conflation in the poet's mind of *num mirum si triumphat?* and *nonne iure triumphat?*

IXA

Here the situation is again as in elegy viii: the poet has been supplanted by a rival. The person addressed throughout 1–48 is the faithless woman. The scheme is: the rival, and her fickleness (1–2); the faithfulness of Penelope, etc. (3–18), compared with her wantonness (19–24); indignation (25–30) turns to resignation (31–46); a parting curse on the rival (47–8). There seems to be an underlying symmetry in the disposition of the piece. Concerning lines 49–52, here printed as a separate unit, see introductory note to ixB below.

1. **et in hora:** 'even within an hour', or as we might say 'within the hour'. For this use of *in* with abl. cf. Suet. *Claud.* XII, 3 *in breui spatio tantum amoris...collegit*, etc.; Cic. *Top.* 44 *si filius natus esset in decem mensibus*, etc.

5. **Minerua:** i.e. weaving; cf. Virg. *Aen.* VIII, 409 *tolerare colo uitam tenuique Minerua*; and the common metonymy whereby Bacchus = 'wine', 'drinking', etc. The allusion here is to Penelope's famous Web.

7. **uisura et quamuis numquam speraret Vlixem:** the Greek construction of nominative with infinitive after verbs of saying, thinking, etc., imitation of which by Latin authors is very rare; cf. Catull. IV, 2 (*phaselus ille*) *ait fuisse nauium celerrimus*; Hor. *Od.* III, xxvii, 73 *uxor inuicti Iouis esse nescis*; Prop. III, vi, 40 *iurabo bis sex integer esse dies*. With *uisura* here sc. *esse*.

8. **exspectando facta...anus:** 'grown old in waiting for him'.

remansit: 'she stayed true'; *remanere* is often used of staying at home, in one's proper place, etc.

10. **uerberat:** historic present.

12. **propositum:** 'laid out'; cf. *proiectus* of one stretched out at length after a fall.

proponere is commonly said of putting something on view, or up for sale; but the sense here required—'laid out'—is in accordance with the known value of *pro-* in other compounds.

in Simoente: i.e. in the bed of the river, in the shallow water at the sides, the deep channel being in the middle.

[*flauis* and *Simoente* in this line are both conjectures, the tradition giving *fluuiis* and *Simoenta*.]

13. **foedauitque comas:** i.e. tore her hair, fouled it with dust, etc., as an act of mourning.

Achilli: an accepted Latin genitive of *Achilles*.

14. ossa: either literally 'bones', or more generally 'remains', in either case the remnants of cremation.

parua manu: poetic singular (I think) for 'hands'; cf. *nare* for *naribus*, etc. But the singular also assists the pathetic contrast with *maxima...ossa*.

15. tibi: i.e. Achilles; the sudden shift into apostrophe (we should expect 'him') is worth noting as a feature of Propertian style; for another good example, cf. III, xi, 33–8.

caerula mater: Thetis, called *caerula* here, and in Hor. *Epod.* XIII, 16 and Tib. I, v, 46, because she is a sea-nymph.

16. Scyria...Deidamia: daughter of Lycomedes, King of Scyros, where Achilles in his youth was concealed by his mother in the guise of a girl, she hoping thus to prevent him from becoming involved in the war against Troy. Deidamia became mother of Achilles' son Neoptolemus. She is here thought of as a widowed bride.

uiduo...toro: descriptive ablative.

[*toro* is a correction. The MS tradition has *uiro*.]

17. ueris...nuptis: Briseis though a slave (cf. 11) is here thought of as *nupta* of Achilles (cf. viii, 29), as Penelope literally was of Ulysses. *ueris* here = 'true' in the sense of 'constant'; cf. II, xxix, 34 *uel tu uel si quis uerior esse potest.*

[*nuptis* is a conjecture. The MS tradition has *natis*.]

18. tunc etiam: in combination; cf. *nunc etiam.*

inter et arma: i.e. *et inter arma* = 'even amid the wars'.

felix: (sc. *fuit*) 'flourished'.

19. non una...nocte uacare: '(you could not be content) to be for even one night without a man'. For *una nocte* as an ablative of duration cf. II, xiv, 28 (below) *tota nocte receptus*. For *uacare*, absolute, in the sense required, cf. I, xiii, 2 *quod abrepto solus amore uacem.*

21. duxistis pocula: cf. Hor. *Od.* I, xvii, 21 *hic innocentis pocula Lesbii duces sub umbra*; where *ducere* = 'drink'. But in IV, vi, 85 *sic noctem patera...ducam* the sense of *ducere* is 'pass the night'. The two ideas are conveyed together here, with great economy of words.

22. forsitan: with the indicative here, as commonly in the Augustans.

23. etiam: not only with *hic* (though *hic* carries an important emphasis), but with the whole content of the sentence: 'and what is more, *this* is the man you're after, this fellow who...'.

24. **fruare:** 'may you have joy of...'; cf. II, i, 48.

25. **haec mihi uota...?:** 'is this what I prayed for with vows...?' or 'are these the vows (i.e. is this the outcome of the vows) I made...?'; cf. IV, iii, 11 *haecne marita fides et pactae... mihi noctes...?* (said by a woman whose husband has left her, to go on a campaign).

26. **capite hoc:** as the context shows, here *hoc* = *tuo*; while at III, xvii, 42 *hoc...caput* = *meum caput*. This is instructive regarding Propertius' use of the demonstrative. *caput* here = 'person', as often (and especially where a person's life or moral qualities are in question).

28. **quisue:** 'who was he?', i.e. to you, then. Was he anything more than a stranger?

29. **quid si...retinerer, etc.:** with allusion to the situation implied in 19–20 above, i.e. that the speaker has been briefly absent.

31–46. This passage expresses resignation, in three phases: 31–6 'but after all, fickleness is woman's nature'; 37–40 'so I give in, and pray for death to end my pain'; 41–6 'my heart is yours alone'.

31. **uobis:** i.e. women in general.

uerba: this here = 'falsehoods'; cf. *uerba dare*.

componere: here, as often, in the sense of 'making up' = 'inventing'; it has *uerba* as well as *fraudes* for object.

32. **hoc unum...opus:** here *unum* = 'above all others', and so 'especially'; cf. II, iii, 29 above; and I, v, 12 *illa feros... alligat una uiros*; Cic. *Verr.* II, iv, 3 *quae tibi una...in amore... fuit*, etc.

33. **Syrtes:** shifting sandbanks off the North African coast.

34. **tremefacta:** sc. *sunt*. The perfect is the perfect of general statement, very frequent in Virgil's *Georgics*, e.g. IV, 213 (*amisso rege*) *rupere fidem constructaque mella diripuere ipsae* (of the habitual behaviour of bees when without a queen).

35. **non constat:** i.e. *turbatur*, or *rumpitur*.

36. **siue ea causa, etc.:** for *ea causa* = *eius rei causa* cf. Cic. *Amic.* 3 *cum in eam* (= *eius rei*) *ipsam mentionem incidisset*.

38. **pueri:** the Cupids; cf. IV, i, 138 *Veneris pueris*.

39. **figite certantes:** i.e. 'shoot on; see who can pierce me most'.

soluite uitam: i.e. 'kill me, and set me free'; cf. Virg. *Aen.* IV, 703 *teque isto corpore soluo*.

40. maxima palma: 'a fine trophy', *maxima* being here ironical.

41–2. The stars and the frosty small hours and the door are invoked because they have been witnesses of his amorous pursuit of the woman.

43. acceptius = *gratius* or *carius*.

44. [*erit...nihil* is conjecture. The MS tradition has *eris... mihi.*]

45. ponet uestigia: with *lecto* the meaning of *uestigia* here must be the same as that illustrated in II, xxix, 35 (below) *apparent non ulla toro uestigia presso*, i.e. the marks on the bed (cushioned but not sprung) which show where someone has been lying on it. But *uestigia ponere* commonly means 'tread'. It may be that the poet has two ideas in mind: that of lying on the bed, and that of 'setting foot in' the bed-*chamber* (cf. I, xviii, 11–12 *non altera nostro limine formosos intulit ulla pedes*).

46. non licet esse tuum: regarding the construction see on II, vi, 26 above.

47. si forte...: 'if so be that...'; *forte* here does not imply doubt.

48. in medio...amore: 'in the very act of love'.

IXB

This four-line growl (49–52) is presented by the MSS as an integral part of the same elegy as 1–48; and certainly the rival apostrophized is naturally taken to be the man referred to as *iste, hic* or *ille* in lines 1, 23, 24, 28 and 48. But as throughout 1–48 the woman is addressed, it would result, if 1–52 were all one piece, that the reader would suppose her addressed still throughout 49–52 until the very last word of all (*tua* in 52) made him realize that he had been left under a misapprehension. It seems more probable therefore that 49–52 are a short separate piece (IXB), related to the preceding piece IXA by referring to the same situation. This also leaves IXA with an admirably strong conclusion in line 48. For other cases where short separate pieces have become attached to longer predecessors in the MSS see (I think) II, xiv, 29–32 below and III, viii, 35–40. However, some may prefer to read these four lines as a conclusion to what has preceded, with a strong pause before and a change of apostrophe.

49–52. non...magis...cecidere...quam...non fugiam ...etc.: the construction is anacoluthic, naturally enough considering the excited state of the speaker; cf. II, ii, 5 ff. above. The sense is: 'like the Theban princes who fought their ghastly duel for the throne and fell before their mother's eyes, so I, if I could fight with you before my mistress' eyes, would willingly be killed in killing you'. The Theban princes are the sons of Oedipus, Eteocles and Polynices; and their mother is Jocasta who in some versions of the Theban story (Euripides' *Phoenissae*, Statius' *Thebaid*, etc.) is still living when Polynices brings the army of the Seven against Thebes.

49. diris: a strong word; it was a furious fight, and to the death, and between brothers.

50. media non sine matre: it seems inevitable (from stylistic considerations) that this should be parallel in meaning to *media...puella* in the next line. The only value for *media* that could be applicable both to Jocasta and to the woman of line 51 is 'present' (as witness of the fight); and so it seems necessary to accept this meaning here, though it is not supported by any Latin parallels known to me. (In Sophocles' *Trachiniae* 515–25 the love-goddess is present ἐν μέσῳ as umpire at the fight between Hercules and Achelous over Deianira, and Deianira is present as spectator.) Accordingly *non sine* = *cum* must here denote attendant circumstances, not that the mother fell too. (In *media* and *non sine* applied to Jocasta there may be also a reminiscence of the version of the story in which she attempts to mediate between the brothers and kills herself when unsuccessful. But such an idea cannot be in the foreground here, as it could not apply to *media* when repeated in the next line.)

51. media...puella: see notes on 49–52 and 50 above.

52. morte...tua: perhaps a kind of ablative of price; the other's death being a price for which he will sell his own.

X

This elegy, like the following elegy xi, assumes (cf. line 8) that the poet has broken with his mistress. He professes (1–10) that he has done with love-poetry and now will turn to celebrate Caesar's martial prowess; or at least, that he will do so if his powers prove adequate. He then (11–20) proceeds in a deliberately 'grand' manner to develop a kind of proem to such a work; but it presently appears (20) that this work is still only a project for the future. He breaks off, and ends (21–6) with an apology for the slightness of his present tribute, due to the slightness of his present powers. It is possible to divide 1–20 otherwise than as proposed above, without any consequence that affects the interpretation of the whole.

From the notes on lines 15–17 below it will be seen that 25 B.C. (or possibly 26) is a likely date for the composition of this piece.

1. **sed:** for elegies beginning with conjunctions cf. I, xvii, 1 (*et merito*...), II, xxvii, 1 (*et* (or *at*) *uos*...), III, ii, 1 (...*interea*...), III, vii, 1 and III, xxiii, 1 (*ergo*...).

2. **Haemonio...equo:** the epithet ('Thessalian', the horses of Thessaly being celebrated) is conventional, as in Virg. *Georg.* III, 345 where the African shepherd has *Amyclaeumque canem Cressamque pharetram*. Perhaps, however, it suggests a *war*-horse, for cf. Virg. *Georg.* III, 115–17 *Lapithae...equitem docuere sub armis insultare solo*, etc. For the use of this metaphor with reference to poetry cf. Ov. *Am.* III, xv, 18 *pulsanda est magnis area maior equis*.

3. **libet:** 'I am minded...'.

ad proelia: with *fortis*.

7. **extrema:** to be understood in the light of the antithesis with *prima*; he means simply that part of life which comes when the *prima aetas* is past, and so not necessarily old age.

tumultus: a strong word used here as a variant for 'wars'. Technically it was said especially of the irruption of a Gallic horde or similar menace on the frontier.

8. **quando:** 'since'; cf. Hor. *Sat.* II, vii, 4 *quando ita maiores uoluerunt*.

scripta est: the perfect of completed action: 'since I have done with writing of my love' (i.e. of her that was my love).

9. **subducto...uultu:** 'with furrowed brow', expressive of concern with serious things; cf. II, xxxiv, 23 (below) *uitae...ruga seuerae*.

10. **aliam citharam:** i.e. another style of poetry from that of love-elegy, the *mollis liber* of II, i, 2 above and the *leue...opus* of Ov. *Tr.* II, 339, etc.

11. **ex humili:** either masc. as in Hor. *Od.* III, xxx, 12 *ex humili potens*, or neut. as in Juv. III, 39 *quales ex humili magna ad fastigia rerum extollit Fortuna*.

[*anime*, here read, is a commonly received emendation for the MS tradition's *anima*, which as a vocative would be apt to mean 'darling'.

For *carmina*, here read with *F*, the tradition appears to have had *carmine*. Some keep *carmine* with adjusted punctuation, thus: *surge...ex humili iam carmine; sumite uires, Pierides...*]

12. magni nunc erit oris opus: cf. IV, i, 58 *ei mihi quod nostro est paruus in ore sonus*; Virg. *Georg.* III, 294 *magno nunc ore sonandum.*

13–14. iam negat Euphrates equitem post terga tueri Parthorum: there are two ways of taking this. (1) 'Euphrates declares that the Parthians' horsemen look behind their backs no more'; i.e. no more are they practising for or active in war, warlike activity in their case being typified by their peculiar and celebrated tactics, for which cf. Ov. *Fast.* V, 591 *solitae mitti post terga sagittae*, and in Propertius III, iv, 17, III, ix, 54, IV, iii, 66. For the form of the expression *negat Euphrates* cf. II, xxxii, 35 (below) *Ida...dicat*, etc. Alternatively (2) 'Euphrates refuses any more to keep the Parthians' horsemen safe behind him'; *negat* being then as in II, xxv, 6 (below) *grandaeuique negant ducere aratra boues*. A difficulty in (1) is that *post terga tueri* leaves so much unsaid; a difficulty in (2) is that *post terga* = *post se* is oddly said of a river, even if personified. But (2) gives much the better sense in this context.

15. India: an embassy from India reached Augustus when he was at Tarraco in Spain (Orosius VI, xxi, 19); and he was in Spain in 26–25 B.C. (Dio C. LIII, 25).

16. domus Arabiae: 'the land of Arabia'; cf. I, vi, 4 *domos ...Memnonias*. The first syllable is made long *metri gratia*, as in the adjective *Arabio* at II, iii, 15 above; contrast *Arabum* (gen. pl.) in II, xxix, 17 below, and cf. note on II, xxxiv, 39.

According to Dio C. LIII, 29 an expedition into Arabia conducted by Aelius Gallus, the governor of Egypt, ended disastrously in 24 B.C. From Strabo XVI, 780 it appears that it set out in the previous year.

17. si qua extremis tellus se subtrahit oris: the anonymous land 'withdrawn to the furthest borders of the world' (as if in an effort to escape Roman conquest) is probably Britain, whither Augustus was bound (Dio C. LIII, 25) in 26 B.C. when prevented by trouble in Spain.

19–20. ...sequar...ero: seruent, etc.: the poet's intentions and hopes are now in the future: contrast 2–3 *iam*. . .*iam*, 9–10 *nunc*. . .*nunc*, etc. In the following six lines (21–6) he explains that his present offering is a token, and that his talent is not yet ripe for grand subjects.

21–4. As we lay a wreath at the feet of a god's statue when the statue is too big for us to be able to reach its head, so the poet now also does the best he can in bringing his present humble offering, as he has not the power to 'mount the triumph-car of praise'. The poet's present action is illustrated by a simile (21–2), and is itself described in two metaphors (23 *currum*, 24 *tura*).

22. [*hinc* = 'in consequence. . .' is a tentative conjecture for the MS tradition's *hac*; cf. Lucr. III, 884 *hinc indignatur*. . . etc. Other conjectures available are *hic, his, haec*.]

23. inopes conscendere: 'not so endowed (with talents or other resources) that I can mount. . .'.

laudis conscendere currum: 'to mount the triumph-car of praise'. Cf. Lucr. VI, 47 *insignem conscendere currum*, where this metaphor evidently is applied to an exalted kind of poetry. *currum* suggests of course the chariot of a *triumphator*; and the metaphor of a *triumphator* is applied in Virg. *Georg*. III, 17 to a poet who honours Octavian's deeds in a worthy style: *uictor*. . . *Tyrio conspectus in ostro*.

[*currum* is a conjecture. The MS tradition has *carmen*. Another conjecture is *culmen*.]

24. pauperibus sacris uilia tura damus: a pinch of incense was the simplest and cheapest offering—the poor man's act of worship.

25. nondum etiam: meaning the same as plain *nondum*; cf. I, iii, 11, ix, 17, etc.

25–6. Ascraeos. . .fontis. . .Permessi flumine: this whole passage depends on an allusion to Virg. *Ec*. VI, 64–73, where a Muse meets Gallus walking by Permessus (a stream at the foot of Mt Helicon in Boeotia) and leads him up to the Aonian heights (Mt Helicon), where he receives the pipe (symbolizing the poetic gift) of Hesiod of Ascra. Propertius conceives (as perhaps had Gallus and Virgil before him) of the stream of Permessus as source of a relatively modest form of poetic inspiration, i.e. that required for love-elegy; whereas higher up the mountain is another spring from which a higher inspiration could be drawn. To this source of higher inspiration he has not yet been admitted.

XI

A breach has occurred (cf. II, x, 7 above), and these six lines are a dismissal; but not, as will appear later, a final dismissal.

1. **licebit:** for this future, with a value hard to distinguish from that of the present, cf. Ov. *Her.* XX, 71 *quamlibet...sis irata licebit.*

3. **munera:** 'endowments', physical and intellectual; cf. II, iii, 25 above. But *munera* in the sense of II, xvi, 15 and 21 (gifts by which rich men can buy a woman from the man her heart prefers) may also be in mind here.

6. **cinis:** masculine here as elsewhere in Propertius. Catullus and Caesar among others make it feminine.

XII

Quintilian (*I.O.* II, iv, 26) refers to a school exercise in which the pupil would be set to *quaerere et exequi...quid ita crederetur Cupido puer atque uolucer et sagittis et face armatus,* i.e. to explain why Cupid's various attributes are rightly bestowed on him.

Athenaeus XIII, 562 C quotes a fragment of the third-century (B.C.) comic poet Eubulus in which the speaker (after beginning, as in line 1 here, 'who was it who first painted Love with wings?') proceeds to argue that this attribute is *not* rightly bestowed on Love, because he sits heavy on his victim and cannot easily be shaken off.

Propertius' poem falls into two halves. In the first (1–12) he explains why it is fitting, as a rule, that Love should be depicted as a boy, with wings, and with bow-and-arrows. In the second half of the poem (13–24) he declares (13–16) that the behaviour of Love in his own case makes one of these attributes—the wings—seem inappropriate; since in his own heart Love stays fast and declines to fly away. He goes on (17–24) to complain of Love's relentless cruelty, and warns him not to be the death of his own poet, the only one who can describe a certain woman's beauties. The effect of the last couplet is admirable, and so is the whole development of the piece which it concludes.

In the explanation of Love's various attributes offered in lines 1–12 one must not of course look for scientific consistency, or be troubled by the fact that Love the child is more or less identified with the lover whereas Love the archer is a separate and hostile person. Fancy works this way.

2. manus: i.e. 'skill'.

3–4. Why Love is represented as a child.

3. sine sensu: i.e. *sine iudicio* or *sine ratione*.

4. leuibus curis: not 'slight', but 'foolish' passions.

5–8. Why Love is represented as having wings.

5. uentosas addidit alas: the same phrase occurs in Virg. *Aen.* XII, 848 *uentosasque addidit alas*, possibly from a common predecessor. *uentosas* is used here as in Ov. *Fast.* IV, 392 *uentosis...equis* to mean 'swift as the wind'; but also as in Ov. *Am.* II, ix, 49 *tu* (Love) *leuis es multoque tuis uentosior alis*, where *uentosus* = 'fickle'.

6. fecit et humano corde uolare deum: 'so that he can fly, that god, from a man or woman's heart'. Here the meaning of *humano corde uolare* is fixed by the corresponding passage 14–15 below; it is there said that Love's staying in the poet's heart shows that he has, in the poet's case, lost his wings; hence here the possession of wings must be said to enable him to leave the heart of a man (or woman, for *humano* includes both). For the ablative without preposition indicating 'motion from', cf. II, xxxii, 14 (below) *flumina sopito quaeque Marone cadunt*.

7. alterna quoniam iactamur in unda: 'because we are tossed by the waves this way and that'. Fickleness of the affections is characteristic of lovers; and to suffer from their partners' fickleness is characteristic of them too.

8. nostraque non ullis permanet aura locis: 'and with us the wind is never set for long in any quarter'. For the periphrasis *non ullis...locis*, cf. III, xii, 14 *illis...locis*, II, xxxii, 7 *hoc...loco*.

9–12. Why Love is represented with bow-and-arrows.

10. ex umero...utroque: as two quivers are unlikely, and unexemplified, it seems most likely that this means a quiver sitting vertically on the back between the shoulders; *utroque* being used like the Greek dual because shoulders come in pairs; Apollo's quiver in *Iliad* I, 45–6 also hangs 'on his shoulders'. (Quivers are usually shown suspended by a belt running over one shoulder and under the other. Suspension by a harness is not exemplified, but often the means of suspension is not shown at all in ancient works of art. See s.v. *pharetra* in Pauly–Wissowa.)

iacet: 'hangs' (on his back).

13. in me: 'in my case'.

tela manent, etc.: i.e. in my case the conception of Love as archer and child remains applicable: he wounds me, and makes me act irresponsibly.

14–16. But Love as the poet experiences him is not rightly depicted with wings: for he never leaves the poet's heart.

16. meo sanguine: 'in my veins'; or perhaps better 'at cost of my life's blood', for which cf. Stat. *Theb.* IV, 403 *bellastis sanguine tanto.*

17. siccis...medullis: 'in this heart already drained of life'. *medullae*, pl. of *medulla* = 'marrow', is often said in poetry where we might say 'heart' or 'soul'. *siccus* may signify 'famished' or 'bloodless', and apply to those enfeebled from either cause; for an example, cf. III, xvi, 19 *sanguine tam paruo quis enim spargatur amantis?*

18. si pudor est: 'for shame!'.

alio: an adverb, 'to some other quarter'.

[*bella* is an old conjecture: the MS tradition has *puella* (and *tuo*). An alternative conjecture is *tela*.]

19. ueneno: they are poisoned arrows.

20. non ego, sed tenuis...umbra mea: 'it is not I, but a lifeless ghost of me...'. He is more dead than alive from long ill-usage.

uapulat: 'that you are mauling' (literally, 'that is being mauled'). *uapulo*, a word in everyday use, is said properly of being beaten or flogged; it is used metaphorically at Sen. *Ag.* 93 *turris pluuio uapulat Austro* = 'is buffetted (by the rain)'.

23–4. Cf. II, i, 7–8, II, ii, 5, II, iii, 9–13; II, i, 9–10, II, ii, 5; II, iii, 14; II, i, 5, II, ii, 6.

24. soleant: the sound of the word not only makes assonance with *molliter* but also may bring to mind the *solea* = 'slipper' which sets off the girl's foot, and with it Catull. LXVIII, 70–2 *quo mea se molli candida diua pede intulit et trito fulgentem in limine plantam innixa arguta constituit solea.* For another passage where the sound of a word has an association helpful to the context in which it occurs cf. III, xii, 31 *et thalamum Aeaeae flentis fugisse puellae,* where *Aeaeae* suggests the Greek cry of woe αἰαῖ. It is not of course necessary to suppose that the effect was consciously sought by the poet in either passage.

XIII

Many editors divide this piece into two separate elegies, xiii A (lines 1–16) being addressed to the world at large and concerned with the relationship of Propertius' poety to his love, and xiii B (lines 17–58) being addressed to Cynthia and concerned with anticipations of his death. Those who make this obviously plausible division justify the presence of *igitur* (line 17) in what then becomes the opening sentence of an elegy by reference to the conjunctions in II, x, 1 (*sed*), III, ii, 1 (*interea*), III, vii, 1 and III, xxiii, 1 (*ergo*).

The piece is here printed, in accordance with the MS tradition, as a single elegy, but one that exhibits three distinct movements: 1–16 (the lover-poet), 17–42 (the lover-poet's end imagined), and 43–58 (the lover-poet's end desired). The change of subject and of person addressed at line 17 is indeed remarkable; but other remarkable changes have been observed already in, for instance, elegies v and viii above. On the other hand, (*a*) emotionally, the content of 17–58 is a pathetic appeal to the woman, and this follows naturally on the hope or wish implied in 15–16; while (*b*) logically, *igitur* in line 17 connects the thought of the importance of his poetry to the lover, which has preceded in 5–14, with the wish that it should accompany him to his grave, which follows in 25–6; and it is *this* thought (of the poems going to the grave with their author) which is the point of departure for the whole unit 17–42, the content of 19–24 being subordinate to it. For the readiness of Propertius' imagination to turn towards the thought of his own death and exequies, cf. I, xvii, 19 ff., II, i, 71 ff., III, xvi, 21 ff.

Recently L. P. Wilkinson has pointed out (*C.R.* XVI, 141 ff.) that the rejection of vulgar judgments in 9–14 and of the grandiose in 19–38 are both Callimachean sentiments (cf. II, i, 39–40 above), thus further confirming the unity of 1–16 with what follows.

1–2. The opening thought of the elegy appears to arise from the preceding elegy xii.

1. Achaemeniis: i.e. Persian, Achaemenes being founder of the clan to which Cyrus and later Kings of Persia belonged.

Susa: neut. plur.; capital of Persia.

[The MSS on which we normally rely give here *armatur etrusca*, which is evidently corrupt. *armantur Susa*, here printed, is probably the conjecture of a renaissance scholar. An alternative possibility is *armantur acuta*; but this yields a less obviously satisfactory rhythm, and would involve a remarkable hypallage in *armantur sagittis...spicula*.]

3. gracilis: acc. pl. fem., with *Musas*, and no doubt corresponding, as does *tenuis* elsewhere, to the Greek λεπτός or λεπτάλεος; but as the tone here is apologetic the value here will be 'frail', rather than 'subtle' or 'exquisite'.

tam gracilis: for the form of expression cf. III, viii, 2 *uocis et insanae tot maledicta tuae*; III, xxiii, 1 *ergo tam doctae nobis periere tabellae*.

4. Ascraeum...nemus: i.e. the grove of the Muses on Mount Helicon, called 'Ascraean' because Hesiod of Ascra received inspiration on Helicon from the Muses. The symbol stands here, as in II, x, 25 above, for the excellence in his art to which the poet aspires. Propertius' particular kind of poetry is here distinguished by *sic* = 'in this wise'. Love has bidden him 'sojourn in the Ascraean grove' *as an elegiac poet*. In II, x, 25 it was implied that this kind of poetry did not deserve the name 'Ascraean'; but now it does.

5–6. non ut Pieriae quercus...aut...Ismaria...ualle etc.: i.e. he does not aspire to draw trees and beasts to follow him, bewitched by his song, as Orpheus did in Thrace and its neighbourhood. *Pieria* was a region of Macedonia, *Ismarus* (or *Ismara*) a mountain in Thrace. For the terms here, cf. Virg. *Ec.* VI, 69–71. For a similar but not identical idea, cf. Tib. II, iv, 15–20.

7. stupefiat: 'be bewitched'; so that she is no longer hostile (cf. 15), just as Cerberus is tamed by the poets in the underworld in Hor. *Od.* II, xiii, 33 *illis carminibus stupens*.

8. Lino: a legendary singer coupled with Orpheus at Virg. *Ec.* IV, 56, and mentioned again by him at *Ec.* VI, 67 in the passage echoed in 4–6 above.

Inachio: i.e. Greek, Inachus being a legendary of Argos; for the widely extended meaning attached to the epithet, cf., for instance, II, viii, 32 *Dorica* = Greek, and line 1 above *Achaemeniis* = Persian.

9. tantum: probably with the same force as *tam* in II, iii, 9 above *nec me tam facies*, etc., the construction then changing so that the corresponding *quantum* (which in II, iii comes at line 17) never arrives. (Or should *tantum* here be taken closely with *formae*, in the sense 'only'; and so 'mere prettiness of face and figure'?)

11. me iuuet: he says 'may it be my pleasure' (*iuuet*) rather than 'it is my pleasure' (*iuuat*) because, as appears from 15–16, he is at the time of speaking in disfavour.

in gremio: reclining, like Mars with Venus as imagined by Lucretius I, 33 ff.

12. auribus...puris: cf. Cic. *Opt. Gen. Or.* 11 *teretes aures...intelligensque iudicium.*

13–14. confusa...fabula: i.e. *confusus sermo*, i.e. 'babble'.

17. quandocumque igitur...: 'and so when the time comes for...'. For the same phrasing (and the abrupt introduction of the thought of his death), cf. II, i, 71 above. For the point of *igitur* cf. introductory note above; it looks forward to 25–6 and back to 3–14 above. For the abrupt turn to the woman cf. above II, iii, 22, II, v, 17, II, viii, 13 and 25.

18. serues: it appears from 27 that the woman is addressed, and from 57 that she is Cynthia. The poet pleases himself at I, xvii, 19 ff. and III, xvi, 21 ff. in imagining funeral attentions from his beloved.

acta: 'dispositions', either made or (as here) prescribed; cf. *Caesaris acta seruare.*

19. longa...imagine: i.e. with a long succession of busts of his ancestors, such as were carried in funerals of the Roman nobility. *longa...imagine* is here said for *multa imagine*, anomalously but expressively, as the many busts make a long procession.

spatietur: describing the solemn walk of the people in the procession; and perhaps also suggesting its length, for *spatiari* is sometimes said of that which spreads itself, as at Ov. *Met.* XIV, 629 *spatiantia passim bracchia* (of a vine).

20. tuba: cf. II, vii, 12 above.

21. fulcro...eburno: attributive ablative with *lectus*: 'a couch (in this case, a bier) with ivory head-rest'.

sternatur: here absolutely, as we say a bed is 'spread' but need not add with what.

22. Attalico...toro: i.e. a couch or mattress draped with cloth of gold, a method of weaving which was said to have been invented by Attalus, King of Pergamum.

mors mea: i.e. myself when I am dead, and so 'my corpse'; the phrase is of the same type as I, xx, 15–16 *error...Herculis... fleuerat* = 'the wandering Hercules'; III, v, 4 *nec bibit e gemma diuite nostra sitis* = 'I, when I am thirsty', etc.

23. odoriferis ordo...lancibus: the ablative does not merely add an attribute like *fulcro...eburno* in line 21 above, but gives the content of the *ordo*; cf. I, ii, 2 *Coa ueste...sinus.*

25. magni: 'costly', the genitive expressing value, and being short for *magni pretii.*

[*magni* is a conjecture. The MS tradition gives *magna* which, taken as it would have to be as nom. sing. fem., would not scan. An alternative conjecture is *magno*, ablative of price, but this (meaning 'would cost a great deal') gives less apt sense than the genitive of value.]

sat mea sit magni, si...: sc. *pompa,* from the conditional clause, in the main sentence.

tres...libelli: the number three need not be taken literally, but stands simply for 'a few'; cf. Ov. *Pont.* IV, iii, 26 *uerbis charta notata tribus.*

26. maxima dona: either (1) 'a noble gift', but (?) with a note of irony, as in II, ix, 40 *maxima palma*; IV, i, 34 *et qui nunc nulli maxima turba Gabi*; Ov. *Fast.* VI, 263–4 *hic locus exiguus... tunc erat intonsi regia magna Numae*; or (2) 'as all my offering', as (?) in IV, i, 10 *unus erat fratrum maxima regna focus.*

28. fueris: future perf. for simple future.

30. onyx: i.e. a jar of alabaster, the material regularly used for containers of fragrant oils, unguents, etc.

munere = (here) 'a costly offering'.

Syrio: perfumes and ointments are often spoken of as 'Syrian' or 'Assyrian' by the poets.

dabitur: the reference in all this is to the pouring of perfume (here conceived as an offering) over the dead body at or before the act of cremation; cf. IV, vii, 32 *cur nardo flammae non oluere meae?*

32. Manis...meos: properly 'ghost' or 'spirit', but here said by a metonymy for 'ashes'; since the spirit was certainly not thought of as contained in the funeral urn.

testa: an urn of earthenware, as opposed to one of bronze or other metal.

34. funeris: here the pyre, as in Suet. *Dom.* XV, 3 *repentina tempestate deiecto funere.*

35. horrida puluis: Propertius makes *puluis* feminine here, and at I, xxii, 6 and IV, ix, 31. It is more commonly masculine.

37. notescet fama: not a mere tautology, but more forcible than (for instance) *crescet fama.*

38. Pthii...uiri: i.e. of Achilles, whose homeland was Pthia in Thessaly; for his conspicuous tomb cf. Hom. *Od.* XXIV, 80–4; it is called 'bloodstained' because Priam's daughter Polyxena was sacrificed at it.

fuerant = (here, as often in Propertius) *fuerunt*. One supplies in thought *nota,* since in the preceding line *notescet* = *nota fiet*.

39. si quando: 'when finally...' as the context shows. 'If ever...' would make no sense. For *si* where we should expect *cum* cf. Catull. XIV, 17 *si luxerit*; Virg. *Aen.* V, 64–5 *si nona diem mortalibus almum Aurora extulerit*; possibly *Aen.* VI, 770 and 828 should be similarly understood.

ad fata: 'to your life's fated end'.

40. ad lapides...memores: i.e. 'to the stone that is my monument'. He wishes her to be buried in or near his own grave.

hoc iter: i.e. this same way that I shall have gone before you.

42. terra: 'the grave'; either the earth which covers the buried dead, or the earth into which they are resolved.

conscia: i.e. secrets are not hidden from it.

sapit: 'has consciousness'; cf. IV, vi, 83 *gaude, Crasse, nigras si quid sapis inter harenas*.

ad uerum: for *sapere ad*... = 'be awake to', 'to be conscious of', cf. Plaut. *Truc.* 854 *meretrix...quae sapit in uino ad rem suam*.

non nihil: this form of expression (a meiosis) gives a certain emphasis to the warning; as in Virg. *Georg.* IV, 453 *non te nullius exercent numinis irae*.

43 ff. Here the thought takes a new turn; he wishes that he had died long since and been spared the misery in which he now is. The prayer for death implied in 43–50 leads to the thought in 51–8 that Cynthia should, and will, regret her cruelty when he is gone.

44. quaeuis: as the context shows, *quaeuis* here means little more than *aliqua,* and does not emphasize that one Fate will do as well as another for his purpose.

de Tribus una Soror: i.e. one of the Three Fates (*Parcae*).

45. quo: 'to what purpose?'.

spiritus horae: both words stand for 'life', *spiritus* being the breath that animates it, and *hora* its (brief) duration. The value of the genitive in *horae* cannot (and need not) be fixed. It may be, for instance, (1) possessive, 'breath of this fleeting life'; or (2) descriptive, 'this life that lasts a fleeting hour'.

dubiae: 'precarious'; cf. Juv. XIII, 124 *dubii...aegri* (patients who are dangerously ill).

46. Nestoris...cinis: i.e. three generations passed before men saw Nestor (die and be) burned (on his funeral pyre).

47. longaeuae: cf. Mart. *Spect.* V, 3 *longaeua uetustas.* [The MS tradition has *tam longaeuae,* which is unmetrical. Some prefer to read *tam longae.*]

48. barbarus: cf. III, viii, 31 *barbarus Hector.*

[*barbarus* is a conjecture; the MS tradition has *Gallicus.* Other conjectures are shown in the *apparatus criticus.* It seems possible that *Gallicus* has come in through a reminiscence in the scribe's mind of I, xxi, 2 where *miles ab Etruscis saucius aggeribus* occurs in a poem about a man named *Gallus*; in which case the word expelled by *Gallicus* may have been one with no resemblance to it. Cf. III, ix, 44 where the tradition's *dure poeta,* meaningless in the context, seems to be due to reminiscence of the same phrase in II, xxxiv, 44 below. Here *barbarus* makes a good sound-combination with *ab aggeribus,* as well as suiting style and sense.]

49. Antilochi: Antilochus, son of Nestor, was killed at Troy.

50. diceret: not with reference to present time, but to repeated action in past time.

51. tu...: Cynthia.

tamen: i.e. though you scorn me now.

52. fas est: here, as can be seen from the following example, 'the gods hold it right' rather than merely 'religion allows'.

53. testis, cui... etc.: i.e. the statement just made in 52 is proved or illustrated by the example, about to be cited, of Venus' reaction to the death of her beloved Adonis (killed by a wild boar on Mt Idalium in Cyprus).

55. lauisse: cf. II, ix, 11–12 of Briseis washing the dead body of Achilles.

paludibus: i.e. marshland pools.

56. isse: 'went', i.e. went about; cf. II, i, 8 *gaudet laudatis ire superba comis.*

[55–6. *lauisse* is an emendation: the MS tradition has *iacuisse.* For the reverse confusion of *i* with *l* see *apparatus criticus* on I, xiii, 16 and II, xxix, 21. *lauisse* gives point in the sentence to *paludibus*; for while boars are in fact marsh-dwellers this bit of natural history would not be likely to be brought in here for its own sake. Alternative conjectures are *fleuisse*, or *formosus iacuisse* with *dicitur* supplied out of *diceris*. At the end of the line *illic* is a conjecture, consequential on *lauisse*, for the tradition's *illuc*.]

58. ossa minuta: 'my dust', or 'my crumbled bones'; here *minuta* is past participle, with participial value, from *minuo* in the sense 'break into small pieces', 'reduce to powder'.

qui...?: 'how?'.

XIV

In lines 1–28 here the poet proclaims to the world at large his exultation in a conquest, which he has achieved, he says (19–20), by taking a high line. In lines 29–32 he is addressing the woman, and is not (cf. 32) taking a high line. Hence, though it is natural to regard 29–32 as a comment on 1–28, it is difficult to regard the two passages as parts of a continuous whole; and accordingly they are here separated (though the MSS do not separate them) and printed as XIV A and XIV B. They can of course be read in close conjunction.

There is also a problem about the lines which appear as 13–14 in the order given by the MSS, for in that position they make a *non sequitur*. Only two alternative positions in the piece seem to be available for them: after line 10 or after line 22. They are here printed after line 10. Concerning the alternative position see supplementary note on line 22 below.

XIV A

Exultation in conquest (1–10, 13–14, 11–12); the poet has discovered that the secret of conquest is to treat a woman with disdain (15–28).

1. Atrida: Agamemnon, conqueror of Troy. *Atrida* (nominative) is an alternative Latin form of *Atrides*, attested and illustrated with a reference to this passage of Propertius by the fourth-century grammarian Charisius (*G.L.K.* i, p. 67, 14).

2. cum caderent: one could say that the subjunctive here indicates occasion and the indicative in line 4 time; but there is no real difference of value, in this passage, between the two.

Laomedontis opes: i.e. the rich and powerful city of Laomedon (who built the walls of Troy).

4. Dulichiae: this name *Dulichia* (nowhere else found) is a poetical variant for Ithaca, formed from *Dulichium*, which in the *Odyssey* is one of the islands (?) associated with Ithaca. For the adj. *Dulichius* standing for 'Ithacan', cf. II, ii, 7 above.

5. Electra: the final *a* of the name here is long, as in Greek; so also in Ov. *Fast.* IV, 31.

6. soror: added in apposition to the subject of *fleuerat* ('she' = Electra) to add pathos; as in English we might say 'over whose ashes she has wept—she, his sister', i.e. wept with the grief of a sister for a lost brother. For a similar apposition cf. IV, vii, 43–4 *nostraque quod Petale tulit ad monumenta coronas, codicis immundi uincula sentit anus.*

falsa: 'supposed' or 'pretended'. In Sophocles' play Orestes returns disguised, falsely reporting his own death and bringing an urn that is pretended to contain his own ashes; Electra is deceived by this pretence, and only after some delay let into the secret.

7. nec sic...uidit: the context enables us to understand *nec sic* here as = *nec cum tanta laetitia.*

Minois = Minos' daughter = Ariadne, who showed Theseus how to escape from the labyrinth by laying a thread, as he went in, to guide him out on his return.

9. collegi gaudia: cf. Cic. *Q.F.* II, xv, 1 *cum...ex hoc labore magnam gratiam magnamque dignitatem sim collecturus.*

12. sicco uilior...lacu: evidently a proverbial tag. A *lacus* is variously a lake, pool, cistern, basin of a fountain, or vat; here 'cistern' is most likely, being meant to keep water available, and so when empty typifying uselessness.

16. condicio: 'the terms', i.e. what action on my part was required, if what I wanted was to be achieved.

cineri nunc medicina datur: evidently another proverbial tag, like *sicco uilior lacu* in line 12. *cineri* = (in effect) 'to a man when he's dead and buried'.

18. nemo...uidet: i.e. all (victims of love's madness) are blind.

19. magis: 'rather' (than the submissiveness said to have been unprofitable in 11–12); cf. Virg. *Ec.* I, 11 *non equidem inuideo miror magis.*

20. ueniet: often in love-elegy *uenio*, said of a woman, means simply 'comply', whether she literally 'comes' to the man's establishment, or whether (as implied here in line 28) she admits him to hers.

21. pulsabant alii frustra dominamque uocabant: rival lovers knocked on her door in vain, and called her 'mistress' (in their abject entreaties). With the phrase *dominamque uocabant* cf. Ov. *Am.* III, vii, 11 *et mihi blanditias dixit dominumque uocauit* (where, however, the situation is a different one).

22. lenta: here primarily of physical relaxation, as in Virg. *Ec.* I, 4 *tu, Tityre, lentus in umbra.* But there may be present also the idea that she is unaffected ('unmoved') by the commotion outside (line 21); cf. line 14.

[For the possibility of inserting the couplet 13–14 after 22, see introductory note above. The repetition of *lenta* in successive couplets would not be foreign to Propertius' taste: for cf. II, xv, 24 and 26 *dies...dies*; III, ix, 37 and 39 *arcem...arces*; III, x, 16 and 18 *caput...caput*; III, xi, 19 and 21 *statuit...statuisset.* It might on the other hand explain the couplet's falling out.]

23–4. The sense is: 'this is a greater victory that I have won than any conquest of a foreign foe; I shall be as proud of it as any victorious general is of a Triumph'.

24. haec...haec...haec: repetitions of the *haec* of *haec uictoria* in line 23.

spolia...reges...currus: conspicuous ingredients of a Roman Triumph: the spoils of war, the captive princes or generals, the magnificent triumphal chariot. These together represent the idea 'Triumph', and are predicate to *haec uictoria*: 'this victory for me will be my Triumph, spoils and captive kings and triumphal chariot and all'.

erunt: the copula, as often, takes its number from the predicate (the plurality of items enumerated in *spolia...reges... currus*), and not from the subject *haec uictoria*; cf. IV, ix, 20 *nobile erit Romae pascua uestra forum*, where *pascua uestra* is subject and *forum* predicate.

25. tua...columna: 'on a column of your temple'.

Cytherea: Venus, from her cult on the island of Cythera, off Peloponnese.

26. sub nostro nomine: 'bearing my name'; cf. Quint. *I.O.* I, proem 7 *duo iam sub nomine meo ferebantur libri artis rhetoricae.*

27. tuas...aedis: the rule is that *aedes* sing. = 'temple', and *aedes* plur. = 'house'. With *aedes* plur. here cf. *domus* said of a temple at III, ii, 20.

XIVB

Text and interpretation of these four lines are alike uncertain. From the presence of *an* in line 30 it seems a reasonable assumption that the first couplet says in effect 'now it is for you to decide, my love, whether...or...'; and this assumption governs the notes below. See also p. 121 above.

29. nunc ad te, mea lux,...: if the text is right we must supply *est* with *ad te*, and take the expression as equivalent to (1) *pertinet ad te* = 'it is your business' (sc. to decide), as in Cic. *Topica* 51 '*nihil hoc ad ius, ad Ciceronem*' *inquiebat Gallus noster, si quis ad eum quid tale rettulerat ut de facto quaereretur*; or (2) *penes te est* = 'it is in your power (or possession)', as in Varro *R.R.* I, ii, 12 *ad te...rudem esse agri culturae nunc, olim ad Stolonem fuisse dicunt.* The meaning in either case will be 'it depends on you'. [Many editors prefer the conjecture *a te*, supposing a construction *a te* (sc. *est*) = *a te pendet.*]

ueniatne ad litora...: here *litora* means in effect '(safe) anchorage'; cf. perhaps the sense of *litus* supposed in the note on II, iv, 20 above. [*ueniatne ad litora* is Luck's emendation: the tradition has *ueniet mea litore*, where *mea* seems improbable coming so soon after *mea lux*.]

nauis: 'the ship', the lover's fortunes and hazards being compared to those of a ship; for which analogy Enk compares *A.P.* XII, clxvii, 3–4 (Meleager) ἀλλά μ' ἐς ὅρμον δέξαι, τὸν ναύτην Κύπριδος ἐν πελάγει.

30. an mediis sidat onusta uadis: the question is whether the ship will come safely to anchor at its journey's end, or will go aground in shallows before (cf. *mediis uadis*) it can do so. This implies that the ship is in sight of harbour, as it were, and that the misfortune feared is a last-minute disaster when all seemed likely to be well. Applied to the subject of XIVA this would indicate a doubt whether the happiness there described will be lasting or not.

31. mutabere: cf. I, xviii, 9 *quae te mihi crimina mutant?*

aliqua...culpa: it is not clear whether the *culpa* (i.e. unfaithfulness) is imagined as his or hers; and perhaps this ambiguity is intentional. If the *culpa* is on his part, the ablative is of cause; if on hers, it is of attendant circumstances. The former yields easier and more natural syntax.

32. iaceam: this could in theory be either potential 'I

should...', or prayer or wish 'may I...'; but the former of the two yields surely too weak a form of expression to be possible here. So the meaning must be 'may I...'; and this yields either a protestation of his own fidelity, or a prayer conveying a threat, according as we refer *culpa* in the preceding conditional clause to him or to her.

XV

This elegy like the last celebrates a night of happiness, but considers it this time not as a 'conquest' but as a perfect experience. In lines 1–10 the poet dwells in memory on what passed between him and the woman. In 11–30 he re-lives a part of it dramatically in imagination, as if in the present. In 31–40 he is transported with wonder and delight by his experience. In 41–54 he reflects on the contrast between the innocence of a life such as lovers lead and the grim consequences of war (the activity proper to a young man according to the Roman tradition); and urges the woman to live their love to the full—for who knows if tomorrow we die?

The interpretation of this elegy is not yet on a sure basis; and the reader is asked to regard what is said above as a suggestion rather than a statement of established fact. It supposes that 11–30 re-evoke a scene in which the poet and woman are actors and the poet the speaker. In the rest of the piece the poet is partly soliloquizing and partly apostrophizing the woman in the way usual in love-poetry. (See also p. 236.)

The thought in 41 ff. seems to follow the pattern of that in Catull. v, the rejection of the soldier's life for the lover's being as it were a retort to one kind of *rumores...senum seueriorum*.

1. o me felicem! o nox mihi candida!...: for the hiatus at the strong caesura cf. III, vii, 49 *sed thyio thalamo aut Oricia terebintho*, where, however, the abundance of Greek words makes the line unusual anyway. Here the hiatus is assisted by the very strong stop provided by the exclamation.

nox...candida: here *candida* = 'happy'; cf. Tib. III, vi, 30 *et sint candida fata tua*; but there is a reminder too of the white mark set against *days* of good omen or happy memory in the calendar, as in Catull. CVII, 6 *o lucem candidiore nota*, etc.

2. lectule...facte beate: the regular agreement of case between substantive and predicate, odd though the accumulation of vocatives looks.

3. narramus: some take this (and *mutamus* in line 9 below) as a historic present, like *uerberat* in II, ix, 10 above; others take it as a contraction of the normal form *-auimus*. This contraction in the first person plural would be without parallel in surviving classical Latin, but cf. the forms *irritāt* and *disturbāt* (both apparently perfects) in Lucr. I, 70 and VI, 587. Cf. also on *flemus* in II, vii, 2 above.

5. est luctata: the subject is 'she', indicated only by the gender of the verb.

8. sicine: this here adds a tone of reproach to the question, as elsewhere does *itane*. (The value of the tone added by these words varies with the context; in III, vi, 9 *sicine* conveys not reproach but eager interest.)

9. mutamus: cf. on *narramus* in line 3 above.

10. tuis: hitherto he has spoken of the woman in the third person; in the next lines (11 and ff.) he begins to address her directly. The present couplet clearly belongs with 1–8 more closely than with 11 ff., the second person in *tuis* being due simply to Propertius' fondness for apostrophe as a figure of speech (for which cf. II, ix, 15 above and note). But *tuis* also assists the transition from soliloquy to the direct address which begins in the next line.

11–30. Here a memory of last night's experience becomes so vivid that it is, as it were, re-lived.

12. si nescis: a colloquial phrase with the value 'I'd have you know'; cf. Ov. *Her.* XX, 150 *si nescis, dominum res habet ista suum*.

13. Lacaena: 'the Laconian woman' = Helen.

17. quod si pertendens animo uestita cubaris: i.e. 'if you persist in...'.

cubaris: fut. perf. (with value of simple future) from *cubo*, which has alternative perfect forms *cubui* and *cubaui*. [The MSS here have *cubares*.]

20. matri: we hear of a *mater* also at II, vi, 11 above; and cf. Tib. I, vi, 57; in comedy the mother of a courtesan is sometimes also her manageress.

bracchia laesa: i.e. bruised by rough handling by him.

21. necdum: the *nec* in *necdum* here has the force, as it does sometimes (cf. on II, v, 21), of *nec tamen*: so that the sense is 'it's not as though...'.

22. uiderit haec, si quam...: 'leave that worry to one

who...' (literally 'let one who...see to that'); cf. Cic. *Quinct.* 55 *quid mihi...cum ista summa sanctimonia ac diligentia? uiderint... ista officia uiri boni* (a rascal speaks).

23–4. dum nos fata sinunt, oculos satiemus amore, etc.: for the general sentiment cf. Catull. v, 1–6, Tib. I, i, 69, etc. The emphasis on the physical here is Propertian. [It is perhaps a question whether this couplet belongs after 16; see, too, p. 236.]

25–30. A new phase begins with line 25, for the couplets 25–6 and 27–8 must both refer to an embrace.

25–6. atque utinam...dies: apparently the woman's arms are tight around him, and he has the fancy to wish that her embrace were a chain that could hold them together for always. The wish is for *this moment* to be prolonged for always; not simply that they may be always faithful to one another.

28. masculus et totum femina coniugium: the word order is meant to be itself expressive of the close embrace which cuddling doves illustrate. *totum...coniugium* means a union (here a physical union) total and complete; cf. Cic. *Tim.* XVII *unum opus totum atque perfectum.*

29–30. finem...modum: not here referring to time, but to intensity; for cf. *uesani.* This word, and the dove-simile of the preceding couplet, suggest that Catull. VII is somewhere in the poet's mind here, as Catull. v was in 23–4 above (and will be in 49 and 50 below). For in Catull. VII, 9–10 the strong word *uesanus* is associated with passionate kissing: and this was supposed to be characteristic of doves; cf. Plin. *N.H.* x, 158 *columbae...osculantur ante coitum*; Mart. XII, lxv, 8 *basioque tam longo blandita quam sunt nuptiae columbarum.*

31–40. Again a new phase, reflections on the woman's perfection as a partner. She is now spoken of in the third person again, as in 5–8.

31–4. For the form of this protestation cf. I, xv, 29–30.

31. falso partu: i.e. *non iusto partu.* What is meant is not that the earth will fail to yield, but that it will yield produce other than that expected in the natural order of things; for the following lines 32–4 show that a reversal of the natural order of things is being imagined. For a similar idea cf. Virg. *Ec.* VIII, 52–4 *aurea durae mala ferant quercus*, etc.

32. nigros Sol agitabit equos: i.e. the sun will be darkened.

34. aridus et sicco gurgite piscis erit: i.e. the sea will drain away and leave the fishes high and dry.

35. nostros...dolores: cf. I, x, 13 where *uestros...dolores* is said of a love which is being in fact happily fulfilled. Thus *dolores* here stands for 'love' without any suggestion that the love is unhappy or unrequited. There is, however, always present the thought that anguish is one aspect of love.

alio = elsewhither, i.e. to another woman.

37. si tantum: cf. Virg. *Aen.* IV, 657 *si litora tantum...*; *Georg.* III, 251 *si tantum...*; perhaps also Prop. II, i, 17 above (where, however, *tantum* can be differently construed).

[*tantum* is a conjecture. The MS tradition has *tecum*. Of alternative conjectures *secum* seems otiose, and *interdum* prosaic, in this highly emotional context.]

38. uitae longus et annus erit: a single year of life will be worth an age, so much will it contain.

39. si dabit et multas: i.e. if she not only grants, but grants many.

[*et* is a conjecture: the MSS have *haec*. The reason for the conjecture is not that *haec* is objectionable after *illa* in the previous line, but rather that it is otiose; whereas something is needed in the language to mark the mounting emphasis in the thought.]

40. nocte una: i.e. one *such* a *nox*; emphasizing, as do *quiuis* and *uel*, the stupendousness of the experience.

41 ff. The thought here becomes more general, and the tone more reflective and less excited. A new paragraph begins.

41. qualem si...uitam: i.e. *quod si talem...uitam*. He means 'a life like ours' or 'the lovers' life'.

decurrere: cf. Virg. *Georg.* II, 39 *inceptum...decurre laborem*; the metaphor is perhaps from voyaging, for which cf. Catull. LXIV, 6 *uada salsa cita decurrere puppi*.

42. et pressi multo membra iacere mero: wine and love are complementary in the life led by Propertius and his circle: cf. II, xxxiv, 59–60 below, III, v, 19–24, III, x, 29–32.

43–6. The argument here, as a defence of the life of *nequitia* and *desidia*, is an extravagant paradox. But there is a note of authenticity in the feeling expressed about the civil wars. Cf. also II, vii above (introductory note), and II, xxx, 19–22 below.

44. uerteret ossa mare: the bones of the dead from the battle of Actium are churned over by the waves, at sea or on the beaches.

45. propriis...triumphis: not here 'Triumphs' in the special

Roman sense of the word, but in the metaphorical sense, 'victories', called *propriis* because won by Romans over Romans in the civil war.

circum oppugnata: 'beset on every hand'; the thought being of the many battles of the civil wars, in Italy, Greece, Spain, Africa, Egypt, Sicily, etc.

46. crinis soluere: for mourning.

47. haec: i.e. these proceedings, so here 'this life of ours' or 'this love of ours'.

48. laeserunt nullos proelia nostra deos: the lovers' wars (a common metaphor) or battles (cf. lines 4–6 and 18–20 above) are not an offence against heaven as were the *impia proelia* (Hor. *Od.* II, i, 30) of the civil wars.

[*proelia* is a conjecture: the MSS have *pocula*. Some keep this, and understand it as contrasting the lovers' convivialities of line 42 above with the drunkenness of Antony, of whose *ebrietas* Seneca *Ep.* LXXXIII, 25 says *haec illum res hostem reipublicae...reddidit*. But *proelia* gives much more point to *laeserunt deos*.]

49. tu...: the apostrophe follows easily on *nostra* in the preceding line. Indeed, one is free to suppose that the woman is in mind throughout 41–8 as person apostrophized.

fructum ne desere uitae: 'use life to the full'; the exhortation being positive in content though negative in form. As appears from II, xvi, 7 below (*oblatas ne desere messis*) we have here a special use of *desero*, in the sense of failing to use an opportunity.

dum lucet: 'while day remains', a metaphor contrasting our *breuis lux* with the *nox perpetua* that waits us, as in line 24 above and in Catull. V, 5–6. [Emendations have also been proposed: e.g. *tu modo dum licet o fructum ne...* etc.]

50. omnia si dederis oscula, pauca dabis: 'though you give me all the kisses you have (or all the kisses in the world) you will give me too few'; i.e. no number of kisses from you can ever be enough for me. For this value of *omnia* cf. its substantival use in phrases such as *omnia experiri*, etc.; and for *pauca* = 'too few' cf. III, v, 44 *Tityo iugera pauca nouem*.

dederīs: the lengthening, in this position in the line, of the second person sing. of the fut. perf. has many parallels in Ovid; cf. also *A.A.* I, 447 *si dederis aliquid...* (in second foot).

51. ac...: the conjunction links the sentence which follows in lines 50–4 to the sentence contained in the single line 50, both being parallel or interdependent reasons for the exhortation in line 49.

52. calathis: the *calathus* is commonly a kind of basket; here, however, as also at Virg. *Ec.* V, 71, it is a cup or bowl of some kind.

strata: used for fallen and lying leaves, etc., and so here of the fallen petals, from the wreaths, that lie floating in the bowls on the table. For *folia* = 'petals' cf. II, iii, 12 above.

53. magnum spiramus: of proud hopes or high confidence; cf. Stat. *Silu.* V, iii, 10–11 *ego, magnanimum qui facta attollere regum ibam altum spirans.* [*spiramus* is a conjecture: the MSS have *speramus.*]

54. crastina: with *dies.*

includet...fata: 'will end our life'; for *includo* in this sense—'conclude'—cf. Plin. *Ep.* II, xii, 18 *huius actionem uespera inclusit.*

XVI

A rich rival has appeared, and the poet expresses his feelings in a soliloquy. This appears to be analysable as follows: 1–12 (+17–18 transposed) the situation is vexing for the poet, but he consoles himself with the thought that it is 'business' for Cynthia; 13–26 but now jealousy and indignation get the upper hand; 27–30 climax of indignation; 31–42 self-reproach and self-excuse for his subservience to his love; 43–56 warning to the woman that the gods punish infidelity. The woman is identified as Cynthia in lines 1 and 11. The above analysis cannot be regarded as certain.

1. praetor ab Illyricis...terris: in elegy I, viii Cynthia was being invited by a rich (cf. I, viii, 35–8) admirer to accompany him to Illyria, but did not do so. It seems reasonable to assume that the same person (whether real or fictitious) is meant here too. The term *praetor* could conceivably refer to a provincial office holder of some kind, but the mention of *fasces* in line 11 below suggests that a Roman magistrate is indeed meant. This is not in contradiction with what is said about the man's origins in 27–8 below; for exaggeration is to be expected in a complaint of this kind, while the intrusion into the senate and into magistracies of some parvenus of servile origin may well have been alleged by gossip, as for instance in Dio C. XLVIII, 34.

Cynthia: the apostrophe is (I think) a figure of speech and Cynthia is not supposed to be present as the poet speaks, despite the numerous second-persons used throughout the piece. This view is recommended both by the third-persons of lines 11–12 and by the actual terms of lines 1–2 here.

3. saxo...Ceraunо: i.e. on the rocks of the promontory of the Ceraunian mountains in Epirus, called Acroceraunia. The usual form of the adjective is *Ceraunius*.

4. darem: i.e. *if* the man had been shipwrecked.

7. quare: i.e. since *I* have to suffer, see that *you* make the most of it, and take it out of *him*.

si sapis: with almost exactly the force of the English 'if you take my advice'; Ter. *Eun.* 722–3 *tu pol, si sapis, quod scis nescis*; similar is Hor. *Od.* I, xi, 6 *sapias, uina liques*, etc.

oblatas ne desere messis: 'do not lose this opportunity of a rich haul (literally, harvest)'. *desero* is used in various phrases where failing to do a duty or take an opportunity is in question; cf. II, xv, 49 above.

8. pecus: the neuter, usually collective, stands here as *pecus* (feminine) often does, in contemptuous reference to a person. For the rare use of *pecus* (neut.) without collective sense, cf. Val. Fl. I, 56 *pecoris Nephelaei uellere* (= the golden fleece); also II, xxxiii, 10 below.

pleno uellere: (?) with the value of an adjective attached to *pecus* ('thick-fleeced'); or (?) abl. of separation.

carpe: the verb *carpo* seems not to be exemplified in the sense of shearing a sheep; it is, however, used of exploiting a lover by Ov. *Am.* I, viii, 91 *et soror et mater, nutrix quoque carpat amantem*, where the thought seems to be of repeated pickings.

et stolidum...pecus: 'and thoroughly fleece the stupid woolly creature'; or 'and fleece the stupid creature of all that wool of his'.

9. munere: this must here mean 'whatever he has to give'.

10. dic alias iterum nauiget Illyrias: 'tell him to take ship again for Illyria or somewhere'. The plural indicates that the proper name has a meaning wider than a literal one in the sentence; cf. III, ix, 31 *magnos...Camillos* = 'heroes like Camillus'.

11. non sequitur: 'does not go after...'.

fascis: the bundles of rods carried by the lictors attending a magistrate with *imperium*; here, as often, a metaphor for 'high office'. (*fascis* here is acc. plural.)

12. sinus: acc. plural of *sinus*, the fold of the toga across the breast which Roman men used as pocket or purse; here the meaning is 'purses'.

una: the form of the antithesis here and at II, xx, 27 below suggests strongly that the (adverbial) value of *una* in both sentences goes with the object, and not, as normal syntax would recommend, with the subject to which *una* is grammatically attached; that is, that we are here told that Cynthia 'only weighs her lovers' purses'. Most editors, however, think this impossible, and take *una* as meaning that she 'knows better than any other how to...'; for this use of *unus* to indicate special or supreme status, cf. above II, iii, 29 *gloria Romanis una es tu nata puellis*; II, ix, 32 *hoc unum didicit femina semper opus*.

[**17–18. semper in Oceanum...Tyro:** this couplet seems to belong with 11–12 and to have become misplaced in the MSS. But not all agree; and some put 11–12 after 16.]

17. mittit me quaerere: for the infinitive of purpose with verbs of motion, cf. I, i, 12 *ibat...uidere*; I, xx, 23–4 *processerat...quaerere*.

18. tollere: the idea is of taking something away with one; cf. Mart. VI, xxx, 2 *sume, tolle, dono* (of a gift); Juv. VI, 155 *tolluntur crystallina* (of purchases); and the best translation here is perhaps 'bring home'. There is also an emphasis in *ipsa*: 'to go even to Tyre to bring home...'.

ex ipsa...dona Tyro: i.e. stuffs dyed with the crimson for which Tyre was famous; cf. 55 below.

[*ipsa* here is a renaissance correction: the MS tradition has *ipso*, but the name of this town is always feminine elsewhere.]

14. rumpat: the subject is the rival, as in 3 and 9. The speaker here is suddenly overcome by jealousy and indignation.

15. quiuis: with emphasis: it is an awful thought that love can be bought by *anyone*, if he can pay the price.

16. indigna merce puella perit: here (1) *indigna* may either be taken strictly with *merce* and mean that the girl sells herself for less than her value, or it may go in effect with the whole sentence and mean 'o shame that...'; (2) *merx* may have its normal meaning 'merchandise', or may stand by a trope for *mercatura* = 'merchandising'; (3) the ablative *merce* might be either of price or of manner; (4) *perit* can certainly mean 'is lost to me', or alternatively 'goes to the bad', and can perhaps mean 'sells herself cheap' (i.e. in a bad bargain). I do not think we can fix exactly the meaning of the whole sentence, which probably contains several implications.

20. dux: 'our leader'; i.e. Augustus, so called by Propertius also at II, x, 4 above.

straminea...casa: in allusion to the *Romuli casa...stramentis tecta* mentioned by Vitruvius II, i, 5 as existing on the Capitol at this time; cf. also Virg. *Aen.* VIII, 654. Another such *casa* is mentioned as on the Palatine by Dion. Hal. I, lxxix, 11. The poet wishes that life at Rome could be as simple as it was in the olden days, of which a memory was supposed to be preserved by this *casa* (or the two of them).

21. ad munus: with the implication 'in response to...', or 'with a view to...'; or as in '*expositus ad*...'.

22. fieret cana: i.e. would grow old.

una...domo: comparison with II, xxiv, 24 *in primis una discat amare domo* (where the man is subject) shows that this is a colloquial term for a liaison and is not to be taken literally; cf. also on II, i, 56 above.

23. seiuncta: i.e. from the speaker.

[*numquam* in this line is an emendation, as is also *cubares*: the MSS have *non quia...cubaris*.]

24. tam foedo bracchia fusa uiro: 'with your arms around a horrible man like that'. *uiro* is either a local ablative, or (if we take *fusa* as = *circumfusa*) a dative; the use of language is notably free in either case. The construction of *bracchia* (acc. plur.) and *fusa* (nom. fem. sing. participle) is as in Virg. *Aen.* IV, 659 *os impressa toro.*

25–6. non quia peccarim...sed quia...fuit: the reason rejected as untrue is given in the subjunctive, the true reason in the indicative.

27–30. These four lines appear to be an exclamatory climax, arising from but not formally connected with what has just preceded; at 31 a new train of thought begins.

27. excussis agitat uestigia lumbis: this appears to describe the action of jumping up and down or marking time at the double; for *excussa bracchia* is said of the arm-action of a swimmer at Ov. *Met.* V, 596, and *lumbi* is a probable metonymy for *femora* and so used at Juv. VIII, 16. *excussis* here will then = 'jerking in and out' (or, 'up and down'). The point is made clear by reference first to Prop. IV, 5, 51–2 *aut quorum titulus per barbara colla pependit, cretati medio cum saluere foro*, where *barbara* echoes *barbarus* in our present passage and *salŭere* explains *agitat uestigia*; and then by reference to Tib. II, iii, 59–60 *regnum ipse tenet quem saepe coegit barbara gypsatos ferre catasta pedes*, where *regnum ipse tenet* shows relationship with our present passage (cf. 28 *mea regna tenet*) and *gypsatos* corresponds with *cretati* in the other Propertian passage just quoted. The meaning in all three passages is that a man now rich was once sold as a slave and made to show his soundness in the slave market by jumping, etc. Slaves for sale had their feet chalked and might have a *titulus* hung around the neck, with description, price, etc.

[*excussis* here is a renaissance emendation: the MS tradition has *exclusis*.]

28. felix: 'rich'; cf. Ov. *Am.* I, viii, 27–8 *tam felix esses quam formosissima uellem: non ego te facta diuite pauper ero.* No doubt *subito* goes with *felix*.

29. Eriphyla: she was wife of Amphiaraus and took a bribe to induce him to join in the expedition of the Seven against Thebes; he was killed in the war and she was killed by one of their sons in revenge. For the indicative *inuenit* cf. on xxxiv, 35–6.

[*amari* is Lee's conjecture: the MSS have *amaris*. The MSS reading is possible, but *quid inuenit amari* seems more probable stylistically than *quid inuenit* by itself.]

30. Creusa: the Corinthian princess for whom Jason deserted Medea, and to whom Medea sent the gift of a crown which set her on fire. In some versions of the story she is called Glauce.

quantis...malis: 'in what agony', the ablative being of attendant circumstances.

31–42. Here follows self-reproach and apology from the poet for not being able to free himself from the woman after such treatment.

31. iniuria: wrong or outrage committed by the woman.

32. an dolor hic uitiis nescit abesse tuis?: 'or is this anguish (or love) such that no offence of yours can drive it out?'. [*tuis* is a renaissance emendation: the MSS tradition has *suis*.]

33–4. tot iam abiere dies, cum...tetigit...iuuat: cf. the same construction in II, xx, 21–2 below.

Campi: the Campus Martius, where various outdoor sports were practised; it is here cited as one of the typical pleasures of a young man.

35. 'at pudeat!' certe, pudeat—nisi forte...: 'but, you

say, I ought to be ashamed. It's true that I ought; only...'. For the form of expression cf. Cic. *Or.* 144 '*at dignitatem docere non habet*'. *certe, si quasi in ludo*, etc.

[This is Luck's punctuation. Previous editions punctuate otherwise.]

37 ff. cerne ducem...: Antony's love of Cleopatra made him abandon the battle at Actium, according to the common story, and follow her when she sailed way with her Egyptian squadron. This is adduced to illustrate the proposition of line 36 that abject (*turpis*) love is deaf (to considerations of decency).

38. damnatis: 'doomed'.

40. extremo...in orbe: 'at the ends of the earth'. In actual fact, they fled to Egypt; but Plutarch (*Antony*) tells of a scheme of Cleopatra's, which proved abortive, for dragging ships over into the Red Sea and escaping to some eastern refuge.

41–2. Caesaris haec uirtus, etc.: the point is that Antony, we have just been told, was routed at Actium by his degrading love; this could appear to detract from Caesar's glory, as love not he is then the victor; the poet therefore continues 'the great achievement and glory of Caesar is (apart from his victory) this: that with his victorious hand he sheathed the sword and brought the wars to an end'.

43 ff. Here the poet turns to Cynthia again.

43. quoscumque smaragdos: for the short -*ĕ* kept short before the combination of two consonants see Platnauer, *L.E.V.* pp. 62–3.

44. dedit: the subject is 'he', the rival, as in 16 above.

46. quae...fiat aqua: the copula here, as commonly, takes its number from the adjoining predicate, though its true subject is the neuter plural *quae* (which refers, like *haec* in the preceding line, to the rival's gifts enumerated in 43–4). For the sentiment cf. Tib. I, ix, 11–12 *at deus illa in cinerem et liquidas munera uertat aquas.*

47. non semper...: the point being that there was a saying (for which cf. Ov. *A.A.* I, 633–4 and Tib. I, iv, 21–4) that the gods indulged breach of vows by lovers. The poet here affirms that this rule is not without exceptions, so that the women must beware.

48. preces: these might be either (1) the prayers involved in the vows, e.g. 'may I be punished in such-and-such a way if I do not...', or (2) the prayers of the disappointed person for vengeance on the perjury from which he has suffered.

49. uidisti...sonitus percurrere: the use of *uideo* here with reference to sounds is assisted by the visible object *fulmina* in the next line; but cf. also I, viii, 13 *uideam...uentos.*

[*uidisti* is an emendation: the tradition has *uidistis.*]

51. Pleiades...Orion: the setting of these constellations in October–November marked a stormy season. Note *Ŏrion* here, but *Ōrion* in II, xxvi, 56; and see on II, xxxiv, 39.

52. de nihilo: 'without good cause'; cf. II, iii, 16 above *non sum de nihilo blandus amator ego.*

sic: this goes with *de nihilo*, reinforcing it ('just for nothing'), as in Hor. *Od.* II, xi, 14 *iacentes sic temere.*

53. tunc ille solet punire: i.e. 'what he is usually doing then is punishing'.

54. deceptus: the myths preserved for us do not include a story of Jupiter being taken in by a false promise. But it has been suggested (by Shackleton Bailey) that the tale of Sinope in Ap. Rhod. II, 946 may be to the point; she was promised whatever she asked for, and asked for virginity.

55. Sidonia uestis: regarding the stuff cf. 18 above. The quantity of the *-o-* is long here in *Sidōnia* but short at II, xxix, 15 below in *Sidŏniae*; see also on 51 above, and note on II, xxxiv, 39.

56. quotiens nubilus Auster erit: i.e. whenever there is a storm brewing.

XVII

A soliloquy on the feelings of a lover who cannot have his mistress to himself, concluding with the hope that if he is faithful she will be sorry for him. Lines 13–14 in the MSS tradition have evidently become displaced: many editors move them to stand after line 16; here they stand after line 2, for reasons discussed in the notes below.

1. mentiri noctem: the *nox* is here a night of love specifically, as often in the elegists. *mentiri noctem* means promising such an assignation and then not keeping the promise; cf. Mart. V, xxxix, 5–6 (said to a man who is always on the point of dying) *semel fac illud mentitur tua quod subinde tussis.*

promissis ducere amantem: here *ducere* = 'deceive' or 'fool'; cf. Ter. *Andr.* 644 *etiam nunc me ducere istis dictis postulas?*

[13–14. These lines are obviously misplaced in the MSS tradition. In that tradition line 14 runs *sumere et in nostras trita uenena manus*. If at some stage it stood in that form after line 2, the homoeoteleuton *manus/manus* could have led to its omission in copying. Further, this form of the line seems likely itself to have arisen by corruption at an earlier stage, since *sumere uenenum in nostras manus* is an oddly pointless expression, while *sumere uenenum* by itself is good Latin for 'take poison'. Here again the corruption can be explained on the assumption that 13–14 originally stood after 2; for then *manus* in line 14 might arise, after *sumere in*..., through the influence of *manus* in line 2 on the ear of the copyist. The form in which line 14 is printed in the text here (*sumere et in nostram trita uenena necem*) is a product of conjecture.]

3. **horum ego sum uates:** as a *uates* is a poet or a prophet or both, there are here two meanings available: (1) 'such is my song (of woe)', and (2) 'such are my (dire) prophecies'.

4. **utroque toro:** this must refer to tossing on both sides of, i.e. all over, the bed; in Ov. *Am.* III, xiv, 32 *cur pressus prior est interiorque torus?* one side of the bed is *prior torus*, the other side *interior torus*. It may be that there were two mattresses, but I do not think we know about this.

5. **ad flumina:** perhaps 'by' the river; perhaps with *ad* as in *ad uinum*; cf. also the extended use of *ad* in *ad frontem* at II, i, 7 above. Tantalus is usually conceived as up to the chin in water, rather than simply by or near it.

Tantalea ad flumina sorte: 'the fate of Tantalus in (or at) the stream'.

moueare: i.e. be moved to pity at the thought of...

6. **ab ore:** '*as it retreats from* his mouth'; the preposition is used 'pregnantly', i.e. with a verbal notion needing to be supplied from the context.

7. **Sisyphios...labores:** Sisyphus' punishment in the underworld was to try repeatedly to roll a stone to the top of a hill, but always to fail at the last moment, the stone rolling down again to the bottom.

8. **toto monte:** 'all the way up the hill', the local ablative being here loosely used of extent as is the temporal ablative of duration in phrases such as *tota nocte* = 'all night'.

9. **durius:** probably an adverb with *uiuat*, 'that lives a harder life'; or it may be an adjective, 'more sorely tried', as in *Dardanidae duri*, etc.

11. **ferebant:** the subject is an indefinite plural, 'they' or

'people'. This line is metrically remarkable, containing no caesura at all in the second, third or fourth foot. The effect can be felt in reading.

15–16. nec licet...fores: considering line 12 it seems clear that *nec* here must = 'and not even'. It is less easy to decide whether by *in triuiis requiescere* is meant (as I think myself) that he is forbidden even to lie as a suppliant outside her door (for which cf. I, xvi, 22 and 40, also 27), or that he is denied furtive assignations such as those recalled in IV, vii, 19–20 *pectore mixto fecerunt tepidas pallia nostra uias*.

15. sicca...luna: the meaning of this is not definitely known. But it is hard to suppose that it means anything but a fine moonlight night; perhaps a frosty one, for cf. Ov. *Tr.* I, ii, 29 *sicca...Boreas bacchatur ab Arcto*.

17–18. Resignation supervenes.

18. tum flebit: evidently, 'she will be sorry' for her present callous treatment of me. (In Tib. I, ix, 79 *tum flebis* is said in a warning.)

XVIII

These thirty-eight lines appear in the MSS as a continuous unit. But it is certain that lines 23–38 are a separate elegy. Lines 1–4 appear also to be separate from what follows; and no cogent reason is apparent for attaching them (as some editors are inclined to do) to the preceding elegy xvii. Lines 5–22 are easily intelligible as a self-contained elegy, an angry protest. The three units are therefore printed here as distinct (as in the Oxford text) and annotated separately below.

XVIII A

Some readers may choose to attach these lines as tail to elegy xvii, or as introduction to xviii B. Some may see in them a fragment which has become detached from its context. Some may assign to them status such as that proposed above for II, ix, 49–52 and II, xiv, 29–32, making them a piece separate from but related to its neighbour (or neighbours). Conceivably xvii, xviii A and xviii B are designed as a group.

2. in tacito...uiro: cf. on II, viii, 36 above.

3. si quid uidisti: the indefiniteness is deliberate.

4. si quid doluit: sc. *tibi*, 'if something has hurt you'.

XVIIIB

The context of this elaborate complaint of the poet that he is slighted despite being in his prime, and the extravagant emphasis it lays on the alleged amiability of Aurora to the senile Tithonus, is not clear. Is the poet simply out of favour? Or is he being supplanted by a younger man? Is there a sting in the remark about the woman in 19–20? At the time of writing Propertius was probably in his late twenties. We are not actually told what the diatribe is about until line 19, but this is plain by implication already in line 1. The couplets 1–2 and 19–20 frame the discourse about Aurora and Tithonus in 3–18; the concluding couplet 21–2 comes after a pause, as a sigh of resignation.

5. quid...?: i.e. how would you behave, considering how you behave now?

[*candesceret* is an emendation: the MSS have *canesceret* (or the like), which can hardly stand with *canis annis* (age that makes the hair turn white) in the same sentence. *candescere* is supported by Tib. I, x, 43 *liceatque caput candescere canis* (sc. *capillis*).]

7. at non...: the contrast is between the conduct of Aurora about to be described and the conduct of the woman addressed which we *infer* from the indignant question in 5–6.

Tithoni...Aurora: Laomedon the Trojan's son Tithonus was carried off by the dawn-goddess (*Eos* = *Aurora*) who had fallen in love with him. He asked for the gift of immortality and was granted it, but he forgot to ask at the same time for the gift of youth. Hence he was immortal but not ageless. The account of Aurora's conduct towards him here is probably imagined by Propertius rather than supplied by legend.

9. decedens: said of a magistrate leaving his province at the end of his tour of duty, as well as of day ending, the sun setting, etc.; so here suited to the personified Day going off duty in the evening.

ulnis: the *ulna* is strictly the forearm, then more generally the arm. *amplecti ulnis, tollere ulnis*, etc., are a common type of phrase. With *ulnis*, *fouit* = 'embraced'. [The tradition has *undis*; but that Aurora bathed her husband before her horses would be an odd if touching observation.]

10. quam prius: apparently an irrational variant for *prius quam*; cf. for instance [Tib.] IV, vii, 8 *ne legat id nemo quam meus ante* *uelim* (in which, however, *quam* is immediately followed by one of the terms being compared). Some prefer to suppose that there is an ellipse (as not uncommonly happens) of *potius* before *quam*, and that *prius* is a pleonasm in the *quam* clause: as we might say 'rather than first...'; but *potius quam* does not seem to be the construction appropriate to his context.

11. Indos: Aurora is conceived as having her home in the East because the sun rises in that quarter.

12. maturos...redire dies: *maturos* here = 'early' (one of its common meanings).

16. Memnone: Aurora's son Memnon was killed by Achilles before Troy.

19–20. This need mean no more than that she, like all humans, will grow old all too soon, because human life is short.

21–2. quin ego deminuo curam? quod...ante fuit: 'ah, I must quell this (?) grief: for it is common enough for the love-god to turn cruel where he was kind before'. The construction of *quin* with the indicative (grammatically a question) has the value of an imperative or exhortation. *cura* may be love, or grief, or resentment or complaint (cf. Virg. *Aen.* XII, 801); any of these may be meant here. The point of the *quod*-clause is in *saepe*: his experience after all is nothing exceptional.

XVIIIC

A further complaint. The woman has dyed her hair. This is a deplorable practice anyway (23 ff.) and all the worse if it means that she is inviting the attentions of other men (35 ff.). Lines 31–2 would fit well after 26 or 28, and after such transposition the piece would fall neatly into two halves: but the lines in their received position are not obviously misplaced, nor is there any obvious reason why misplacement should have occurred. Ovid has a comic variation on this topic of hair-dyeing in *Amores* I, 14.

23. etiam: not closely with *nunc*, so as to form *nunc etiam* = 'still', but with the sentence as a whole, giving the sense: 'What, are you up to yet another folly, imitating...?etc.'.

infectos Britannos: 'the painted Britons'. The Britons dyed their bodies with woad, but the woman in this piece, as appears from what follows, has been dyeing her hair, and that of course not with woad. The point of comparison here therefore is simply that she is using dye to alter her appearance and that this calls to mind the ways of northern barbarians.

24. ludis: ? 'act the coquette'.

25. ut natura dedit, sic omnis recta figura est: 'looks as nature gave them always become one best'. *figura* is the distinctive appearance of anything; *rectus* is said of what is 'becoming', and *recta puella* of a comely girl.

26. Belgicus...color: with reference to the *spuma Bataua* (Mart. VIII, xxxiii, 20) which is evidently the *Gallorum inuentum rutilandis capillis* of Plin. *N.H.* XXVIII, 191. The resulting colour is presumably a reddish gold.

27. sub terris: i.e. in the world below; the same phrase in the same sense at III, v, 39.

28. mentita: perhaps absolutely, 'cheating'.

inepta: i.e. lacking both sense and taste.

29. deme: 'away with it', the thing under discussion being supplied as object. *deme* would best suit a wig; but line 28 has made it plain that dyeing is what the piece is about.

mihi certe: this combines 'be sure that to me...' and 'to me (and never mind the rest)...'.

[*per te* is a most attractive conjecture, but not required.]

30. uenis: cf. II, xiv, 20 and note.

31–2. an si caeruleo quaedam sua tempora fuco tinxerit, idcirco caerula forma bona est?: 'if so-and-so should dye (or, is capable of dyeing) her head blue, does it follow at once that blue makes beauty?'. The possible values of the syntax of *tinxerit* are suggested above. Presumably the woman has been quoting the example of some other woman in using the *spuma Bataua*. The poet's retort is of a kind familiar in angry arguments, the blue dye being an imaginary extravagance.

33–4. cum tibi nec frater nec sit tibi filius ullus, etc.: this wording is only intelligible on this lover's lips if we suppose it to be a play on some cliché, unknown to us, of which the literal meaning was lost or softened.

34. sim: jussive, like *sit* in the next line.

35. lectus: symbolizing the relationship between lover and mistress, *lectus* seems to be used in erotic jargon as a metonymy for a liaison or marriage, or for one partner in such. Thus at II, ii, 1 above *uacuo...lecto* means 'without a mistress'; at II, vi, 23 *lectus Vlixis* is parallel to *Admeti coniunx*; at [Tib.] III, 19 (= IV, 13), 1 *nulla tuum nobis subducet femina lectum* means 'no woman shall steal from you your place as my beloved'. So here *lectus* must mean virtually 'your man', or 'your being mine'. To translate it 'bed' would be misleading.

36. sedere: said in various contexts of people sitting in public places, and of prostitutes awaiting custom at Mart. VI, 66, 1–2 *famae non nimium bonae puellam, quales in media sedent Subura.* This last usage perhaps supplies an overtone here, but the surface meaning may be no more than 'display yourself'.

37. credam ego narranti noli committere famae: this seems to stand for *noli committere ut credam...* 'don't give me cause to believe gossip when it has stories to tell about you', i.e. by behaviour such as that indicated in line 36. (But while *fac* and *facite* may be followed by a subjunctive without *ut*, there is no known example elsewhere of such a construction with *committo*, though its construction with *ut* in the sense required is common and idiomatic. Hence editors generally treat *noli committere* here as a parenthesis, taking *committere* intransitively as = *peccare* on the strength of its intransitive use in respect of legal offences.)

XIX

Cynthia is going to some rural retreat; the poet remains at Rome for the present but will shortly follow her. He imagines her (sentimentally) in her rustic setting (7–16), and himself, when he joins her, engaging (quaintly) in rural pursuits (17–26). But while at the beginning of the piece he professes (1–6) to be glad that she will be out of harm's way, he is still apprehensive (27–32) at the end.

5–6. nulla neque...nec...: the pair of negatives continue (instead of reversing as would a single negative) the negative in *nulla*; cf. Cic. *Off.* I, 4 *nulla uitae pars neque forensibus neque domesticis in rebus uacare officio potest.*

6. tibi clamatae: for *clamare* with accusative of the person cf. Virg. *Aen.* IV, 674 *morientem nomine clamat.*

7. solos...montis: 'the lonely hills'; cf. the common phrase *loca sola* and Virg. *Ec.* X, 14 *sola sub rupe*, etc. (But there may be present also the idea that she will *only* have the hills to watch, no shows such as those deprecated in line 9 below.)

9–10. ludi...fana...: shows and temples, both typical places where a woman might catch the eye of a man and vice versa; cf. below II, xxii, 4 and II, xxxii, 3 ff.

11. assidue: with *arantis*, describing the steady plodding of the oxen before the plough.

12. docta...falce: the deftly handled pruning-hook (of the vine-trimmer).

ponere: 'shed'.

13. rara...tura: 'a few grains of incense'.

inculto...sacello: 'to some rustic shrine'.

15. protinus: 'and then', i.e. after the sacrifice just mentioned; cf. Virg. *Georg.* IV, 1–2 *protinus...exequar* ('and now I will...').

choreas imitabere: she will join the dancers (at the religious rite), watching their movements and 'following' them.

nuda...sura: i.e. her dress is drawn up to knee-height.

16. externo...uiro: 'intruder'.

17. ipse ego, etc.: here, at the mid-point of the elegy, the poet turns from Cynthia to himself.

Dianae: note *Dĭanae* here but *Dīanae* in II, xxviii, 60; and see note on II, xxxiv, 39.

18. Veneris ponere uota: 'lay aside the worship of Venus'; *uota* (= 'prayers' or 'vows') stands by a metonymy for *sacra*; for the genitive with it cf. *sacra Dianae* here and *uota deum* at Virg. *Aen.* XI, 4.

[*Veneris* is a conjecture: the tradition has *Veneri.*]

19–20. reddere pinu cornua: 'and hang their horns as offering on some pine-tree'. For *reddere* here cf. *reddere uota, reddere exta*, etc., of religious offerings.

20. monere canis: evidently 'direct' or 'urge on' his hounds; cf. Sen. *Ag.* 428 *remigem monuit tuba.*

21. non tamen ut...: as in English 'not that I should...'; cf. Ov. *Her.* v, 83–4 *non tamen ut Priamus nymphae socer esse recuset...*

22. agrestis comminus ire sues: 'fight at close quarters with wild boars'; for *comminus ire* followed by the simple accusative cf. Mart. XIV, xxxi, 2 *hic...ingentem comminus ibit aprum.*

23. haec igitur mihi sit...audacia: here *igitur* seems not to be connective, but to throw a limiting emphasis on *haec* (as if it were *demum*); cf. perhaps II, v, 27 above.

24. excipere: 'to catch' (in nets, into which the hares were driven by hounds); *excipio* is said of catching something in a receptacle.

structo figere auem calamo: the *structus calamus* is evidently a rod 'built up' out of sections of cane; cf. Mart. XIV, ccxviii, 1–2 *cantu fallitur ales, callida dum tacita crescit harundo manu,* where the rod grows longer as sections are added (at the lower end). By *figere auem* is meant here, not to transfix the birds, but to catch them fast with sticky bird-lime at the end of the pole; cf. Mart. IX, liv, 6 (*si*) *pinguis...implicitas uirga teneret aues.*

[*structo* is an emendation: the MSS have *stricto.*]

25–6. qua formosa suo Clitumnus flumina luco integit: the Clitumnus rises in Umbria not far from Assisi; its tree-shaded source and course were celebrated natural beauties, described by Pliny *Ep.* VIII, viii. It is probably the Clitumnus that is meant by the *umbrosae flumina siluae* of I, xx, 7. For the white oxen bred and pastured in its vicinity cf. Virg. *Georg.* II, 146.

26. abluit: used with accusative both of the thing cleansed and of what is washed off in cleansing.

27. quotiens aliquid conabere: 'whenever you are on the point of some folly'. For *conor* = 'be on the point of' cf. Cic. *Fam.* V, xii, 1 *coram me tecum eadem haec agere saepe conantem deterruit pudor quidam.* For *aliquid* in erotic jargon cf. also II, iv, 2 above and II, xxii, 11 below; the implied meaning naturally varies with the context. (Sen. *Ir.* III, vii, 2 *quotiens aliquid conaberis, te simul et ea quae paras metire* illustrates the everyday use of the same phrase without the special significance given to it here by the context.)

28. Luciferis: i.e. *diebus*; for this metonymy cf. also Ovid *Fast.* I, 46.

29. sic me nec solae poterunt auertere siluae: 'for the comforting thought of those lonely woods, etc., will not be enough to prevent me...'. With *siluae* here we have to supply 'the thought of'. *auertere* contains the idea of distracting the mind from anxiety, and so 'comforting'.

sic here, if the text is right, has the same value as explanatory *adeo* ('so true is it that...', introducing a reason). [Some emend to *hic*, 'while I am here at Rome'.]

31. quin ego in assidua metuam tua nomina lingua: (prevent me) 'from fearing the blandishments of a persistent wooer'; literally, 'the repetition of your name on a persistent tongue'. If text and interpretation here are right, *in assidua tua nomina lingua* form a single complex of a type not uncommon in

Propertius and exemplified (e.g.) by *Tantalea...ad flumina sorte* in II, xvii, 5 above; cf. also III, xvi, 6 *audaces in mea fata manus*; IV, iii, 20 *querulas rauca per ossa tubas*, etc. For *nomina* requiring to mean '*repetition* of your name', cf. on the one hand *solae... siluae* = 'the *thought of those* lonely woods' in line 29 here; and on the other hand *Apriles*, said of repeated references to the month of April, at IV, v, 35. That the sense of the whole is as proposed above is confirmed by comparison with I, ix, 30 *assiduas a fuge blanditias*; I, viii, 28 *assiduas non tulit illa preces*; I, xix, 24 *flectitur assiduis certa puella minis*; in all of these *assiduus* is said of the attentions of a persistent suitor. Compare also Mart. VI, lviii, 6 *atque erat in gelido plurimus ore Pudens*, where the meaning is not that the sick man kept talking about Pudens, but that *he kept calling his name*.

[*metuam* here is an emendation: the MSS have *mutem*, which yields no probable sense. See on this passage F. H. Sandbach in *C.Q.* (N.S.), XII, 263–4.]

XX

The woman here (not named) thinks the poet has betrayed her; and he protests his fidelity. The piece is composed as follows: 1–8 her distress; 9–18 he vows his love is strong and lasting; 19–28 for she has won his love by her kindness as well as by her beauty; 29–36 so he renews with an oath his assurance of lasting devotion. It is perhaps a question whether the woman supposed to be addressed is Cynthia; for line 21 suggests a more recent association than one would in that case expect, while line 25 is at variance with II, viii, 11 and II, xvi, 17.

1. abducta...Briseide: Briseis when she was taken from Achilles went 'unwillingly' according to Homer *Il.* I, 348.

2. Andromacha: Latin abl. of *Andromache*, Hector's widow, made prisoner by the Greeks at the fall of Troy.

3. deos...fatigas: i.e. with prayers for his punishment, or reminders of the oaths he had sworn by the gods.

4. sic: (?) 'as you say'.

5. tam = *tantum*, with *obstrepit*.

5–6. uolucris funesta...Attica: 'the mourning Attic bird' is the nightingale, once the Athenian princess Philomela (or her sister Procne), supposed to be mourning for the child Itys or Itylus, who was killed by the sisters as an act of vengeance on his father Tereus; see for instance Ov. *Met.* VI, 424 ff.

obstrepit: *obstrepo* is said of loud and insistent sounds, sometimes when they interrupt or drown or compete with other sounds, but also (as here) absolutely.

7. Niobe: daughter of Tantalus and sister of Pelops, she boasted of the number of her children and spoke slightingly of the goddess Latona as mother of only two (Apollo and Diana). For this her children were killed and she herself turned to a stone, which was identified with a rock on Mt Sipylus in Lydia.

bis sex ad busta superba: 'whose pride brought twelve to the grave'; literally, 'proud to the extent of twelve tombs'; for a similar use of *ad* cf. Val. Max. III, vii, 7 *a quo in administratione rei publicae ad multum odium dissidebat.*

superba is fem. sing. nom. agreeing with Niobe; for such an ending of the line cf. III, xv, 11 *Dirce, tam sero crimine saeua.*

7–8. nec tantum...lacrimans defluit: 'nor so bitterly does Niobe...weep, as the water flows down from her from Sipylus'. Here *defluit* is presumed to be used like *liquitur* (also with Niobe for subject) at Ov. *Met.* VI, 311–12, i.e. 'flow with water', i.e. emit water in a process such as dripping or melting.

[Text and interpretation of this couplet are far from certain. The text here printed and discussed is that of the MS tradition, except that *superba* is read in line 7 for the tradition's *superbe.* The conjecture *depluit* for *defluit* should perhaps be adopted.]

8. sollicito...a Sipylo: i.e. from Sipylus where she sorrows.

9. aeratis = *aereis.*

astringant: the subject is an indefinite 'they'.

10. uel: not connective but intensive: 'even in such an abode as was Danae's'.

Danaes...domo: Danae was shut up by her father Acrisius in a chamber, usually said in the legends to be of bronze (sometimes of iron), because a prophecy said that a child born of her would kill him.

[*tua* in this line is an emendation: the tradition has *mea.*]

11. in te: 'where you are concerned' (abl.); or possibly 'to get to you' (acc.).

12. ferratam...transiliamque domum: presumably he means leap over her prison's iron wall.

13. de te quodcumque: sc. *dicitur* from the main sentence following.

15. ossa tibi...per matris...: i.e. *per matris ossa...*

matris et...parentis: here *parentis* = *patris,* as *patriae* *parens* = *pater patriae*; for this use in antithesis to *matris* here cf. Cato *Dist.* III, 24 *nec matrem offendas dum uis bonus esse parenti.*

17. mansurum = 'remain steadfast'.

18. ambos una fides auferet, una dies: 'one love will be ours until the same last day takes us both hence together'. The phrase *una fides auferet* works like that in Callimachus' poem on Heraclitus (*A.P.* VII, 80): 'how often we brought the sun to his setting in our talk', i.e. went on talking until the sun set.

19. si nec nomen nec me tua forma teneret: here *me* (and also *tuum*) has to be supplied from the second parallel member of the sentence to the first, by the construction called ἀπὸ κοινοῦ.

nomen: 'fame', whether simply for beauty or for some other cause.

20. seruitium mite...tuum: i.e. the mildness of the bondage in which you hold me.

21. septima iam plenae deducitur orbita lunae: i.e. 'with this full moon the moon's seventh round draws to its end'. *orbita* is here said, as elsewhere, of the orbit or orbital motion of a heavenly body.

22. cum, etc.: for the construction cf. II, xvi, 33–4 above.

compita: the street-corners (at crossings), places of gossip.

23–4. non numquam: evidently a meiosis, with the value of an emphatic 'often'.

mollis· 'kind' or 'compliant'; for verb sc. *fuit*.

25. muneribus...beatis: 'costly presents'; for this value of *beatus* cf. Mart. IX, lxxv, 6 *beatas...thermas* (i.e. expensive ones).

27. tu me una petisti: cf. II, xvi, 12 above and note. (The antithesis 'everyone wanted you: you were the only one who wanted me' becomes more improbable the more one thinks of it. The probable antithesis is as in Plaut. *M.G.* 1231 *quamquam illum multae sibi expetessunt, ille illas spernit, segregat ab se omnes extra te unam.*)

28. naturae: here evidently '*the goodness of* your disposition', more briefly 'your goodness', the quality of the disposition in question being determined by the context; similarly in III, vi, 25 and IV, xi, 101 *moribus* is made by its context to mean *bonis moribus*.

29. tum: i.e. if I should forget what I owe you.

tragicae Erinyes: Furies such as those who haunt Orestes in Aeschylus' *Eumenides* or Euripides' *Orestes*.

30. Aeace: Aeacus is judge of the dead in the underworld.

Tityi uolucris: the vultures which torment the giant Tityus, punished (for his attempt to ravish Latona) by being chained prostrate in Hades; the vultures fed everlastingly on his entrails which were everlastingly renewed.

mea poena uagetur: 'may my ghost roam in torment where the vultures rend Tityus'. *mea poena* = *ego dum punior*, just as in II, xiii, 22 *mors mea* = *ego mortuus*, and in III, v, 4 *nostra sitis* = *ego sitiens*.

33. ne tu supplicibus, etc.: 'no need for you to beseech me with letters of entreaty'. Perhaps he had received such a one? [*ne tu*... is an emendation: the MSS have *nec tu*... Palaeographically there is little difference; but the connective in *nec* seems to have no point here.]

uenerata: from *ueneror* usually said of prayers to gods, and so implying here very humble entreaties.

35. hoc mihi...ius est, quod...: apparently here *ius est* = 'is my rule'.

XXI

Again an unnamed woman is addressed. Again something has occurred to make the poet suspected, and again he concludes with a protestation of his fidelity. But both her resentment and his claim are treated much more lightly than in the preceding elegy; while the body of the piece (3–18, i.e. all but the first and last couplets) consists of a gibe at the woman for having been exploited and then deserted by some other man. Thus elegies xx and xxi invite comparison and contrast. It is not possible to say whether the same woman is supposed to be addressed in both.

1–2. Someone has told tales about the poet to the woman here supposed to be addressed. The poet dismisses him with an imprecation.

quantum...tantum...: the effect of the correlation is: 'may Venus be as unkind to Panthus as he deserves, for telling such lies about me to you in that letter'.

1. Panthi: the name *Panthus* is a disguise (or indicates a fictitious person), like *Demophoon* in II, xxii (the next elegy), and *Lynceus* (surely a real person) in II, xxxiv, and *Lycotas* in IV, iii. All are Greek names.

pagina: this metonymy could refer either to a letter or to a poem: the former seems much more likely here.

3. sed tibi iam uideor... ?: 'but do you think me now a prophet truer than Dodona's oracle?'. Alternatively the sentence can be taken as a statement with *uideor* = 'I am seen to be...', i.e. 'now you can see that I am...'. But *uideor* is so much more common in the sense 'seem' that the question form appears preferable here.

4. ille tuus pulcher amator: 'that fine lover of yours'. As *pulcher* embraces many forms of excellence in the range of its extended meanings, the sarcastic use of it here is better rendered by 'fine' than by 'handsome'.

uxorem...habet: presumably 'has got married', rather than 'now turns out to have a wife'.

5. tot noctes periere: 'so many favours gone for nothing!'. For the special sense of *nox* here cf. II, xvii, 1 and note. For *periere* = 'have been wasted' or 'are gone for nothing' cf. Juv. III, 124–5 *perierunt tempora longi seruitii.*

nihil pudet?: 'don't you feel foolish?'; *pudor* may be felt for anything that makes one be despised or despise oneself, not only for moral failings.

cantat: (?) 'sings', carefree like a lark; or (?) 'crows', triumphant like a cock.

7. eos: the ex-lover and his new-wed wife.

tu sermo es: i.e. a subject of talk; cf. below II, xxiv, 1 *cum sis...fabula,* and II, xxiv, 15–16 *me...iam pudet esse iocum.*

7–8. te...dicit se inuito saepe fuisse domi: either (1) 'he declares that often you were at his house against his will'; or (2) 'he declares that often you were ready when he was disinclined', giving *domi esse* its idiomatic value with reference to what is at one's command. Perhaps both ideas are present.

9. dispeream, si...: 'confound me if...' (= 'I'll swear that...not...'), introducing a strong negation; cf. the strong affirmation in Catull. XCII, 4 *dispeream nisi amo.*

9–10. si quicquam aliud quam gloria de te quaeritur: '(I'll swear that) all he wants of you (i.e. all you are to him) is a conquest to boast about'. (It is not clear here whether *de te* goes with *quaeritur* or with *gloria*; but it does not matter.)

has laudes ille maritus habet: (?) 'this way that precious husband wins esteem'.

11. Colchida: acc. of *Colchis* = woman of Colchis = Medea.

hospes: 'whom she had succoured' (literally, 'her guest').

12. Creusa: the Corinthian princess for whom Jason abandoned Medea.

tenuit: with this some supply *Iasonem*, some *domum*.

13. Dulichio iuuene: 'the Ithacan hero'. For *Dulichio* cf. II, ii, 7 and II, xiv, 4 above. *iuuenis* often = 'warrior'.

13–14. This is an instructive example of the loose way in which Propertius brings in his mythological parallels; for all readers of the *Odyssey* know that Ulysses does not deceive or slip away from Calypso but has his departure assisted by her in every way, though she does not want him to go.

15. faciles: here, with inf., = 'readily willing to...'.

16. bonae: 'kind'; cf. II, xviii, 22 *cui bonus ante fuit*; Virg. *Aen.* XII, 646 *uos o mihi, Manes, este boni*, etc.

17. huic: i.e. this woman; the third person is explained by the fact that 15–17 are a sort of aside; the tone in this line (17) is that of one despairing of the folly of the person he is dealing with. The construction of *huic* is as dative of agent with *quaeritur*.

quoque: 'what's more'; *quoque* here goes with *quaeritur alter* not specifically with *huic*, which is emphatic in its own right here.

—quid restat?—: 'isn't it the limit?'; literally, 'what more remains?'. Cf. for the force of *restat* here Cic. *Att.* VIII, 7 *unum etiam restat amico nostro ad omne dedecus, ut Domitio non subueniat*.

[*quid* is an emendation: the MSS have *qui*.]

iam pridem: this quest for a second lover may have begun before the first lover was out of the picture.

18. potes: as we say 'you might be more careful', meaning you ought or have cause to be; Latin idiom uses *possum* instead of a potential subjunctive because it is itself the verb of potentiality.

19. quocumque loco: 'anywhere' = 'everywhere'.

20. siue aegra pariter siue ualente: 'alike (whether you are) in sickness and in health'; evidently a cliché from the language of everyday; cf. on II, xviii, 33 above.

XXII

Here 1–42 and 43–50, though presented as one piece by the MSS, are obviously distinct. They are printed as separate, and annotated separately below.

XXII A

A new subject and attitude suddenly appears. The poet announces that his sex-life has become promiscuous: devotion to a single *fides* is no more. The piece proceeds as follows: 1–10 he has become a man of many women; 13–20 no use in asking why: he is so constructed; 21–24 (+11–12 transposed) and it would be a mistake to suppose that his slight physique is not equal to these demands; 25–34 mythological parallels prove the point that energy expended sexually is not energy lost; 35–42 one woman is not enough for his comfort or peace of mind. Regarding the transposition of 11–12 see note below, following notes on line 24.

1. here: the context shows that this must here mean 'of late', and further that this extended meaning of the word must have been regular in daily speech.

2. Demophoon: the Greek name disguises a real or imaginary Roman friend: cf. on II, xxi, 1 above. In mythology Demophoon is son of Theseus and faithless lover of Phyllis; cf. Ov. *Her.* 11. Perhaps this Demophoon is the unnamed poet who wrote about a Phyllis according to Ov. *Pont.* IV, xvi, 20.

mihi...multa uenire mala: (?) 'that I am a much tormented man'. Evidently a current colloquialism, for cf. below II, xxv, 48 *una sat est cuiuis femina multa mala.*

3–10. Here is an approximate rendering of the content of these lines. It contains, or preserves, some ambiguities which will be discussed in the notes below. 'A stroll around the streets never leaves me unscathed. Those theatres—ah, all too surely they were made for my ruin. Maybe a dancer sways white arms in a languorous rhythm; maybe a singer sings a lilting air. And all the time my eyes search after their own undoing, perhaps a fair-skinned beauty who shows her bosom as she sits, perhaps locks that stray over someone's pretty forehead, with an eastern jewel fastening her hair above in the middle of her head.'

There are three problems here, none affecting the general tenor of the passage, but extensively affecting the punctuation of it and its detailed interpretation. (1) On one view it is possible to distinguish three places which are dangerous for the poet in this account: the *compita* in line 3, the theatre or theatres in lines 4–6, and some quarter where sociable women 'sit' (cf. note on II, xviii, 36) awaiting customers in lines 7–10. But an objection to this view is that after the precise specification of *compita* and theatres one would expect the third specification to be precise also, which it is not. (2) It therefore seems probable that all of 4–10 refers to theatres, so that only two dangerous places are specified, *compita* and theatres. But if this is so, the two surely cannot be separate items, for it does not seem conceivable, for reasons of stylistic balance, that of two quoted instances one should be disposed of in one line and the other occupy seven. Therefore the *compita* and the *theatra* will be one item, not two; i.e. the latter are *in* the former, and those are right who see here an allusion to the *ludi compitalicii* mentioned by Servius on *Aen.* VIII, 717 (*ludisque uiae plausuque fremebant*) as held in 29 B.C. on the occasion of Octavian's return and triumph. The nature of *ludi compitalicii* (i.e. *ludi* held in the *compita*, open spaces where two or more streets met) is explained by Suetonius' statement (*Aug.* 43) that Augustus *fecit* (*ludos*) *non numquam et uicatim*, with which cf. Tac. *Hist.* II, 95 *editis tota urbe uicatim gladiatoribus*. Shows held *uicatim* were no doubt held in the *compita*, and such shows (which we are told were held on several occasions by Augustus) may well be the background of the story here. For shows thus held *uicatim* presumably temporary structures would have to be erected *uicatim* as *theatra*. (3) If 4–10 all refers to theatrical shows, the further question arises whether lines 5–6 should be attached as subordinate clause to the preceding line 4 or to the following line 7. As line 7 has a further subordinate clause with *si*. . .*siue* following it, it seems probable that 5–6 with their *siue*. . .*seu*. . . do not go with 7 but with 4.

3. **frustra:** without result; i.e. without his getting smitten. **compita:** street-intersections; and so sometimes 'street-corners', sometimes 'squares' (i.e. open spaces at these intersections).

4. **nata:** 'made for' or 'invented for', *natus* with dative or *ad* or infinitive being said idiomatically of what seems to have been created by design with a certain end in view, e.g. *Iudaei et Syri nationes natae seruituti*. In this sense the epithet here could apply to theatres as a class or to 'the theatre'. But it could also, in a different sense, apply to a recent erection, as *nascentia templa* is said by Martial of a temple that 'is going up'; and this would suit temporary constructions for shows held occasionally at the *compita*.

5. **aliquis:** if this here is (as usually) masculine, lines 5–6 will have to be attached as subordinate clause to 7–10 rather than

to 4, as they could only indicate the background and not the object of the poet's emotion. But it seems unlikely that *candida bracchia* mentioned in the present context would belong to anybody but a woman; in which case *aliquis* must here (though I know no other instances) be feminine (as simple *quis* and *quisquam* sometimes are), and 5–6 are best attached (as here printed) to 4. The poet falls in love with the dancers and actresses on the stage, and then again with the pretty women he sees in the audience.

5–6. molli diducit candida gestu bracchia: cf. the echo of this in Stat. *Silu.* III, v, 66 *candida seu molli diducit bracchia motu*, where the dancer is a woman, the poet's step-daughter. *molli* describes the grace of the movements.

6. incinit: used specifically of a pipe-player in other passages, but here with *ore* it surely refers to song.

uarios...modos: the different notes which, in a pattern, constitute a tune; hence what is meant here is 'an air', but with an invitation to think of the skilled manipulation of the singer's voice.

7. interea: (?) 'in the intervals', or (?) 'meanwhile from time to time'. *interea*, which normally means 'meanwhile', can also mean 'sometimes', like *interdum*.

8. candida...si qua...: 'a fair-skinned beauty', since *candida* implies both a *fair* skin and *radiant* beauty.

sedet: often of sitting as a spectator in the theatre; as well as in the different sense illustrated above in the note on II, xviii, 36 above.

9. puris in frontibus: the skin is smooth and clear. *purus* is used elsewhere of smooth and unencumbered surfaces.

13. mollis: 'susceptible'.

14. quod quaeris, 'quare', non habet ullus amor: 'what you ask for, "the reason", is something love never has in its power to give'.

15. cur aliquis...: 'why does a man...?'.

sacris...cultris: the knives with which the worshippers of Cybele gashed themselves in their frenzies.

16. Phrygis insanos...ad numeros: 'to the mad (i.e. maddening) music of the Phrygian (piper)'. Cybele was a Phrygian goddess.

17. uni cuique...creato: 'to every man at his birth'; cf. Manil. IV, 18 *artesque datae moresque creatis*.

uitium: 'failing'.

19. Thamyrae: Thamyras was a legendary Thracian bard who challenged the Muses to a competition, on the terms (according to Apollodorus I, iii, 3) that if he won he should lie with them in turn, while if they won, he should be deprived of whatever they might decide. They won, and deprived him of his sight and of his gift of song.

licet...fata sequantur: 'though the fate (of Thamyras) should be mine' (i.e. attend me or befall me). As *sequi* is thus used particularly of rewards and punishments, the wording suggests that he will not be deterred from his interest in women by the warning example of Thamyras. But the fame of the story of Thamyras is for his blinding, not for his alleged designs upon the Muses; so presumably the poet means 'if I were blind as Thamyras, I should still have eyes for a pretty woman'. He may indeed have mixed two ideas, as he sometimes does in applying his illustrations from history and mythology; which would be a fault in a lawyer (which Apollo wisely advised Propertius not to become, IV, i, 134), but is less necessarily one in a poet.

20. ad formosas...caecus: 'blind to a pretty woman (or, where pretty women are concerned)'; for *caecus ad...* cf. Livy XXI, liv, 3 *hostem caecum ad has belli artes*; also *surdus ad...*, e.g. in Ov. *Her.* VII, 27 *ad mea munera surdus*.

inuide: 'complainer'; he means what we mean by 'spoil-sport'.

21. exilis: acc. plur. with *artus*.

22. falleris: 'it is not as you suppose'. He assumes his friend has drawn a false inference from his frail physique, and now corrects this.

haud umquam est culta labore Venus: 'the worship of Venus has never been hard work for me'. For *labore* ablative of manner without *cum* or adjective cf. the common use of *uoluntate* = 'voluntarily'. With *est culta* sc. *a me* from the context. The sense of *colo* required in *culta* here is 'worship'; he speaks of the sexual act as a rite of worship of the love-goddess.

24. officium: 'my service'; cf. Ov. *Am.* III, vii, 24 *ter Libas officio continuata meo est.*

ualere: '...was effective...'.

tota nocte: of duration; 'all night long', or 'through the whole length of a night'.

11–12. quae si forte aliquid uultu mihi dura negarat: 'and if she frowned and said "no" to my request'. For *aliquid* here cf. II, iv, 2. For the relevance of *uultu* cf. II, xv, 11–12, etc.

frigida de tota fronte cadebat aqua: a sign of agonized distress. *aqua* here = *sudor*, for which cf. II, xxiv, 3 below.

[This couplet is evidently misplaced in the MSS, for the pluperfect and imperfect tenses are impossible after the present tenses of lines 4–10. Here after 24 is the only place in the elegy where it will fit, and it fits well, illustrating the poet's resources of energy and appetite.]

25. Iuppiter Alcmenae, etc.: Jupiter visited Amphitryon's wife Alcmene by night, having assumed the appearance of Amphitryon during the latter's absence on campaign. He doubled the length of the night, stopping the rotation of the heavenly bodies, and so enjoyed Alcmena's company for that much longer.

Alcmenae: dative, 'for Alcmena's sake'.

geminas requieuerat Arctos: here *requieuerat* is transitive, as in Virg. *Ec.* VIII, 4 *et mutata suos requierunt flumina cursus*: it means, as in the Virgilian passage quoted, 'made to rest', i.e. stayed in their courses. The *geminae Arcti* are the constellations, the two Bears, Great and Little, which circle round the pole-star continually like the hands of a clock, never setting beneath the horizon.

26. et caelum noctu bis sine rege fuit: i.e. Jupiter was absent from heaven two nights on end (as it were).

27. nec tamen idcirco languens ad fulmina uenit: 'but when he came to wield his thunderbolts he was as vigorous as ever, all the same'.

28. nullus amor uires eripit ipse suas: 'love never leaves a man deprived of the strength it needs for its own use'. *nullus* here is adverbial in value.

30. Thessala tela: i.e. the spear of the Thessalian hero, Achilles; *tela* being probably a poetic plural.

32. Mycenaeae...rates: 'Mycenae's ships' means the ships of Agamemnon, or stands (by the metonymy 'part for whole') for the Greek ships in general.

33. ille uel hic classis poterant uel perdere muros: according to regular syntax this should mean that either could perform either feat, whereas sense requires a statement that both alike were equally able to do each his own job. Sometimes the ear's quest for verbal balance prevails over the claims of logic.

poterant: i.e. were no less able to do these things as a result of their prowess in bed beforehand.

34. hic...hic...: i.e. in the field of love.

Pelides: Peleus' son, Achilles.

35–42. A new point: that one woman is not enough for him. This idea in one form has been introduced earlier in 11–12.

35. ministret: the metaphor is from a servant holding the lamp or torch for his master; so 'lights the sky'.

38. non sinit esse locum: 'will not admit me'; cf. Cic. *Planc.* 82 *si in mea familiaritate locus esset nemini nisi litigioso aut nocenti.*

39. aut, si forte ingrata meo sit facta cubili: with this (conjectured) reading *ingrata* has a sense similar to that of *grauis* in II, xxiv, 20 *et dicor lecto iam grauis esse tuo*; cf. Curt. VII, ii, 36 *aliis grauis erat, plerisque non ingrata militia.* For the use of *cubili* cf. Virg. *Aen.* XII, 144 (*quaecumque*) *Iouis...ascendere cubile*; Val. Fl. IV, 464 *iunctaque uestra meo quondam Cleopatra cubili.* The alternatives in 37–40 thus are (*a*) that she rejects him, or (*b*) that she ceases to please him. [The text printed makes sense and gives point to the alternative indicated by *aut*. But it is highly conjectural. The MSS give here *si forte irata meo sit facta ministro*, which could be understood as meaning that she is short with the poet's servant when the servant brings a summons from his master, but would add nothing useful to what has been said in 38 *si quando non sinit esse locum.* It seems probable that *ministro* is due to an echo in a scribe's mind of *ministret* in 35 above, which has expelled whatever word the poet wrote. The reading of *ingrata* for *irata* is suggested by the implications of *aut*, and defended by the corruption of *ingrato* to *irato* which has happened at I, vi, 10.]

40. ut sciat: for *ut* in a wish-sentence cf. II, iii, 45 above. The sense is 'I want her to know that if...'.

XXII B

These eight lines appear to be a soliloquy in which the poet expresses his feelings about women who lead men to expect them and then disappoint the expectation; in the first couplet he apostrophizes, in reproach, a particular woman, whose behaviour (or ambiguous answer) is presumably giving rise to these reflections. (That the piece as a whole is not supposed to be a speech to this woman appears from the content of 47–50.)

The text and the interpretation of this little piece are very uncertain.

43. aut, si...: sin...: a mixture of the constructions (1) *aut, si...; aut, si...* and (2) *si...; sin...*

dura: 'coy'.

uenito: in the special sense exemplified at II, xiv, 20 above, where it is likewise opposed to *nego*. In this sense *uenio* does not necessarily mean that the woman comes to the man's house; but that seems to be what is imagined in the present elegy, for in 49–50 below the man seems to be sending his servant to the woman to find out whether she is really 'not coming'.

44. nullo ponere uerba loco: presumably 'to treat your words (i.e. your promises) as of no account': *nullo loco ponere* is not exemplified elsewhere, but cf. Cic. *Fin.* II, 90 *Socratem qui uoluptatem nullo loco numerat*, and Cic. *Fam.* XV, iv, 12 *quod ego in beneficii loco non pono*, etc.

[*heu* is a conjecture: the MS tradition has *et*. An alternative emendation is *in*.]

45–6. Cf. Tib. I, viii, 63–4 *uel cum promittit, subito sed perfida allit, est mihi nox multis euigilanda malis.*

45. unus...ex omnibus: 'uniquely', i.e. 'above all'.

48. cum recipi quod non uenerit illa uetat: (?) 'as he refuses let her "no" be taken for an answer'; literally, 'forbids it to be accepted (as a fact) that she will not come'. Text and interpretation here are very uncertain. The version proposed above supposes that *recipi* is here used in a sense related to those which it bears in Plaut. *Cist.* 510 *non edepol istaec dicta nunc in aures recipio*; Ov. *Fast.* VI, 557 *ipsa quidem fecisse negat, sed fama recepit*; *Her.* XVI, 13 *epistula nostra recepta spem facit...*; and that the *quod*-clause = 'the fact that she will not come'; the construction with *quod* seems quite appropriate to express this, and less remarkable than Suet. *Tit.* VIII, 1 *recordatus...quod nihil cuiquam toto die praestitisset.* [The MS tradition here has *cur recipi qu(a)e non nouerit ille uetat.* It is hard to find any interpretation which keeps *cur* or *nouerit*, and the emendations *cum* and *uenerit* are almost certain. *recipi* is by most here taken to refer to 'admission', as at II, xiv, 28 *tota nocte receptus amans*; reading then *illa* in place of *ille* one gets *cum recipi, quae non uenerit illa, uetat* = 'gives orders for her not to be let in, that wretched woman (who's let him down)', this petulance being supposed to alternate with the pathetic insistence of the next line (49), and *rursus* in line 49 being supposed to mark the alternation. The object of *recipi* in this is the woman designated by *quae non uenerit illa*; in which clause *illa* produces the same effect as if P. had written *perfidam illam recipi uetat*. We have to suppose that she has not come at the appointed time and that he has lost patience, and says 'Very well, if she *does* come now, she's not to be admitted'. But it seems doubtful whether this conforms with the implications of line 47; and moreover it seems from line 46 that the woman is not simply late, but has *said* she is not coming. Hence the version proposed earlier above, which assumes an attitude similar to that illustrated in lines 49–50.]

49. rursus: with *quaerendo*, if line 48 is taken as proposed above. (But if the alternative view of 48 is preferred, then *rursus* here = 'and again on the other hand...'.) The construction here is still governed by the *cum* in line 48.

puerum quaerendo audita fatigat: this could mean either that he keeps questioning the servant (who has brought the woman's message of refusal), as if unable to accept or believe what the servant has said, or that he keeps sending the servant back to ask again about the woman's intentions. The latter seems more likely here.

50. quaerere fata: presumably 'to ask the fateful answer', which he dreads to hear because he really knows all too well what it will be. *quaerere fata* looks like a metaphor from consulting oracles, fortune-tellers, etc.

[This line is missing in *N*, and the other branch of the tradition gives no clear account of it; so the text here must be regarded as very uncertain.]

XXIII

The poet declares that the pursuit of 'affairs' is too frustrating, and announces that he now finds his pleasure in common prostitutes.

This piece has affinities with Horace *Sat.* I, 2 and shares detailed motives with it (cf. for instance 17–20 here with Hor. *Sat.* I, ii, 119–22 and 127). But whereas what is deprecated in Horace's satire is adultery, what is deprecated here is emotional involvement in a love-affair (cf. 23–4). It is not to be assumed that the *uir* of line 20 is a husband in the proper sense of the word, any more than is the *uir* of Delia in Tib. I, vi, 8 (with which cf. *ibid.* 67–8).

1–2. The imagery here is from the well-known epigram (*A.P.* XII, 43) in which Callimachus says that he 'shuns the highway', and 'does not drink from the public fountain', in illustration of his fastidiousness.

1–2. cui fuit indocti fugienda et semita uulgi, ipsa petita lacu nunc mihi dulcis aqua est: i.e. 'I who once would not use (even) the same road as the vulgar herd am now content to drink (even) trough-water'. Here *et* stresses the degree of his former fastidiousness, and *ipsa* the degree of his present lack of fastidiousness; the use of *et* being as in III, xi, 30 *et famulos inter femina trita suos.*

cui fuit: 'I, in whose view...'.

semita: strictly a narrow path, *semita* is used by metonymy for any road or way; here no doubt 'the highway' is meant.

lacu: one of the public cisterns available in Rome for uses of every kind, both domestic and industrial.

[Some editors feel *et* to be superfluous here, and emend to *cui fugienda fuit indocti semita uulgi*, with the final syllable of *fuit* scanned long, as it is, in the same position, in IV, i, 17 *nulli cura fuit externos quaerere diuos.*]

3–4. ingenuus quisquam...dominae?: the question is asked with a tone of incredulous indignation.

alterius seruo: 'another man's servant'; the other man being the *uir* (cf. line 20 below) of the woman in whom he is interested.

praemissa: *praemitto* is said of sending an agent ahead to prepare one's way; cf. also III, xiv, 25 *nullo praemisso de rebus tute loquaris ipse tuis*; Sen. *Exc. Contr.* II, 6 *quodam modo ad luxuriam a patre praemissus sum.*

[The MSS have *promissa,* which with *uerba* lacks point.]

5–6. porticus...campo: places of resort.

campo: 'park'. The only one we commonly hear of is the *Campus Martius*, often indicated by the single word *Campus*; so it may be that *campo...quo?* here means really no more than 'is she in the park?', the form of the question being influenced irrationally by that of the preceding question; for such irrationality cf. II, xxii, 33 above.

integit...mouet pedes: commentators draw attention to the artificially elaborate manner of these questions; it contrasts with the colloquial bluntness of the woman's question in line 8 below.

7–8. deinde...ut scribat: as in English 'then...to have her write...'.

9. cernere uti possis, etc.: 'all for the privilege of meeting the glare of a surly servant set to watch her'.

10. captus: presumably not 'captured' but 'surprised', i.e. 'caught on the premises', and obliged to hide in order to avoid capture.

casa: ? 'a shed', unless it is used by metonymy here for *cella*.

11. quam care: 'at what a price'.

uertitur: apparently 'comes round'.

12. a pereant, si quos...: 'bad luck to all who...'.

13. reiecto...amictu: with her outer garment (*pallium* or *palliolum*), hanging from her shoulders instead of folded around her, so as to show her figure, which would not be concealed by her *tunica*.

libera: i.e. uninhibited, 'bold and free'.

uadit: suggesting a confident step; cf. Virg. *Aen.* VI, 263 *haud timidis uadentem passibus*.

15. Sacra...Via: a main street in the centre of Rome, running past the Forum Romanum; for the shops in it cf. II, xxiv, 14 below. (For the fifth foot broken –| ⏑⏑ cf. II, xxiv, 51.)

conteritur: a stronger form of *teritur*; *tero* being said often with *uiam*, *iter*, *limina*, etc. for object.

15–16. cui saepe...uelit: 'whose grubby shoes go often back and forth along the Sacred Way, and who lets there be no delay when she's accosted'.

17. differet: 'put you off'.

poscet garrula: 'wheedle you (for presents)'.

18. astrictus...pater: this is an imaginary figure in the background of any typical young sower of wild oats. For *astrictus* cf. Tac. *Ann.* III, 55 *astricti moris*; and English 'close-fisted' and 'straight-laced'.

19–20. nec dicet...uenit: an example of what happens when a man pays his attentions to a courtesan of a better class, who has typically at any time a reigning lover, known in the world in which we are here moving as her *uir*.

21. Euphrates...Orontes: these eastern rivers stand for the eastern countries from which the prostitutes he is thinking of come as slaves to Rome.

22. me iuerint: 'may they be my pleasure'; i.e. 'I prefer to find my pleasure in...'. For the quantity cf. Catull. LXVI, 18 *non, ita me diui, uera gemunt, iuerint*.

nolim furta pudica tori: it is hard to be sure what is meant here. But in view of II, xxxii, 55 below *lectum seruare pudicum* it is natural to suppose that *furta pudica tori* here = *furta pudici tori*, the transference of the epithet being as in IV, ii, 63 *qui me tam docilis potuisti fundere in usus*. And the sense will be 'I want no affairs with women who are coy'. For while *pudica* is said commonly of a 'virtuous' woman, respectably married and so on, it seems to be applied in love elegy to courtesans who are selective and prefer regular arrangements; such perhaps are the *castae puellae* of I, i, 5; and cf. Tibullus' exhortation (I, vi, 7) to his Delia to be *casta*. The point is further illustrated by comparison of III, xiii, 9 *haec etiam clausas expugnant arma pudicas* with line 12 here *a pereant, si quos ianua clausa iuuat*; a *clausa* (*puella*) and a *pudica* are evidently the same.

23. quoniam: giving the reason of what has just been said, and so with the value of 'for...'.

[Many editors prefer to take *quoniam* as giving the reason for what follows in line 24, and punctuate accordingly.]

amanti: the point being that an 'affair' involves *amor*: sexual indulgence with women of the street does not.

24. nullus liber erit, si quis amare uolet: 'a man who sets out to be a lover (or, lets himself fall in love) will never be a free man'.

XXIV

Lines 1–52 here are presented by the MSS as a single continuous piece. It is plain that a separate elegy begins at 17, and 17–52 are printed as separate accordingly below. It is clear also that lines 11–16 do not cohere with 1–10, whether because they are misplaced or because something has fallen out between 11 and 16; they are therefore also printed separately below.

XXIV A

This little piece remains baffling. Very various interpretations have been offered; but the uncertainties are such that an elaborate discussion would be unprofitable and confusing. What is said below must be treated with great reserve and the existing standard editions consulted by anyone closely interested.

The poet is twitted in argument with his affair with Cynthia, made notorious by his own poems. He ruefully admits his embarrassment at being exposed to this. But if Cynthia were kind to him (as she is no more), he would not (as he now is) be blackguarded as a profligate all over Rome. So no wonder he resorts to women of the streets (cf. elegy xxiii); they do not get a man blackguarded like this.

Undetermined are (1) the occasion of the twitting; (2) the nature of his embarrassment over it; (3) the way in which Cynthia's unkindness brings him into disrepute.

1–2. 'Tu...foro': for this way of beginning an elegy cf. II, xvii, 1 ff., where the poet quotes himself.

tu loqueris...: this may be (1) a specimen of what the poet is always having to put up with, or (2) a retort to what he has said in the immediately preceding elegy or elegies (xxiii, conceivably also xxii A).

cum sis...fabula: cf. II, xxi, 7 and note.

[*sis* here is an old correction for the tradition's *sit*.]

2. tua...Cynthia...: this passage and Martial XIV, 189 (*Cynthia facundi carmen iuuenale Properti*, etc.) have suggested that Propertius' first book was known as the 'Cynthia'. The inference is not certain, since in Martial *carmen* may = 'subject of song' and here *lecta* may = 'read about'.

3 ff. The person addressed from here on may or may not be supposed to be the author of the gibe in 1–2.

3. his uerbis: 'to hear such words as these'. For the ablative cf. II, iv, 21 *uno...uerbo*; III, xxv, 9 *nostris...uerbis*.

sudor: commonly a symptom of effort or of fear; but this passage and II, xxii, 12 show that it may relate to various sorts of acute distress. In this case the distress is embarrassment.

4. aut pudor ingenuis aut reticendus amor: i.e. (?) 'a free-born man, it seems, must choose between hiding his love and swallowing his pride'. Text and exact sense are uncertain here; but the form of the sentence makes the general sense conjecturable. The version offered supposes that the construction is a zeugma, *reticendus* being applied properly to *amor* (keep silent about one's affair), but also in a looser sense to *pudor* (? accept an affront in silence without voicing one's resentment as a man of honour should). For a comparable zeugma see III, ix, 23–4 *cum tibi Romano dominas in honore securis et liceat medio ponere iura foro*.

ingenuis: strictly the *ingenuus* is a free-born person, as opposed to a slave or freedman: but the word acquired connotations similar to those which 'gentleman' acquired in English. A sensitive *pudor* is characteristic of the *ingenuus*.

[*ingenuis* is an emendation: the tradition has *ingenuus*.]

amor: here the relationship as well as the emotion, i.e. 'affair' as well as 'love'. For this value of the word cf. on II, vii, 8 above; and for a possible reason why such an *amor* should be *reticendus* cf. Ter. *Andr.* 444–5 *amauit: tum id clam: cauit ne unquam infamiae ea res sibi esset, ut uirum fortem decet.*

5. quod si iam...: 'but if Cynthia's favour were set fair for me...'. The *amor* has run into troubles, as has appeared from earlier elegies. [*iam* here is a conjecture. The MSS have *tam*, which might mean 'as fair as once', or 'as fair as you suppose'. *iam* attached to *si* gives the sense 'if Cynthia *were* (indeed) set fair', etc.; cf. on II, xxx, 11 below.]

spiraret: evidently a metaphor from gentle winds; cf. Tib. II, i, 80 *felix, cui placidus leniter afflat amor.*

facilis: i.e. compliant; cf. (in an uncomplimentary sense) II, xxix, 33 below. It suits the metaphor in *spiraret* because of phrases such as *facilis cursus* = 'a fair voyage', etc.

6. nequitiae...caput: 'arch-profligate'. *caput* is said often where we say 'ring-leader' or 'fountain-head'; here it seems to mean 'supreme example'.

nequitiae: this word is used by Propertius at I, vi, 26 of his abject attachment to Cynthia (contrasted with the manly habits proper to a young Roman). But it does not appear to refer to this here; for that attachment is already publicly known (cf. 1–2), and what this context requires is some kind of ill repute resulting from Cynthia's present unkindness to him. This might be either a slander about him propagated by Cynthia in her displeasure (? cf. I, iv, 21, I, v, 26), or a bad name acquired by him through profligate conduct to which frustration of his love for Cynthia has driven him (cf. II, xxii, etc.). In either case *nequitia* here will refer to promiscuity, as it does at II, v, 2 above.

7. sic: evidently, 'as now happens'.

traducerer: this means to be held up to scorn or obloquy (not necessarily undeserved).

8. urerer et quamuis, nomine uerba darem: this is taken in two quite different ways: (1) '(I should not as now be defamed and vilified all over Rome) and, loving her to distraction, be called a deceiver'; and (2) '(I should not as now be defamed and vilified all over Rome), and, though I love, I should attract no notice and my reputation would not suffer'. In (1) *uerba darem* is still governed by the *non* of line 6; the phrase (*non*) *nomine uerba darem* = (*non*) *nomen haberem deceptoris*; and the point of *urerer et quamuis* will be that though he is really deeply in love with Cynthia, he has got the name of a faithless and promiscuous lover—which would not have happened but for her unkindness. In (2) *uerba darem* is *not* governed by the *non* of line 6; *nomine uerba darem* is supposed to mean 'I should escape notice respecting my reputation'; and the point of *urerer et quamuis* will be that despite the intensity of his love for Cynthia he would not have attracted unfavourable public notice by it, but for the fact that Cynthia's unkindness has provoked him to poetical lamentations. Of these alternatives neither is easy, but (1) seems much easier than (2). For the kind of reputation supposed under (1) cf. that attributed to another man in I, xiii, 5 ff. *dum tibi deceptis augetur fama puellis*, etc.

9. uilis: cf. the preceding elegy.

10. parcius: less often, or to a less extent (literally, 'more sparingly'); cf. Hor. *Od.* I, xxv, 1–2 *parcius iunctas quatiunt fenestras...iuuenes proterui*. For the point, see introductory note to this elegy above.

num tibi causa leuis?: 'a good reason, you'll agree?'.

XXIVB (fragmentum)

These lines (xxiv, 11–16 in the MSS) plainly make no continuum with what precedes or with what follows; nor can they well stand by themselves. A brief discussion of their status will follow the annotation below.

Lines 11–14 relate to a woman who keeps asking the poet for various trifling gifts. She surely cannot be the same sort as the exacting Cynthia of II, xvi, 17–18 or the expensive woman of II, xxiii, 11 (and cf. *ibid.* 17–18). With her taste for *uilia dona* (14) she is more likely to be one of the women of II, xxiii, 13 ff., described as *uiles* in line 9 above; and in that case she is not the same as, but contrasted with, the *fallax domina* mentioned here in line 16. The *fallax domina* for her part is no doubt of the sort described in II, xxiii, 3–12 and 19–20.

11. modo: either (1) 'sometimes'; in which case either some sentence including another *modo* or word of equivalent value has preceded, or the conjecture *interdum* for *iratum* will be required in line 13 below. Or (2) 'only', going with all that follows; for *modo* in this sense thus positioned cf. Ov. *Tr.* II, 527–8 (if the text there is right).

11–14. A list of presents which the woman asks for.

pauonis caudae flabella superbae: a fan (*flabellum*) made of the tail feathers of a peacock. *superbae* probably goes with *caudae*; but Martial (XIV, lxvii, 2) and Ovid (*Am.* II, vi, 55) both treat as feminine the *ales* which owns this spectacular tail.

12. et manibus dura frigus habere pila: literally 'and to cool her hands with a hard ball', i.e. 'and a ball wherewith to cool her hands'. This is all we know of this practice. Presumably such a ball, of any suitable substance, could be re-cooled periodically and would make an agreeable toy in hot weather. [An attractive conjecture is *durae...pilae*.]

13. cupit: 'the fancy takes her to'.

iratum: if right, this must be proleptic, 'to my vexation'; but it is strange if so, and the emendation *interdum* has been proposed and would suit well with *modo* in line 11. (For the sequence *modo...interdum...* cf. for instance I, iii, 41–3.)

talos...eburnos: the *tali* (originally knuckle-bones) are a kind of dice, four-sided oblongs, with numbers on the four long sides only.

14. Sacra...Via: the busy street in the centre of Rome, for which see II, xxiii, 15 above and note.

uilia dona: the presents mentioned are trifles, not expensive items like the jewels and purple stuff which are being asked for in (e.g.) II, xvi, 17–18.

15. a peream, si...: cf. for the formula II, xxi, 9 above *dispeream, si...*; it marks a brisk negation.

15–16. sed me...iocum: as far as the words go, the *fallax domina* might be the same as, or different from, the person requiring the *dispendia* (= the *uilia dona* of 14); i.e. the point might be either (1) 'it's not what she asks me to spend on these trifles that I mind about; it's the way she bamboozles me', or (2) 'to buy these trifles for this sort of woman is nothing that I mind about; it's being bamboozled by the other sort that I can stand no longer'. Of these alternatives the second seems much the more likely; for a *domina* (cf. II, xvi, 17–18, II, xxiii, 11, etc.)

is sure to be an expensive person and so likely to be contrasted with anyone who wants *uilia dona*.

As the piece stands it is a fragment. If one asks its context, there are three main possibilities to be considered. (1) It is the end of an elegy of which 1–10 are the beginning, some lines having been lost between 10 and 11. (2) It is the end of a separate piece (of uncertain length) of which the opening lines have been lost. (3) It is a block of lines which has fallen out from between lines 20 and 21 of elegy xxiii, in which position it would stand very well, with *interdum* for *iratum* in 13 and the whole of 11–13 read as a question (giving the sense 'and what if... ?'); or as a statement, with *haec* for *et* and *modo* = 'only' in line 11. The subject of 11–14 would then be the *haec* of II, xxiii, 17. It will be noted, however, that one is conscious of no omission between lines 20 and 21 of elegy xxiii as things now are. Likewise, the unit 1–10 (=XXA) seems concluded as it stands. So perhaps (2) is the most likely of the three hypotheses above.

XXIVC

These lines (II, xxiv, 17–52 in the MSS) certainly constitute a separate elegy, complete and self-contained, and having no relation to the content of 1–10 or 11–16. This elegy is addressed to a woman of the kind supposed to be repudiated in elegy xxiii, and resembles the following elegy xxv in showing the poet as rebuffed but affirming his own eternal fidelity to the woman addressed. The parts of the poem are as follows. 17–22 he has been rejected; 23–46 he compares himself with the successful rival and reminds the woman that infidelity in men is the rule; 47–52 she should choose a man who will be faithful to death, himself. It is not clear whether the woman addressed is supposed to be Cynthia; lines 41–2 suggest a rather recent acquaintance.

17. hoc erat...quod... ?: 'was it for this that... ?' or 'was it this that you meant by... ?'; the syntax of this expression has been variously analysed; for the expression itself cf. Virg. *Aen.* II, 664 *hoc erat, alma parens, quod me per tela, per ignes eripis?* (Aeneas speaks in a moment of despair.)

in primis: it is surely inevitable to take this with *hoc*, in the sense 'this of all things'; the real English equivalent is an indignant emphasis on *hoc* = 'was it for *this*... ?'.

19. una aut altera: 'one or two' as we say; cf. II, xxxii, 29 below *sin...nox una aut altera*; Cic. *Mur.* 43 *neque in uno aut altero animaduersum est sed iam in pluribus.*

20. grauis: 'unwelcome', as a tiresome imposition.

22. pennas...uertit: 'has flown (away)'; the phrase is formed by the poet on the model of *terga uertere.*

23. contendat, etc.: the subject is the new favourite, *iste proteruus* of line 30 below.

24. una discat amare domo: i.e. 'and learn to be no roving lover'. For the special use of *domo* here cf. II, xvi, 22 above and note.

25–6. Labours of Hercules, to fight the monstrous water-snake of Lerna near Argos, and fetch the golden apples of the Hesperides from the garden in the far west where they were guarded by a serpent (*draco*).

ad: an evidently colloquial use of *ad* = *aduersus*, for which I know no literary parallel; but cf. CIL IV, 1989. FIILIX AD URSOS PUGNABIT (a Pompeian advertisement for a show). Propertius has at III, iv, 1 *arma...Caesar...meditatur ad Indos,* and at IV, ix, 40 *numquam ad uastas irrita tela feras,* but in these the use of *ad* is not necessarily the same as here, though it may be.

28. deneget: 'refuse', as in *denegare aliquid alicui.*

esse miser: 'to suffer'.

30. iam: 'soon'.

tibi...erit: 'you'll find that he is...'.

de timidis: one of the class of cowards, and so 'just another coward'.

proteruus: said of insolent and aggressive demeanour; ? 'saucy', or 'bold', or 'braggart'.

31. qui nunc se in tumidum iactando uenit honorem: i.e. *se iactando uenit in tumidum honorem* = 'who by his bragging has got to the proud position which now he vaunts'.

tumidus means 'puffed up' and so 'proud', and applies properly to the *person* so affected; it is transferred here to *honorem* as being that which so affects him. For the involved word order cf. (for instance) III, iv, 18 *et subter captos arma sedere duces*; IV, viii, 31 *altera Tarpeios est inter Teia lucos.*

33. aetas...tota Sibyllae: the Sibyl was destined to live a thousand years; cf. II, ii, 16 above. Her story has features in common with those of Tithonus (II, xviii, 7 above), and Sinope (on II, xvi, 54 above); see Ov. *Met.* XIV, 132 ff.

34. Alcidae: i.e. of Hercules, called *Alcides* as (allegedly) grandson of Alceus.

niger ille dies: the day of death.

35. tu mea compones et dices...: with *mea* we have to supply *ossa* from the direct speech which follows. This abnormality of construction is said to be without known parallel: but it causes no difficulty in reading. *compones* implies both 'gather', and 'lay to rest' in the tomb.

38. non ita diues eras: for this common use of *non ita* cf. (for instance) Hor. *Sat.* II, vi, 1 *modus agri non ita magni.* It can be rendered according to context 'not (so) very', 'far from', 'by no means', etc. [*non ita* here is a correction of the reading *nauita* given by the MSS. In some MSS the word NAUTA is attached to Propertius' name, either as cognomen or as description, apparently on the strength of the tradition's corrupt reading in this line.]

39. iniuria: cruelty, committed especially by excluding him or admitting another man (for which special sense cf. IV, viii, 27).

41. periisse: 'have been consumed with love'.

43. paruo...spatio: the ablative of duration, as in II, xiv, 28 above *tota nocte receptus amans*; cf. also in prose Caes. *B.G.* III, lix, 1 *qui principatum multis annis obtinuerat...* etc.

Minoida: Minos' daughter, Ariadne, who showed Theseus how to escape from the labyrinth, and fled with him but was deserted by him on Naxos.

44. Phyllida: this Phyllis was daughter of a king of Thrace, with whom Theseus' son Demophoon had an affair on his way home from the Trojan war. He went on to Athens, promising to return; when he did not return, and she gave up hoping, she killed herself in despair.

45. iam tibi...nota est: this corresponds to *iam nosti...* which is used in colloquial Latin just in the way in which we say 'you know' (such-and-such a place or person, without having to describe or explain).

Iasonia...carina: this has been taken in several ways. Perhaps (1) there is a (very difficult) zeugma, and the sense of an appropriate participle (e.g. *auecta* = 'who sailed away from home on') has to be supplied out of *relicta* in the following line; cf. on II, xxiv, 4 above. Or (2) *Iasonia carina* is taken as ablative of agent or instrument with *relicta*, giving the total result 'who was left forlorn by Jason's (departing) ship and the man (i.e.

Jason) whom she had saved not long before'. In the latter case we have to suppose that the poet's imagination fuses the story of Jason and Medea with one of the several stories in which the man (Theseus, Demophoon, Aeneas, etc.) does sail away from the woman he is deserting; for Jason's desertion of Medea actually took place in other circumstances. Such a process is not impossible; for cf. above on II, i, 61, II, iii, 51 ff., II, xxi, 13, and III, xii, 31 where *Aeaeae...puellae* is said of Calypso though *Aeaea* is really Circe's island. Or (3) the sense is 'you know *from the tale of Argo* about Medea, how she was left forlorn, etc.'. (*uiro* presumably is dative of personal agent.)

47. He now turns from argument to complaint and entreaty. **dura est quae...**: 'she is a heartless woman who...'.

48. plus uni: 'for more than one man'; this adverbial *plus* with ellipse of *quam* is regular, as in Cic. *Sest.* 85 *plus uiginti uulneribus acceptis* and many similar examples.

si qua...: i.e. 'any who...', parallel to *quae* in 47.

parare: i.e. make herself beautiful.

49. noli conferre, etc.: as object supply *me*, or 'the kind of person' who is subject of the next line. *conferre* here = 'compare with'.

50. uix uenit...qui...: 'he is not often to be found, the man (i.e. the lover) who...'. *uenit* in this phrase is evidently colloquial idiom, as in Juv. VII, 184–5 *ueniet qui fercula docte componat*, etc., where the sense is 'there will be (or, have to be) a man to...'.

extremo qui legat ossa die: 'who will gather up your ashes (bones) at the end'; i.e. collect the remains after cremation on the pyre and place them in the funerary urn.

51. hi tibi nos erimus: 'such a one (or, that man) will I be to you'; i.e. faithful to her life's end, as indicated in the preceding line. The plural *hi*... is due to the conventional plural *nos* = 'I'.

sed tu potius, etc.: having said that he will be loyal to her until she dies, he goes on to wish that she instead may outlive him, and regret him. (For the fifth foot broken –|⏑⏑ cf. II, xxiii, 15.)

XXV

Reflections on his lasting devotion, despite various discouragements. The parts of the elegy are as follows. 1–10 though his love is pain, he will praise her and love her always; 11–20 he is in agony but he will, indeed must, persevere; 21–38 as for the lucky lover who is in favour, let him beware women's fickleness and be modest; it is the times that favour him against the poet; 39–48 and as for those who advise dividing one's affections between several women, they are only inviting worse trouble. In this, the poet appears to apostrophize successively the woman, himself, a fortunate lover addressed without apparent rancour, and some counsellors or followers of a different way. For these changes of apostrophe cf. on elegy viii above. For the change of mood that will probably be felt at line 11 cf. on elegy xiii above. (It is clear from the leisurely movement of 5–10 that 1–10 do not constitute a separate piece, and so that they belong with what follows in 11–48.)

As with elegy xxiv it is not made clear whether the woman addressed (in 1–10) is supposed to be Cynthia. But it seems likely that she is, and that the poet is returning to his allegiance after an aberration such as that implied in elegies xxii and xxiii. The spreading of the affections rejected in 39–48 was commended by the poet himself in xxii A above.

1. nata meo...dolori: 'born to be my torment'.

unica: this (I think) colours *all* the terms in the sentence, adverbially ('above all women') or adjectivally ('incomparable', 'my only...', etc.).

2. quoniam: explaining *meo...dolori* in the previous line.

excludit quoniam sors mea saepe 'ueni': i.e. his luck all too often denies him the satisfaction of hearing her say 'come'; with '*ueni*' cf. 33 below *quamuis te persaepe uocet*, and III, xxiii, 15 *aut dixit: 'uenies hodie'*, etc.

[An alternative version of the line runs *excludi quoniam sors mea saepe uenit*, giving *excludi* the sense it very often has in reference to lovers of being 'shut out', and *sors uenit* the sense 'my lot falls out' = 'it falls to my lot', or 'my turn comes round'.]

3. notissima: the sense must be 'famed above all', rather than 'famed far and wide', for otherwise the apology in the next line would not be needed.

4. Calue...Catulle...: Calvus and Catullus, with their heroines Quintilia and Lesbia, are alluded to again at II, xxxiv, 87–90 below. These are love-poets of the last generation; Catullus died, young, within a few years of Propertius' birth.

tua uenia, pace...tua: the two phrases are hardly distinguishable in meaning: 'if you will forgive me', or 'by your leave'.

5. **secubat:** the meaning seems to be 'rests (*cubat*) in retirement (*se*-)'.

6. **negant ducere:** 'no longer consent to draw...'.

7. **putris:** i.e. whose timbers are rotten with age.

uacua...harena: 'on the empty beach' as opposed to the busy harbour, etc. But *uacua* also lends to the whole sentence the associations of *uacuus* in another common sense, 'at ease'; cf. *uacat* in the next line.

8. **et uetus in templo bellica parma uacat:** 'and the soldier's shield after long service is at peace in the temple', where it hangs on wall or column, dedicated as an offering by its former owner on his retirement.

9. **deducet:** said regularly of inducing someone to depart from an allegiance, conviction, duty, etc.

10. **siue ego Tithonus siue ego Nestor ero:** 'though I live to be as old as Tithonus, as old as Nestor'. Tithonus (cf. II, xviii, 7 above) was immortal though not ageless; Nestor (II, xiii, 46) lived three times the normal human span. This passage again illustrates the fact that Propertius uses mythology with an eye to general effect and without much concern for detail; for him here Tithonus and Nestor simply symbolize length of days and he does not think or want us to think of the detail of their respective stories: otherwise the order in which they are named would make an anti-climax.

11–20. Here the poet ceases to apostrophize the woman and speaks to himself or to the world at large.

11. **nonne fuit satius...:** 'would it not be better (i.e. more endurable) to...?'. The construction (for which cf. Virg. *Ec.* II, 14) is the familiar one with *potui, debui, oportuit,* etc., of that which might or ought to be but is not.

12. **in tauro...Perille, tuo:** Perillus was the artisan who designed and made for Phalaris, tyrant of Agrigentum, the famous brazen bull in which malefactors could be roasted and thus cause the bull to seem to bellow; he was himself the first to perish in this contraption.

13. **obdurescere:** i.e. be turned to stone (by the sight of the Gorgon's visage).

14. **etiam:** not closely with *si*, but making connection with what has gone before, 'or even...'.

si pateremur: 'to be tormented by...'. The *si*-clause is an alternative form of construction to the infinitives of the preceding three lines; just as one might say either *minus molestum esset pati* or *minus molestum esset si paterer*. The first person plural stands here for the singular ('I'), perhaps with some implication that the speaker's torments are shared by lovers in general.

Caucasias...auis: the vultures which fed on Prometheus' vitals as he hung chained to the rock face on Mount Caucasus.

15. obsistam: 'will not give in'.

mucro: evidently a metonymy for 'sword', as often, and not with special reference to the point.

16. ferreus: the adjective is not really pendant, though syntax is complete with *mucro* in the previous line, because the *substance*, iron, is the subject of thought.

paruo...liquore: i.e. dripping water.

17. crimine: 'offence'; perhaps including 'unjust complaints' (for cf. the next line), but not confined to these.

[*crimine* here is a conjecture: the MSS have *sub limine* and the like. *limine* might refer to waiting outside the mistress' door, etc., but this seems unlikely with *teritur* and *sub*; while *crimine* exactly suits the list of *wrongs* which follow.]

20. inuitis ipse redit pedibus: an inversion of the commoner idea of the feet carrying a man back of *their* own accord, against *his* will; for which cf. Tib. II, vi, 13–14 *iuraui quotiens rediturum ad limina numquam! cum bene iuraui, pes tamen ipse* (of its own accord) *redit*.

21. tu quoque...: a formula when turning to another: here 'and you...', rather than 'you too,...'.

qui pleno fastus assumis amore: (?) 'who put on airs because your love is feasted full'. It is hard to judge the exact value of *pleno* with *amore*; but cf. Hor. *Ep.* I, XX, 8 *plenus... amator*.

22. pondus habet: 'can be relied on'.

24. cum saepe in portu fracta carina natet: 'when (i.e. seeing that) sometimes even in port floats wreckage that was once a ship', i.e. a ship may come to grief even in port. *natare* is said of a ship afloat in the ordinary way (e.g. Virg. *Aen.* IV, 398 *natat uncta carina*), but Propertius here has floating wreckage in mind, as at IV, i, 116 *et natat exuuiis Graecia pressa suis*.

26. septima...rota: i.e. his wheels (*rota* being poetic singular for plural) for the seventh time (the adjective *septima* being used here adverbially). Seven laps in the chariot-race were regular; cf. Varro in Aul. Gell. III, x, 16.

metam triuerit: the *meta* is a turning post in the circus, and *triuerit* is said because the charioteer aims to round it as closely as he can.

ante: after *prius* this is strictly superfluous, as if one said in English 'before first doing such-and-such'. This type of pleonasm is not uncommon, in everyday Latin especially; cf. many examples in Kühner–Stegmann 2 (ii), p. 574, and Virg. *Aen.* IV, 24–7 *uel tellus optem prius ima dehiscat...ante, pudor, quam te uiolo.*

[The conjecture *arte* is easy, but would blur the point of the illustration, to which the skill of the charioteer is not relevant.]

27. mendaces ludunt flatus in amore secundi: 'in love fair winds are cheats and mockers'.

28. si qua uenit sero, magna ruina uenit: i.e. *siqua ruina sero uenit, magna uenit* = 'the fall that comes late is a heavy fall'.

29–34. In 21–8 the person addressed seems to be a *rival*; here one begins to wonder whether it is simply some luckier lover, not necessarily of the same woman. However, in Tib. I, v, 69 ff. (*at tu qui potior nunc es...*) it is certainly a rival.

29. interea: i.e. while all goes well, as at present.

tamen: as used here *tamen* does not make a contrast with what has gone immediately before, but with something in the context. The thought is: 'though you may feel like boasting, be sure nevertheless to keep your exultation locked up in your own heart'. Cf. III, xix, 27 for another example of this use of *tamen.* (Or one may simply regard this *tamen* as anticipating the following *quamuis*.)

30. in tacito cohibe gaudia clausa sinu: a variant of a colloquial phrase *in sinu gaudere,* found at Cic. *T.D.* III, 51, Sen. *Ep.* CV, 3, [Tib.] III, xix, 8 = IV, xiii, 8. It means to keep one's delight to oneself, the *sinus* being the fold of the toga across the breast, which the Romans used as a private receptacle. Ovid at *Trist.* IV, v, 17 has *intra tua pectora gaude.*

31. [**uiro:** this is a conjecture. The MSS have *suo,* which is variously explained as = *secundo,* or as an emphatic pleonasm. But neither the latter usage nor the former would seem to yield any *useful* value in this context.]

maxima: 'loud' (i.e. boastful). For the superlative, which means little more than *magna,* cf. Val. Fl. VII, 557 *tum maxima* *quisque dicta dedit*; Prop. IV, i, 1 *maxima Roma* (= great Rome). For the meaning of *magna uerba* cf. Tib. II, vi, 11–12 *magna loquor; sed magnifice mihi magna locuto excutiunt clausae fortia uerba fores.*

34. **inuidiam:** i.e. the jealousy of others.

35. **at si saecla forent antiquis grata puellis:** (?) 'but if the manners that the heroines of old approved were still in vogue today', or 'but if manners now were such (manners) as the heroines of old approved'.

saeculum embraces in its meaning both 'age' or 'generation' and the ways of behaving characteristic thereof; the plural in this sense is seen in *Cons. Liv.* 45 *tenuisse animum contra sua saecula rectum*, and Hor. *Od.* III, vi, 18 *fecunda culpae saecula.*

36. **tempore uincor ego:** either (1) 'it is time's doing that you have the advantage over me'; or (2) 'it is the times that defeat me'.

37. **ista saecula:** 'these modern ways (or, times)'; with the implication of contempt often carried by *iste*, and also the implication 'congenial to you'.

38. **nouerit ire:** 'every man must go the way of his own choosing'; only a little more than a periphrasis for *eat*, but adding perhaps some sense of purpose or ability; cf. II, xxviii, 13 *non nostis parcere uerbis.*

39. Here he turns from the fortunate lover to apostrophize a set of people who practise or recommend promiscuity, as preferable to the absorbing passion which has been earlier described as producing such sharp discomfort. With this section contrast elegy xxii A above.

officia: 'attentions' of an erotic kind; cf. II, xxii, 24.

reuocatis: either 'direct (your attentions)' or 'tell me to direct (my attentions)', according as one supposes that the people addressed are merely followers of another way or that they have been pressing advice on the speaker.

40. **sic:** i.e. if the practice just referred to is followed.

nostra: i.e. of us men. The poet surely is speaking from his own experience: cf. II, xxii, 1–2.

[Most editors prefer to read *uestra* here and keep *uidistis* in the following lines 41–4. See note below on 41.]

41. **pleno teneram candore puellam:** i.e. a pretty woman with a fair skin and a blooming complexion. *tenera* said of a woman may sometimes mean 'amorous', but sometimes indicates

an attractive fragility and has (I think) a value very near to that of our 'pretty'. *candor* refers to fair complexion (prized especially where darker complexions are the rule), with a reminder that the coloration in question is not dull but warm.

42. uidisti...ducit...: the construction is of the type exemplified in Virg. *Georg.* II, 519 *uenit hiems : teritur*, etc., two main sentences being juxtaposed (parataxis) where more commonly there would be a main sentence preceded by a subordinate clause. The effect is 'suppose one has seen...' etc.; but it is simplest in English to use the present tense and a connective: 'one sees...; and...'. The second person singular in *uidisti* has the value of our impersonal 'one'; cf. *tuis* in 47 below and II, xxvii, 10, and *te* in II, xxiii, 17. It is commonest in 'ideal' subjunctive; but cf. too Plaut. *Truc.* 768 *si stimulos pugnis caedis, plus dolet*, and II, iv, 19 above. [*uidisti* in 41–4 is conjecture: the tradition has *uidistis*. The conjecture saves the tradition's *nostra* in 40 and conforms to *tuis* in 47; cf. also *app. crit.* on II, ix, 21, II, xvi, 49, II, xviii, 3. See, too, however, note on 40 above.]

ducit: i.e. is attractive or alluring.

43. quandam: perhaps simply 'one woman', or perhaps 'so-and-so'; cf. II, xviii, 31.

Argiua: a poetic variant for 'Greek', like *Dorica* in II, viii, 32.

prodire: said of going out-of-doors, and otherwise appearing in public; so perhaps here with the sense of flaunting or showing off.

figura: said both of features and of figure.

43–4. uidisti quandam...rapit: 'you see so-and-so show off her Grecian profile; and you see Italian girls: and both styles of beauty send you into raptures'.

45. illaque: here *illa* points to an imaginary example, as does *ille* in Virg. *Georg.* III, 120 *quamuis saepe fuga uersos ille egerit hostis*, etc.

45–6. illaque...uia est: 'and a girl may be dressed cheaply or in scarlet; either way, you get smitten just as hard'.

plebeio...amictu: probably referring to colour, and meaning stuff neither whitened nor gaily dyed; see *pullus* in L. & S.

47. tuis: 'one's'; cf. II, xxiii, 17, II, xxvii, 10, etc.

48. sat est...multa mala: (?) 'is trouble enough'. The phrase *multa mala* has been met with also at II, xxii, 2 above, and is evidently a colloquialism with some special flavour which is lost to us.

[*sat est* is a conjecture: the tradition has *sit et*. One cannot decide between the two without knowing more of how *multa mala* was used in everyday speech.]

XXVI

The manuscripts present the whole of lines 1–58 as a single piece, except that the best of them (*N*) begins a new elegy at line 29. Lines 1–20 are obviously a separate elegy. For reasons explained below, it is here assumed that lines 21–8 and 29–58 are also separate elegies. The three units are printed accordingly as XXVI A, B and C.

XXVI A

A dream, in which the poet seems to see his mistress drowning in the sea and awakes in terror. He describes the scene with his own emotions as commentary.

1. **uidi...in somnis:** the phrase *in somnis* is regular for 'in a dream'.

2. **ducere...manus:** of the motions of a swimmer.

Ionio...rore: *ros* is sometimes simply a poetic metonymy for water, but here no doubt it suggests also the foam and spray of the waves, as with Galatea's *rorantis...equos* at III, ii, 8. That the sea is specified, in this case as the Ionian sea, is in accordance with poetic practice and lends more reality to the scene. (One is not bound to associate the poem with I, viii, in which Cynthia is supposed to be about to sail for Illyria.)

3. **et quaecumque in me fueras mentita fateri:** remorse, at the point of death, for wrongs committed in life. (If there is here reflected a belief that the retraction of falsehoods, in particular, is induced by shipwreck and impending death, this may throw light on III, xxiv, 12 *naufragus Aegaea...aqua*.)

fueras: here for *eras*.

4. **nec iam umore grauis tollere posse comas:** expressive detail, and a singular working of the poet's imagination.

5. **qualem...Hellen:** for the irrational construction cf. Virg. *Aen.* XI, 67–8 *hic iuuenem agresti sublimem stramine ponunt, qualem uirgineo demessum pollice florem...*

purpureis...fluctibus: cf. Virg. *Georg.* IV, 372–3 *Eridanus, quo non alius per pinguia culta in mare purpureum uiolentior* *effluit amnis*; Cic. *Ac.* II, 105 *mare illud quod nunc Fauonio nascente purpureum uidetur...modo caeruleum uidebatur, mane flauum.* The epithet thus describes the colour of the Mediterranean when moderately agitated.

Hellen: Helle was daughter of Athamas, King of Thebes; she was persecuted by her cruel stepmother Ino and fled with her brother Phrixus, riding the magic golden ram, from which she fell while passing over the strait now called Hellespont after her. (It may be that Propertius here has in mind a painting of this famous scene from mythology.)

6. aurea...ouis: the beast is here made feminine, as by Ovid at *Her.* XVIII, 144. It was a ram in the legend. Cf. on II, xxiv, 11 above. These apparently inappropriate genders are more likely due to some conventional licence in talking of animals than to ignorance or indifference on the poets' part.

tergore: from *tergus*, which commonly means 'hide', but which also, like *tergum*, = 'back' as well.

7. ne forte tuum mare nomen haberet: i.e. lest a sea be called after her as the Hellespont was called after Helle, because she had fallen into it and been drowned.

8. teque: the MSS here have *atque*, but the conjecture *teque* achieves a great improvement at the cost of a negligible change. (Unelided *atque* is in fact rare in the elegiac poets; though Propertius has a clear example at IV, ii, 52. On this subject see Platnauer, *L.E.V.*, pp. 78 ff.)

labens: as his ship glides through the waters that bear her name.

9. cum Castore fratri: i.e. *Castori et fratri eius.* Castor and his twin Pollux were patrons of sailors and prayed to by them for help in dangers at sea.

10. quaeque tibi excepi, etc.: with this, and with *quae... quae...* in the preceding line, supply *uota.* The usual verb with *uota* is *suscipere*, and *excepi* evidently is used in the same way here (though I can find no example in *Th.L.L.*). Propertius tends to favour unusual uses of compounds.

iam dea, Leucothoe: Ino, the persecutress of Phrixus and Helle, was attacked by her husband Athamas, whom Juno had driven mad, and in trying to escape him leapt into the sea; she was turned into a sea-goddess under the name *Leucothea* (here *Leucothoe*), in which role she had a benevolent character. Thus *iam dea* here means 'now become a goddess'.

11. uix primas...palmas: strictly this would mean only the extremities of her hands, but this need not be pressed, and the hands themselves can be viewed as extremities; what is said is that she can *hardly lift* her hands *clear* of the water.

12. meum nomen iam peritura uocas: either for help, or in remorse.

13. Glaucus: a sea-god, once a fisherman, who ate a magic herb and was made immortal by it; the tale of his wooing of Scylla is told in Ov. *Met.* XIII, 900 ff. The idea here is that if he had spied the woman in this story he would have fallen in love with her and have given her the same herb by which he had been rendered immortal himself.

14. Ionii...puella maris: i.e. a sea-nymph.

15. increpitarent: 'would reproach you' or 'would say spiteful things to you'; *increpito* = 'taunt', 'jeer at', etc., and usually has an accusative after it.

16. Nesaee...Cymothoe: names of Nereids in Hom. *Il.* XVIII, 40–1.

18. Arioniam...lyram: 'Arion and his lyre'. This celebrated poet and musician was driven to throw himself into the sea by sailors whose passenger he was, for the sake of his money. He was said to have been saved by a dolphin, which took him on its back and brought him safe ashore at Taenarum.

19. conabar: 'I was on the point of', or perhaps, 'was nerving myself to'; cf. on II, xix, 27 above.

20. mihi discussit talia uisa metus: i.e. the fright woke him up.

19–20. Some readers feel it odd that the poet should not have jumped sooner to assist his beloved; or that he should jump now, and feel fear (20 *metus*), when the dolphin is hastening to her aid. Some infer that we are to suppose that he is shamed by the dolphin's greater promptitude; or that he is actually jealous of the dolphin. There may be something in these latter thoughts. But (other considerations apart) this is after all a dream, and all that is told us in the whole piece may describe an instantaneous impression.

XXVIB

These eight lines appear to constitute a separate and self-contained piece. The poet is again in favour, and exultant; poetry and devotion have prevailed over money.

21. nunc: with emphasis, in the manner of one triumphant after long effort, or contrary to the predictions of others.

admirentur: the subject is a general 'they'.

22. et...dicar: parallel to *admirentur*, rather than to *seruiat*.

23. non, si Cambysae redeant et munera Croesi...: 'not though it should earn her the gifts of a Cambyses or a Croesus...'. Here *redeant* must surely mean 'come in as income' (as in *reditus*), rather than 'come back again' (i.e. the days of such legendary opulence return); cf. Ov. *Am.* I, x, 41 *turpe tori reditu census augere paternos*; and, for the verb, Mart. IV, xxxvii, 5 *ex pecore redeunt ter ducena Parmensi*; Stat. *Silu.* II, vi, 67–8 *et qua tibi cumque beato larga redit Fortuna sinu* (of the yield of a man's widespread properties). For the construction cf. II, xxii, 33 *classis poterant uel perdere muros*; it is a variety of the construction called ἀπὸ κοινοῦ. For the combination *Cambysae...Croesi* cf. Juv. XIV, 328 *nec Croesi fortuna...nec Persica regna*.

[*munera* is a conjecture: the MSS have *flumina*, which with *Croesi* is good, as a reference to the gold-bearing river Pactolus, but seems to jar with *Cambysae*: yet might it be Propertian?]

25. beatos: rich men.

26. tam sancte...colit: 'honours so reverently'. *sancte colere* is a regular expression for reverent or scrupulous respect for holy things.

28. qui dare multa potest, multa et amare potest: 'one who has many gifts to give may also have many loves'; the second *potest* is ambiguous, meaning either 'he is able to have' or 'it is possible that he has (or, will have)'; either meaning places the defects of this man in contrast with the advantages (cf. 27 *prodest*) offered to the woman, as well as to the poet, by the latter's faithful devotion. In the construction *multa... amare* the verb may be transitive and the neuter pl. a (generic) substantive (as in I, xiii, 12 *noua quaerendo*); or the verb may be intransitive ('play the lover') and the neuter pl. adverbial, as in the Virgilian *multa reluctanti, haud multa moratus*, etc.

XXVI C

These lines (29–58) appear to be a self-contained and separate elegy. But the MSS present a problem in their opening word *seu*, which lacks here he alternative which it normally requires. There are three possible solutions of this problem. (1) *seu* here means 'even if'; in support of which view Tib. I, vi, 21–2 is quoted: *exibit quam saepe, time, seu uisere dicet sacra Bonae maribus non adeunda Deae*. But whatever the meaning of *seu* in this passage it is no parallel to ours, for in ours *seu* has no preceding words to rest on. (2) There is a lacuna before line 29. This is always possible. (3) *seu* is a corruption, e.g. of *heu*. None of these hypotheses makes it necessary or probable that 21–8 and 29–58 should be parts of the same elegy. And as 29–58 seem, but for the problem of *seu*, to be a whole as they stand, hypothesis (3) is adopted here. With the opening cf. III, xxi, 1, and Ov. *Am.* II, xi, 7.

The poet imagines himself braving many perils to accompany his mistress on a voyage; even shipwreck will not deter him, if it does not separate them; but surely the gods concerned will be kind to lovers; and if he dies with her, it will be no unworthy end.

29. Heu: for *heu* beginning a sentence cf. I, iv, 22, Tib. I, iv, 58, Ov. *Her.* II, 48.

[*heu* and *cogitat* are conjectures: the MSS have *seu* and *cogitet*.]

30. hanc: this illustrates the use of the demonstrative where we should use an unemphatic pronoun.

fidos: 'true lovers', the adjective corresponding to *fides* = a union based on mutual devotion.

31–4. Sometimes the ship anchors for the night and they sleep on shore (31–2); sometimes (33–4) they sleep on shipboard.

31–2. unum litus erit sopitis unaque tecto arbor: *litus* and *arbor* together provide their *tectum* = 'quarters'; and the *arbor* provides their *tectum* = 'roof', in the strict sense. [But the conjecture *positis torus* for *sopitis* is persuasive, making a good balance in the sentence.]

33. componere: i.e. provide a bed where they can lie close together; *componere sese* is to lay oneself down (on a couch, etc.); and cf. also II, ii, 11–12 *Mercurio...composuisse latus*.

34. prora cubile mihi seu mihi puppis erit: here *seu* or *siue* is to be supplied with *prora cubile mihi* from the following *seu mihi puppis erit*; cf. Catull. IV, 19 *laeua siue dextera uocaret aura*; Hor. *Od.* I, iii, 16 *tollere seu ponere uult freta*; and other examples.

36. in incertum: 'at random'; or 'we know not where'.

38. et Danaum Euboico litore mille ratis: alluding to the wrecking of the Greek armada on the return from Troy by Nauplius, who lit beacons to lure them on the rocks of Caphareus (a promontory of Euboea) in revenge for the death of his son Palamedes, whose conviction for treachery Ulysses had procured by means of manufactured evidence.

39. duo litora: the reference is to the Symplegades or Clashing Rocks through which the Argo sailed after a dove had been sent experimentally to fly through them first; the story is in Apollonius Rhodius II, 324 ff. and 549 ff. According to Apollodorus I, ix, 22 they were moved by winds. *litora* is an unexpected metonymy here for these rocks, much as if one said 'coasts'; it perhaps recalls the identification of the Clashing Rocks with a pair of *islands* off the entry to the Bosporus.

Argo: if this is in apposition to *ratis* (genitive), as it appears to be, Propertius is treating the proper name *Argo* as indeclinable; for according to the old grammarians the Latin genitive of *Argo* should be *Argūs*. If one does not want to attribute such temerity to the poet, one may either (1) emend to *Argūs*, or (2) suppose that *Argo* here is not the name of the ship but dative of *Argus*, who built it and was one of the Argonauts, though not the steersman.

40. ignoto...mari: the ablative is like that in II, xvii, 8 *toto monte*, and the sense no doubt 'over'.

41. illa meis tantum non umquam desit ocellis: the subjunctive has the value of a conditional sentence: 'if only she be always in my sight'.

42. incendat...licet: i.e. Jupiter may blast our ship with his lightning (for all I care).

43. certe: here *certe* = 'at least' (we shall still be together as the waves pitch us on the shore).

44. me licet unda ferat, te modo terra tegat: the same construction as in 41–2 but with the order of its members inverted: 'the waves may carry my body away (I do not care), if only *you* find burial on land'. *te...terra tegat* refers to burial; the omission of which was very terrible to the ancient mind.

45. tanto...amori: 'to a great love such as ours'.

non...crudelis: sc. *erit*.

46. fratri par in amore Ioui: 'no less a lover than his brother Jupiter'; Jupiter's amours being numerous and celebrated in mythology.

47. testis: sc. *est* or *erit*; and cf. II, xiii, 53. The story of Amymone attests both the amorousness of Neptune and his likely sympathy with lovers.

Amymone: daughter of Danaus, encountered and lain with by Poseidon (= Neptune) at Lerna in the Argolid, while she was in search of water, and rewarded by his making a spring (called *Amymone* after her) gush up where his trident had struck the ground. The story is in Hyginus *Fab.* 169.

latices dum ferret: for the subjunctive cf. Virg. *Georg.* IV, 457–9 *illa quidem, dum te fugeret per gramina praeceps, immanem ante pedes hydrum...non uidit in herba.* The effect is 'while trying to...', or 'in her desire to...'.

in aruis: at Ov. *Am.* I, x, 5 *siccis errauit in agris* (or *aruis*) is said of Amymone, according to the MSS; and this may correspond to Hyginus' phrase *in solitudine.* [Many editors, however, prefer the emendation *Argis* in both passages (for which plural form of the name Argos cf., for instance, Virg. *Aen.* VII, 286 *Inachiis...ab Argis*).]

49. iam deus amplexu uotum persoluit: the vow must be Amymone's, and the god is said to fulfil it by his embrace because he thus *causes* it to be fulfilled; presumably she had prayed for the god's help and accompanied her prayer by a vow which he could construe in this way.

49–50. at illi...urna profudit aquas: i.e. (?) she (*illi* is Amymone) returned with her golden urn full of water as a result of the miracle and so could pour water in plenty for those at home who were suffering for need of it. (But there may be an allusion to something in the legend that we do not know of.)

diuinas: 'god-given', 'miraculous'.

51. Borean...Orithyia: the wind-god Boreas carried off Orithyia, an Athenian princess. He, like Neptune, can thus sympathize with lovers.

crudelem...negauit: 'witnessed that Boreas is not unkind'.

52. hic deus...: for this syntax instead of an apposition and relative clause cf. III, vii, 23 *hoc iuuene amisso...* where the sense is 'the lad whose loss...', just as here it is 'the god who is conqueror of...'.

53. Scylla: the monster, in the cave in the rock opposite Charybdis, who attacks and devours mariners. The emphasis is '*even* Scylla...', etc.

53–4. nec umquam alternante uacans uasta Charybdis aqua: i.e. *et Charybdis, quae numquam uacat,* etc.: 'and Charybdis whose yawning maw spouts and swallows unceasingly' (literally, 'is never free from the coming and going of its water').

uasta (desolate, huge, wild) is said especially of deep or gaping chasms, etc. (e.g. Virg. *Aen.* VI, 237 *spelunca...uasto...immanis hiatu*).

[*uacans* here is a conjecture: the MSS have *uorans* which with *nec umquam* would contradict the known nature of Charybdis.]

56. Orion...Haedus: the constellation Orion and the stars in the constellation Auriga known as the *Haedi* (kids) rose in the autumn at the beginning of the stormy season, and hence heralded danger for seafarers. Note Ōrion here but Ŏrion in II, xvi, 51; and see note on II, xxxiv, 39.

purus...erit: i.e. 'will shine in a clear sky'.

57. quod mihi si ponenda...sit uita: 'but if it should be my lot to die...'; for *ponere uitam* = 'die' cf. above II, xvi, 3 *non potuit saxo uitam posuisse Cerauno?*

tuo...corpore: 'with you beside me' or 'in your arms'; the context makes it certain that this is the meaning, strange though the use of the unassisted ablative may seem; another free use of the local ablative is seen in II, ii, 11 above *Boebeidos undis* = 'by the waters of...', and cf. I, xiv, 1 *abiectus Tiberina...unda* = 'at ease beside the...'.

58. non inhonestus: a meiosis, meaning 'will be glorious indeed'. The sentiment is a lover's extravagance, defying normal Roman feeling about death at sea.

nobis: this here = *mihi*; cf. preceding line.

XXVII

A reflection on the unpredictability of death and the perils to which human life is exposed leads to the thought that the lover is set apart from the rest of men, because his death can only come from love, a power stronger than death, and able not only to inflict it but to overcome it.

1. Et uos...?: the *et* gives a tone to the question which implies that mortals are not justified by the circumstances in hoping to know in what shape death will come to them: cf. Virg. *Aen.* VI, 806 *et dubitamus adhuc uirtutem extendere factis?*; Ov. *Am.* III, viii, 1 *et quisquam ingenuas etiam nunc suspicit artes?* For the elegy beginning with a conjunction cf. also II, x, 1 *sed...*, III, vii, 1 *ergo...*

[*Et* is a conjecture: the MSS tradition has *At*, which (standing thus as first word of the elegy) could hardly mean anything other than 'But it may be objected that...'.]

3. Phoenicum inuenta: neut. plural, in apposition to the whole process indicated in *quaeritis...caelo*, etc. The star-lore usually supposed to have been invented by the Phoenicians related to the study of the constellations for the purposes of navigation. Here astrology is in question. It may be the two ideas are merged in the poet's mind.

5. sequimur: 'set out for...' or 'are bound for...'.

6. et maris et terrae caeca pericla uiae: here *pericla uiae* form one concept 'the hazards of the journey (or, on the way)', and the other genitives *maris et terrae* then define this concept further, 'on land and on sea alike'. *caeca* (here 'unseen', not 'unseeing') is most easily taken as predicate, with *sunt* supplied in thought: 'the hazards...are hidden from us'.

7–8. rursus et...manus: 'and then too we weep because the fear of sudden war hangs over us, when (the war-god calls and) armies clash and struggle'. For *rursus et...* in an enumeration cf. I, iii, 41–3 *modo...rursus et...interdum...*

tumultu is dative, like *manu* at II, i, 66 above, and means a *sudden* outbreak of war or violence; and with it *obiectum...caput* means literally 'our life is exposed to...'.

miscet...manus suggests both the closing of the armies when battle is joined and the confusion of the melee.

dubias suggests danger, and suspense, and the vicissitudes of the battle.

9–10. flammam...ruinas...neu...: the accusatives and the *neu* can be construed after the idea 'we have to grieve (over)' or 'we weep for fear of' contained in the previous couplet; the sense then is 'fear of houses burning or falling, fear lest...'. [Some, however, suspect that a couplet, or more, has fallen out between 8 and 9.]

9. domibus flammam domibusque ruinas: the repetition of *domibus* is a 'figure', an artifice of diction; cf. Tib. II, v, 99–100 *et festas exstruet alte caespitibus mensas caespitibusque torum.* [Some, however, prefer to emend, e.g. *domibus flammam metuisque ruinas* = *metuis domibus flammam et ruinas.*]

10. pocula: (poetic plural) 'a draught'.

nigra: cf. Virg. *Aen.* IV, 514 *nigri...ueneni*; the poison is so described not because of its colour but because of its lethal effects (cf. II, xxiv, 34 above *niger ille dies*, etc.), and more especially because the corpse of a poisoned person was supposed to exhibit a black or grey colour, for which cf. Juv. I, 72 (of a woman who poisoned her husbands) *nigros efferre maritos*.

tuis: 'one's'; cf. II, xxv, 47 above.

11–12. a qua morte: here *a* is used of the inanimate agent, as in Cic. *Ac.* I, 29 (*ratio sempiterna:*) *nihil enim esse ualentius a quo intereat*. The continuity of hexameter and pentameter here is worth observing; cf. II, xxv, 17–18 *amor, qui restat...*; II, xxv, 15–16 *teritur robigine mucro ferreus...*

12. Boreae flabra...arma: storms and wars, as in 5–8 above. The immunity of the lover from ordinary perils, here supposed to be due to the fact that he will die of love, is elsewhere supposed to be due to love's protection, e.g. at III, xvi, 11 ff.

13. Here the poet's thought takes a new turn. The lover can die only of love, such is love's power. Indeed its power is such that it can bring a lover back from the dead also; an idea suggested earlier in I, xix, 12 *traicit et fati litora magnus amor*.

licet: 'though...'.

sub harundine: the river which the dead souls must cross is conceived as shallow near its banks, with rushes growing in the shallows; the ferryboat lies among these as it waits to begin the crossing. For a probably related use of *sub* cf. III, ix, 36 *tota sub exiguo flumine nostra mora est*. It may be that the rushes, and the river-banks, are conceived as standing higher than the boat's sides.

remex: the dead are conceived as rowing the ferry-boat themselves.

14. cernat: the simple verb of seeing is used where we should use a stronger verb or add an adverb ('look with terror on...', 'look undaunted on...', etc.); cf. I, i, 12 *uidere feras*; II, xxiii, 9 *cernere...uultum custodis amari*.

15. clamantis...aura puellae: *aura rumoris* and *aura famae* are said for the whispers of rumour; here surely the thought is of a distant voice (*clamantis*) reaching one faintly through the air, carried perhaps from afar by a breath of wind. In Hor. *Od.* II, viii, 23–4 *tua ne retardet aura maritos* the meaning of *aura* seems to be a compulsive influence (as of magic); and this sense too may be present here.

XXVIII

These 62 lines have all a common occasion, an illness of the poet's mistress. They are presented by the MSS as a single piece: except that *N* (an authority not indeed infallible in these matters, but always commanding consideration) presents two elegies, consisting respectively of lines 1–34 and of lines 35–62. It will be found that there is indeed a strong break or pause before line 35; and also that there are breaks or pauses, less strong but definite, before lines 47 and 59. The units thus distinguished can obviously be regarded as successive phases of a continuous story. At the same time, it is notable that the tone changes (from fancy to earnest) at line 35; and that *pairs* of elegies on similar situations have been encountered already in this book (e.g. viii and ix, xiv and xv). Hence the text here follows *N* in presenting two elegies, xxviii A and xxviii B, of which the latter is in three parts or phases.

XXVIII A

1–4 (inc. 33–4): the poet prays for the recovery of his mistress, stricken with an illness. 5–14: he fancies this must be a punishment sent from heaven for perjury or arrogance. 15–24: she must think of the legendary heroines whose temporary sufferings were gloriously compensated later. 25–30: but if she should die, she can be sure of a place in the other world among the famous beauties of myth and literature. 31–2: he urges her to be patient and submissive to fate: there may be a change for the better.

1. affectae: this may mean 'ill' or 'seriously ill' according to context.

33–4. hoc tibi uel...coniunx...puella perit: this couplet has been transposed to this position from that which it occupies in the MSS, as it is appropriate here but not there, while its displacement is easily explained by the homoeoteleuton *erit* 2/*perit* 34. The reference is to Juno's jealousy of Jupiter's amours with mortal women in mythology. *hoc* in 33 refers to the concern for this woman which the poet asks Jupiter to show in line 1.

34. frangitur: i.e. is moved to pity.

si qua puella perit: 'is dying'.

4. sicco...Cane: i.e. in the parching season of the Dog; the hottest time of the year, July–August, marked by the rising of the constellations called the Great and the Lesser Dog, with their brilliant stars Sirius and Procyon.

6. sanctos non habuisse deos: by 'not holding the gods in reverence' is meant here (1) the breaking of oaths sworn in the name of the gods, as appears from the following couplet; and (2) disrespect of goddesses due to the woman's presumptuous confidence in her own good looks, as appears from 9–14.

7. ante: here evidently this = 'in the past', and so 'of old'; cf. perhaps I, viii, 36.

9. collatam: sc. *eam* (or *te*) *esse*, referring to the woman who is ill.

peraeque: usually in conjunction with some case of *omnes* or a similar word and meaning 'equally' or 'alike'; here in fact the sense of *omnibus* has to be supplied.

10. prae se formosis: apparently, 'who surpass her in beauty'; cf. Sall. *Hist.* II, 64 *Saguntini fide...incluti prae mortalibus*.

inuidiosa: here 'jealous'; in II, xxxii, 46 below 'exciting indignation'.

11. contempta...Iunonis templa: the daughters of Proetus of Argos 'disparaged the image of Juno' according to Apollodorus II, ii, 2, and were driven mad; according to a scholium on *Odyssey* XV, 225 they 'made mock of the temple of Juno'. This story may have suggested the choice of the word *templa* in our present passage. But no doubt the story of the judgment of Paris was also somewhere in the poet's mind, to suggest the combination Venus (9), Juno (11), and Pallas (12). [Between the references to Venus' and Pallas' appearance one might expect the reference in Juno's case to be to her appearance too. Hence *templa* here (esp. after *contempta*) *may* be corrupt.]

Pelasgae: one of the epithets of Juno (= Hera), perhaps here standing for 'Argive' (cf. the Argive context of the allusion).

12. Palladis aut oculos ausa negare bonos?: with *ausa* supply *es*, the previous sentence (line 11) having had the value, though not the form, of a second-person statement. It appears that the colour of Minerva's eyes was thought unbecoming and derided by the other goddesses; cf. Hyg. *Fab.* 165 *Iuno et Venus cum eam irriderent quod...caesia erat*. The adjective *caesius* (grey-green) may be applied either to eyes or to a person whose eyes are of this colour.

14. hoc: the illness which is occasion of the elegy.

15–16. sed tibi uexatae per multa pericula uitae extremo ueniet mollior hora die: 'but for you this troubled life of yours will reach a happier hour at its evening end'. This sentence might theoretically be construed in a number of different ways. But we can safely assume that *uexatae* at the end of the line's first half agrees with *uitae* at the end of its second half, making rhyme with it as it does; that *per multa pericula* goes adverbially with *uexatae*; and that the complex *uexatae per multa pericula uitae* is a genitive depending on *hora*, possibly also on *die*. The phrase *extremo*...*die* at line II, xxiv, 50 above meant 'at your last (i.e. dying) day'; but here it evidently continues the metaphor of *hora* and means 'at the end of the day', just as *extremo anno* means 'at the end of the year' in Liv. II, lxiv, I, etc.

[*ueniet* here is a correction: the MSS tradition has *uenit*.]

17. Io: see on II, xxxiii, 4 below.

uersa caput: this does not mean that Io's transformation was confined to her head, but focuses attention on this aspect of it—the bovine features, horns, mooing, etc.

19. Ino: see on II, xxvi, 10 above.

21. Andromede: daughter of Cepheus, king of Ethiopia, and Cassiopea his wife. Cassiopea offended the gods by boasting of her own beauty, and Neptune sent a sea-dragon to ravage the country in consequence. An oracle declared that the only remedy was to offer Andromeda to the monster. She was rescued in the nick of time by Perseus, whose wife she became. It will be noticed that the other heroines listed are said to have been recompensed for their sufferings by being deified, or immortalized in constellation form, but that nothing similar is said about Andromeda, though she was in fact immortalized as a constellation. The reason for this is that the point being made in all this passage is that the heroines mentioned received, after much suffering, rich recompense, and the fact that they were all immortalized in one way or another is incidental.

Andromeda's name ends variously in -*ă* and in -*ē*.

deuota: promised as an offering; the word is used most commonly of offerings promised to the gods of the underworld, so that it has sinister connotations, suitable here.

23. Callisto: an Arcadian girl and attendant on Diana who was object of one of Jupiter's amours. He turned her into a she-bear to escape the vigilance of Juno (or Juno turned her into a bear as an act of vengeance) and thus disguised she was killed by

Diana in the course of her hunting. Jupiter then made her a constellation in the sky, the Great Bear.

24. uela regit: because the constellation of the Bear enables navigators to find the north star.

25–30. In this passage the poet even envisages the woman's dying of her illness; but he thinks consoling thoughts.

25–6. properarint...quietem...sepulturae: direct mention of death is avoided, and euphemistic circumlocutions used instead.

26. illa sepulturae fata beata tuae: the context requires here an assertion that if the illness should prove fatal some rich consolation awaits the woman, and further, an assertion leading to the thought which follows (in 27–8) that she will tell her story to Semele (for whom see on II, XXX, 29 below). It follows that (if the text is right) the meaning here must be: 'the portion that awaits you then, when you are dead and buried, is among the blessed', i.e. in Elysium. As verb for the sentence we supply *erunt*, or *sunt* (getting the sense of futurity out of *fata*, as in the rendering proposed above). For the point of the predicate *beata* cf. IV, vii, 60 *mulcet ubi Elysias aura beata rosas*; Virg. *Aen.* VI, 639 *sedesque beatas*; Val. Max. IV, vii, 7 *beatae turbae*. For *sepulturae...tuae* with the value 'of you, when you are (dead and) buried' cf. II, xiii, 22 *nec sit in Attalico mors mea nixa toro*, where *mors mea* = 'I, when I am dead'; that *sepultura*, like *mors*, can refer to the state resulting as well as to the act or process itself can be seen from the analogy of *pictura*, *usura*, etc. The form of the expression as a whole is certainly unusual; this may be due to the consideration mentioned in the note on 25–6 above.

27. quo sit formosa periclo: i.e. what dangers attend one who is beautiful.

Semelae: Semele's beauty attracted the love of Jupiter, with fatal consequence for her; cf. on II, XXX, 29 below.

29. Maeonias...heroidas: the legendary women of whom Homer told; primarily no doubt, in this context, those viewed by Ulysses in the underworld in *Odyssey* 11.

Maeonias: cf. Hor. *Od.* I, vi, 2 *Maeonii carminis*, etc., and the name *Maeonides* for Homer. Maeonia = Lydia, perhaps associated with Homer because Sardis in Lydia was one of the cities that claimed to be his birthplace.

[The MS tradition here has *inter heroidas omnis*, which should perhaps be kept. For the lengthening of the second syllable of *inter* then required before the fourth-foot caesura cf. that of the second syllable of *ebur* before the second-foot caesura in Virg. *Aen.* XII, 68.]

31. utcumque potes, fato gere...morem: 'do your best to bear your lot with patience'.

gere...morem: 'bear with'; *morem gerere alicui* is to bear with and yield to his will or whims.

saucia: 'stricken as you are'.

32. et deus et durus uertitur ipse dies: i.e. god's will can be changed, and even doom is not relentless. With *durus...dies* cf. the Homeric νηλεὲς ἦμαρ; but also Tac. *Dial.* 13 *quandoque enim fatalis et meus dies ueniet.*

XXVIII B

These lines (35–62) are closely related to xxviii A, whether or not we regard them as part of the same piece. They express dramatically the crisis of the illness and its passing, and fall into three distinguishable sections: 35–46, in effect a prayer to Jupiter at the crisis; 47–58, a prayer to Persephone (Proserpina) as the crisis passes; 59–62, concluding words to the recovered patient.

35–8. deficiunt...auis: 'The rhombus whirls no longer to the chanted spell; the bay lies a charred remnant on the dead hearth; the moon refuses to come down yet again out of the sky; the bird of dark omen hoots, foreboding death.'

Magic arts have failed, and the omens are threatening. The *rhombus* of line 35 and the bay of line 36 are both ingredients in a magical procedure in Theoc. II, 23–31; for the burning of bay in magic cf. also Virg. *Ec.* VIII, 82, and for a *rhombus* in magic cf. Prop. III, vi, 26; for the power of magic to draw down the moon from the sky cf. I, i, 18 and Virg. *Ec.* VIII, 69. In all these passages the magic is being made to cure or induce love; here it is being made to cure illness or avert death.

35. torti...rhombi: the magic *rhombus* was a piece of wood or metal whirled around at the end of a string so as to make a roaring noise; but some thought the word meant a 'magic wheel', i.e. a disc spun by means of a doubled string threaded through two perforations near its centre: see *J.H.S.* LIV (1934), 9 ff. The proper meaning suits the context here. The plural *rhombi* suggests repeated resort to the magic device.

deficiunt: this suggests that the process is abandoned because the operator yields to fatigue or despair, so that the whirling wheel 'falters and stops'.

sub carmine: here *sub* = 'to the accompaniment of'; cf. *Copa* 2 *sub crotalo docta mouere latus.*

36. iacet: said here, as often, with an overtone suggesting that which lies inactive or exhausted.

adusta: 'charred'; cf. IV, vii, 8 *lateri uestis adusta fuit.*

38. nigra...auis: the bird is not necessarily black in colour, but is called *nigra* metaphorically because it presages evil or death; cf. II, xxiv, 34 above *niger ille dies.* The bird meant is probably the *bubo* (a kind of owl); cf. Virg. *Aen.* IV, 462, etc.

concinit: the kind of sound indicated depends on the context.

39. una...nostros...: i.e. the vessel that carries one of us will carry *both* of us (lovers) *together.*

ratis fati: the ship of death which carries us from this world to the next seems to be similar to, but not identical with, Charon's boat which ferries the souls of the dead across the Styx in *Aen.* VI, etc.; see note on line 40 below.

nostros...amores: i.e. 'us lovers'.

40. caerula ad infernos uelificata lacus: 'that sombre craft, bound for the lakes of hell'. The picture may be from Plato's *Phaedo* (113D), where certain souls are said to embark on vessels in the river Acheron and to be transported by them to the 'Acherusian Lake'.

caerula: though said of the blue of the sky, etc., *caerulus* (or *caeruleus*) is also said of things very dark in colour, even black; thus at Ov. *Fast.* IV, 446 the horses of Pluto are *caerulei,* and so at Virg. *Aen.* VI, 410 is the boat of Charon. Servius (Dan.) on *Aen.* III, 64 says *ueteres sane caeruleum nigrum accipiebant.*

uelificata: from the deponent *uelificor*; at IV, ix, 6 Propertius has *uelificabat* from *uelifico.*

41. miserere: it appears from 44 below that the deity appealed to is Jupiter.

42. si cadet: the speaker is watching a struggle with death, and this perhaps explains the choice of a word commonly used of death in battle; or perhaps *cadet* simply = *occidet.*

43. optatis: the neuter pl. *optata* is a regular prose word for wishes or prayers.

sacro...carmine: i.e. the offering of a poem, which becomes *sacrum* when dedicated to the god.

me carmine damno: i.e. 'I bind myself to pay...'; the ablative being of price or penalty. The idea in the expression is akin to that seen in *uoti reus* or *uoti damnatus*, said of one who has had his prayer granted and is hence under an obligation to fulfil a vow made in association with his prayer.

45. **operata:** 'as your worshipper'. *operatus*, like *feriatus*, describes a condition of the person; it does not here have the value of a past participle.

47. **Persephone:** the Greek name of the goddess of the underworld, as in *Corp. Tibull.* III, v, 5 and several times in Ovid, instead of the Latin equivalent *Proserpina*.

haec tua...maneat clementia: evidently the crisis is past but the patient not yet wholly out of danger. This is a different situation from that implied by 35–46 above, so that 47 evidently begins a new phase of the elegy.

48. **Persephonae coniunx:** Pluto, the god of the underworld.

49. **formosarum:** the fifth-foot spondee here is one of half-a-dozen examples in Propertius, and the only one not involving a Greek proper name (e.g. IV, iv, 71 *Thermodonta*) or other Greek substantive (I, xix, 13 and II, ii, 9 *heroine*). Tibullus has no examples of this rhythm.

51. **Iope:** two heroines of this name are recorded, one the daughter of Iphiclus and wife of Theseus (Plut. *Thes.* 29), the other the wife of Cepheus, king of the Ethiopians (Stephanus Byzantius s.v. *Iope*). In the latter case the name, if genuine, seems to be an alternative to Cassiope.

[There is no cogent need to change the received text. But the old conjecture *Iole* (daughter of Eurytus of Oechalia, captive of Hercules, and cause of Deianira's fatal jealousy in Sophocles' *Trachiniae*) may be right. And perhaps more likely still (with ellipse of *est*) is *Antiope*, who appears immediately after *Tyro* (cf. next name here) in the pageant of heroines shown to Odysseus by Persephone (cf. 47 above) in *Odyssey* XI, 226 ff.; cf. also I, iv, 5–7 *Antiopae formam Nycteidos...et quascumque tulit formosi temporis aetas*.]

Tyro: daughter of Salmoneus, and mother of Pelias and Neleus by Neptune, who came to her disguised as the river Enipeus.

52. **Europe:** daughter of a Phoenician prince, carried off to Crete from her homeland by Jupiter in the shape of a bull.

Pasiphae: wife of Minos of Crete, and mother of the

Minotaur by the notorious bull with which she fell in love. (The poet's mind seems to have been led from Tyro to Europe by the fact that both were loved by gods, and from Europe to Pasiphae by the fact that a bull figures in the story of each.)

nec proba: i.e. *et improba*; cf. II, iii, 6 *nec solitus* and note.

[**53. et quot Troia...:** some here emend to *Creta*, because Troy appears in the next line. But see next note.]

[**54. et Thebae:** this is a conjecture: the MSS give *et Phoebi*, which yields no sense. With *Thebae* we get two cities in the pentameter, corresponding to the two countries named in the hexameter; there were legendary Greek beauties in the Theban cycle of stories, and legendary Trojan beauties before the days of Priam, in the story of Laomedon and Hesione. But the text of this couplet must be regarded as uncertain.]

55. in numero: 'in esteem'; cf. Cic. *Brut.* 175 *Gnaeusque Pompeius...aliquem numerum obtinebat* = 'enjoyed some esteem' (as an orator).

56. ignis auarus: i.e. the funeral pyre, symbolizing death, which is both grasping and hoarding.

57–8. The thought of the human beauties whom death has taken passes into a general reflection on the brief duration of beauty or riches and the inevitability of death for all humans.

57. aeternum: this may be either (1) a neuter substantive ('an everlasting possession') and predicate of *forma*, the construction being as in *uarium et mutabile semper femina*; or (2) an adverb, the construction being *nec forma est cuiquam aeternum* = 'for none does beauty endure (*literally* exist) for ever'.

59. Again a new phase is marked by a change of the person addressed. The poet turns to the patient, now out of danger.

60. Dianae...redde choros: regarding these *chori* see note on II, xxxii, 9–10 below, where *Triuia* is Diana under yet another name. The woman has made a vow, promising this tribute (*munera*) of worship to Diana in the event of her recovery. She has also (61) made a vow to Isis. (Note *Dīanae* here, but *Dĭanae* in II, xix, 17; and see note on II, xxxiv, 39.)

61. excubias: vigils (I think), i.e. all-night prayer and worship.

diuae nunc, ante iuuencae: 'to her that is a goddess now and once was a heifer'; i.e. Isis, identified with Io, regarding whom see II, xxviii, 17–18 above and II, xxxiii, 4 ff. below, and note. For the construction cf. II, xxvi, 10 above *tibi...iam dea, Leucothoe*.

62. uotiuas noctes: with the text as printed, this repeats the sense of *excubias* in the preceding line. The nights are to be spent in vigil at the goddess's shrine in fulfilment of the woman's vow. Naturally this will keep her from her lover—hence the parenthetic groan *ei mihi*. This vigil (if *excubias* is rightly so understood) is a special act of worship, distinct from the abstinence prescribed annually at Isis' festival (for which cf. below II, XXX, 1–2 and 17); though the effect for the lover, and the ten-day duration, are the same.

[*ei mihi* is a conjecture: the MSS have *et mihi*, making the poet recipient of the *noctes*. But *uotiuas* in this context surely must refer to what has been vowed in a prayer for recovery, and such prayer and vow must have been addressed to a divinity. Some readers separate *uotiuas* from *noctes*, taking it with *excubias* in the preceding line and placing a comma after it; but as the preceding line is already complete in sense, *uotiuas* is then left hanging. But if the *noctes* have been vowed, *et mihi* becomes inappropriate. Hence *ei mihi* is adopted here, and the serious tone of 35–60 is left unmodified by a parting jest such as *et mihi* would introduce. However, as *uotiuas* is attested in later Latin in the sense of *optatus*, it is not altogether impossible that a pun is present, enabling *et mihi* to be retained.]

XXIX

These 42 lines are presented by the MS tradition as a single piece. Comparison of the vocative *mea lux* in line 1 with the third-persons *illa* and *Cynthia* in 23–4 is enough (apart from other considerations) to show that 1–22 and 23–42 are two distinct elegies. They are printed and annotated here as XXIX A and XXIX B.

XXIX A

The poet in his fancy has been arrested by a band of Cupids, while straying drunk around the town, and brought back by them to his mistress' door. He tells the story.

2. nec me seruorum duceret ulla manus: does this mean that none of his servants was with him *to lead him by the hand*? Or that no *company* of attendant servants *walked before him* (carrying torches, etc.)? The latter seems more likely, and to give a more likely value to the plural *seruorum*.

3. turba minuta: i.e. *turba minutorum*; the expression *pueri minuti* being a regular one for 'little boys', there is no ambiguity here. For the adjective *paruus* applied to a collective noun with reference to the size of the individuals composing it cf. Virg. *Georg.* I, 414 *progeniem paruam*. Here the nom. plural *nescio quot pueri* is in apposition to and explains *turba minuta*.

4. uenerat: for *uenerunt*; cf. II, ii, 13 *uiderat*, etc.

5. retinere: a regular word for holding something in the hand; cf. for instance Cic. *Verr.* II, iv, 74 (of a statue of Diana) *sinistra manu retinebat arcum, dextra facem praeferebat.*

7. sed nudi...: it is a question whether *sed* here is (*a*) adversative as usual (they had torches, etc., but no clothes), or (*b*) the additive *sed* favoured in narrative by Sallust and in description by Hyginus, for which cf. S–B's example from Hyg. *Astr.* III, 27 *Capricornus... suppositus Aquarii manui sinistrae occidit praeceps, exoritur autem directus. sed habet in naso stellam unam...*

fuerant: for *erant*; cf. above II, xxvi, 3, II, xxviii, 21, etc.

lasciuior unus: 'one more forward than the rest'.

8. iam bene nostis eum: this instance of the accusative of the unemphatic pronoun as last word in the pentameter is unique in Latin elegiac verse. There may be an intentional effect, in this brusque speech of the sergeant-Cupid.

9. hic erat: the nom. masc. *hic* is treated sometimes as short, sometimes as long; cf. Virg. *Aen.* IV, 591, VI, 791, etc.

hunc...locauit: 'instructed us to deal with'; in this construction *locare* usually has a gerundive of the action required attached to its accusative (*locare aliquid faciendum, statuam ponendam,* etc.) but this is sometimes left to be supplied.

11. hic: 'at this point', and so 'whereupon'.

13. haec: the woman of line 9 above.

totas...in horas: 'for whole hours on end'; cf. on the one hand Stat. *Theb.* I, 635 *in totum...annum* = 'throughout the whole year', and on the other hand Catull. XXXVIII, 3 *magis in dies et horas* = 'day after day and hour after hour'.

14. at tu nescio quas quaeris, inepte, fores: 'meanwhile, you go looking for some wench's door, you fool'. *nescio quas* conveys contempt; and *fores*, as often in elegy, will be the door of some woman's establishment. [An alternative possibility is to read *foris* (adverb) and take *nescio quas* as meaning *nescio quas feminas*, so that the line means 'you roam the town after your common women'.]

15. mitrae: this *mitra* was probably a strip of stuff wound around the head; cf. *ligamina* here with III, xvii, 30 *cinget... mitra comas*; IV, ii, 31 *cinge caput mitra.* Sometimes it is a kind of cap with side-flaps.

Sidoniae nocturna: *nocturna* because she has put it on to keep her hair in order while she sleeps. *Sidoniae* because it is purple or crimson, and the best dye came from Tyre. With the scansion *Sidŏniae* here contrast *Sidōnia* in II, xvi, 55; and see note on II, xxxiv, 39.

16. oculos mouerit...grauis: her drowsy eyes are imagined awaking to animation.

17. afflabunt tibi...odores: the connection with *soluerit* is in the fact that her hair is perfumed.

Arabum de gramine: the 'herbs of Arabia' stand for perfume generally. The fragrance of this perfume will be extraordinary because love will make it seem so.

20. ad mandatam...domum: i.e. the house to which our instructions (*mandata*) referred.

21. atque ita: concluding the episode, as at IV, viii, 87–8 *atque ita mutato per singula pallia lecto respondi*, etc.; so too at Ov. *R.A.* 668 *atque ita* seems to mean 'and without more ado', and at Ov. *Tr.* I, i, 21 'and this said...', and at Ov. *Am.* III, vi, 53 'and this done...'.

dixerunt: the parting injunction comes from all the band.

iniecto...rursus amictu: this implies that they had stripped him of his cloak when arresting him. Nothing was said earlier to this effect; but it may have been a normal police procedure and as such here assumed. (Some editors reason that between 10 and 11, there must have stood a couplet, now lost, which mentioned removal of the cloak.)

[The tradition here gives *me in lecto duxerunt rursus amictu.* The corruption of *iniecto* to *in lecto* is paralleled at I, xiii, 16 and II, ix, 2. It would be possible to keep *me...duxerunt*, taking *rursus* with *duxerunt* (led me back), and reading the line as a parenthesis by the poet in the speech of the chief Cupid, who will then be the speaker in 22 as well as in 12–20. But *atque ita* tells against this, if it has been correctly interpreted above.]

22. manere domi: here *domi* (= 'at home') receives an extra connotation from the special use of *una...domo* seen in II, xvi, 22 and II, xxiv, 24 above.

XXIXB

The poet recounts how he went early one morning to see if Cynthia was alone; how beautiful she looked, and how indignant she was.

25. obstipui: the effect is 'I stood spell-bound'.

26. neque...cum: an occasion not referred to elsewhere in the elegies.

neque: here this = *ne...quidem*, as not infrequently; cf. Ov. *Met.* IV, 153 *morte reuelli heu sola poteras : poteris nec morte reuelli.*

27. hinc: this turns *ire* into (roughly) 'go off to...'; cf. Ter. *Andr.* 708 *quo te hinc agis?* = 'where are you off to?'; Plaut. *M.G.* 1378, *ibo hinc intro nunc iam ad amores meos.*

narratum somnia Vestae: evidently the same custom as that indicated at Soph. *Electra* 424 ff. and Eur. *Iph. Taur.* 42 ff., where dreams of possibly bad omen are declared to divinities in the hope of averting harm. Perhaps there was something disquieting in Cynthia's dream; or perhaps the precaution would be taken with any dream.

28. neu sibi neue mihi quae...: i.e. *ne quae somnia* (or, *ne quae in somniis uisa*) *sibi aut mihi* (*nocitura essent*).

32. uestris: i.e. of you and people like you. [*uestri* is an attractive conjecture, but the text as it stands is not difficult.]

33. facilis: i.e. easy of access, ready to say 'yes'.

34. uerior: 'more true' in the sense of 'loyal'. The two aspects of honesty, telling the truth and keeping one's word, can hardly be separated. At II, ix, 17 above the sense 'loyal' seems to be required, and so here too.

35. apparent: i.e. he can see for himself.

uestigia: 'marks' or 'traces'.

36. signa uolutantis nec iacuisse duos: i.e. *nec signa iacuisse*, etc., i.e. 'nor signs that... etc.'.

uolutantis: (acc. plur.) evidently a blunt word, stylistically.

37–8. aspice ut...adulterio: it is not clear here whether what is in question is a generally recognized symptom of recent sexual intercourse, or something superstitiously supposed to betray *illicit* sexual intercourse as such. The expression *surget... spiritus* occurs also at I, xvi, 32, where it refers to sobbing. This suggests that what is meant here is heavy breathing (*toto corpore*), the situation in mind being one in which the guilty couple are caught almost in the act and the paramour has just time to leap into a cupboard leaving the woman to face the inquisitor.

[Some prefer to think that a smell is referred to, *spiritus* with some qualifying term being used sometimes to signify a smell.]

40. laxa...solea: as *laxus calceus* is said (Hor. *Sat.* I, iii, 32) of a shoe that is (too) loose, it seems likely that *laxa...solea* here is a loose slipper, i.e. 'bedroom-slipper'.

nixa pedem solea: for the adverbial accusative cf. I, iii, 8 *nixa caput manibus*.

41. deludor: 'was made a fool of' by his own suspicions (and before Cynthia); for *deludo* of that which fools an expectation cf. above II, xv, 31. The present tense is 'historic'.

sancti: 'chaste'.

[*deludor* is an emendation: see *app. crit.*]

42. ex illo: 'from that time', a common phrase; cf. for instance Virg. *Aen.* XII, 32–3 *ex illo qui me casus, quae, Turne, sequantur bella uides*.

[*nox* is a correction: the tradition has *non*.]

XXX

The MS tradition from here on is particularly unreliable about the divisions between elegies; and for information about this it will be most convenient to consult the *apparatus criticus*. The reasons for making the divisions adopted here in the text and followed in the notes will be discussed only where this seems necessary. It is assumed that II, XXX, 1–12 and II, XXX, 13–40 are distinct elegies, designated here as XXX A and XXX B.

XXX A

A reflection. Love is a tyrant from whom there is no escape. But he can also be moved to forgive an offence, if he sees that the penitent is in earnest.

1. quo fugis: the person addressed is the poet himself, or an imaginary lover.

2. Tanain: the river Don, often symbolizing remote distance for Roman poets.

3–6. The winged horse Pegasus, who sprung from the Gorgon's blood and was ridden by Bellerophon against the Chimaera; the winged sandals given by the gods to Perseus with other supernatural equipment when he went to slay the Gorgon;

the winged sandals which were a permanent attribute of Mercury—none of these can avail you to escape from Love. The language of these lines is made impressive by its sound, the originality of the expression, and the suggestive proper names.

5. uel si te sectae rapiant talaribus aurae: literally, 'though the breezes cloven by winged sandals sweep you swiftly along', i.e. 'though you cleave the air on winged sandals like those of Mercury', to whose winged shoes the word *talaria* was especially applied.

6. alta uia: 'aerial way'.

7. supra caput: said of what presses hard or close upon one, as e.g. Livy III, xvii, 2 *cum hostes supra caput sint.*

8. super libera colla sedet: presumably a metaphor from horse-breaking. *libera* reinforces the idea of taming by a reminder that it is a wild free creature which is tamed and ridden.

ipse: though attached grammatically to *Amor* this *ipse* no doubt adds emphasis to *super...colla sedet,* giving the sense 'sits squarely on...' or 'sits fast on...'. For some similar examples see S–B. on IV, viii, 54. [*ipsa* has been conjectured.]

9–10. et tollere numquam te patietur humo lumina capta semel: i.e. once he has made you his prisoner he will keep you in subjection so that you never again dare to lift your head and look your captor (or anyone) in the face.

11. at, iam si pecces...: 'yet suppose you should err...', i.e. stray temporarily from the woman whom your master Love has commanded you to adore. There are two antitheses here to what has gone before: (1) Love is a tyrant master—but not inexorable over minor offences; (2) you are Love's abject slave—but it *may* perhaps happen that you occasionally disobey him, in which case...

iam si: this here is evidently used like *si iam,* which concedes for the sake of argument something which the speaker regards as impossible, unlikely, exceptional, or not necessarily to be accepted as true; for example see (e.g.) Cic. *Balb.* XXXVII, Lucr. I, 396 and 968 (with Monro's note), III, 843, and two instances in Ov. *Her.* XVII, 63–8 *si iam diuitiis locus hic numeroque uirorum uincitur, at certe barbara terra tua est. munera tanta quidem promittit epistula diues ut possint ipsas illa mouere deas; sed si iam uellem fines transire pudoris, tu melior culpae causa futurus eras.* Clear instances of *iam si* appear to be scarce, but there is one at Columella V, vi, 35 *et iam si...tamen...*

[*at* in this line is a conjecture; the MSS have *et*. A strong adversative seems indispensable between Love as *acer custos* in 9 and as *deus exorabilis* in 11.]

12. praesentis...preces: here *praesentis* must mean 'from the heart', i.e. resulting from a strong emotion in the penitent. How this value could come to the word can perhaps be seen from Ov. *Met.* XIII, 756–7 *nec, si quaesieris odium Cyclopis amorne Alcidis in nobis fuerit praesentius, edam.*

XXXB

Again a separate elegy, in two parts. The first (13–26) expresses defiance of conventional moralists who object to Cynthia's and his way of life and his absorption in her; the second (27–40) calls her to withdraw with him into the make-believe world of poetry. But perhaps it is wrong to speak of two parts; the themes of art and love and the rejection of convention run through the whole.

13. ista: perhaps Cynthia's carousals were notorious; but perhaps *ista* here means 'the ones you know that they complain about', his own as much as Cynthia's.

senes...duri: an echo no doubt of Catull. V, 2 *rumores... senum seueriorum*; but in the context of the return to stricter moral standards that was being preached in the years after Actium.

15. illorum antiquis onerentur legibus aures: i.e. let them listen to (one another reciting) tedious old laws. [The tradition has *onerantur* here.]

16. tibia docta: i.e. the piper's skill; cf. II, xix, 12 *docta... falce*. For the *tibia* at parties cf. III, x, 23, IV, viii, 39. Perhaps also the pipe is called *docta* as accompaniment of the (elegiac) poetry of the *doctus poeta*.

17. quae non iure, etc.: said with a certain verve, in compliment to the pipe 'ah, you did not deserve...'. The parenthetic allusion to this episode in the pipe's history comes oddly, all the same; as does the parenthetic allusion to the pan-pipes' peculiar construction at Tib. II, v, 31–2; no doubt some quirk of literary fashion lies behind both. The story was that Minerva invented the pipe but threw it away after seeing her reflection with cheeks puffed out unbecomingly in the act of blowing. Marsyas the satyr found the pipe; and Minerva is here said to have thrown it into the river Maeander, with which river of Phrygia the tale of Marsyas is associated.

19–20. num tamen immerito Phrygias nunc ire per undas et petere Hyrcani litora nolo maris?: 'is it not with reason after all (*tamen*), that I refuse to sail the Phrygian waves and seek the shores of the Hyrcanian sea?'. The text is uncertain here, but if it is correctly given above the reference must be to a projected war against Parthia, to wipe out the disgrace of the defeat at Carrhae in 54 B.C. and recover the standards and prisoners taken by the Parthians on that occasion. The prospect of such a war was much discussed at Rome in the decade after the battle of Actium, and is subject of elegy II, x above and of III, iv and xii in the next book. The 'Hyrcanian sea' is the Caspian, and Hyrcania and Caspia are symbols, to the poets, of the Parthian empire. The 'Phrygian waves' are the Hellespont and Propontis; presumably there was talk at Rome of an invasion of the Parthian empire by way of the Euxine sea as well as from other directions. Propertius is rejecting the attitude which the *senes duri* of line 13 would think proper to a young Roman, as we have seen him doing earlier, in different terms, in elegy ii, 7 above; cf. also III, iv, 21–2, III, v, 47–8; Ov. *Am.* I, xv, 1–4.

[*num* here is a conjecture, for the *non* or *nunc* of the MSS; and *nolo* is a conjecture for the MSS reading *nota*, which can hardly be right; for the scansion *nolŏ* cf. III, ix, 35 *findŏ* and Ov. *Am.* III, ii, 26 *tollŏ*. See *app. crit.* regarding the confused state of the tradition here; and for discussion of other remedies see larger editions and G. Luck in *Rhein. Mus.* CV (1962), pp. 344ff.]

21–2. spargere et alterna communis caede Penatis et ferre ad patrios praemia dira Lares?: the only possible explanation of this language in this context is that the poet thinks of the proposed war with Parthia as involving fratricidal strife because the Italian soldiers taken at Carrhae, or their sons, were now serving as soldiers of the Parthians; cf. Hor. *Od.* III, v, 5–9 *milesne Crassi coniuge barbara turpis maritus uixit et hostium...consenuit socerorum in armis, sub rege Medo...?* This evokes the traumatic memory of the civil wars; for which, also in the context of Propertius' assertion of 'elegiac' against traditional values, cf. II, xv, 41–8 above. (See also p. 236.)

alterna...caede: 'while we slay and are slain'.

praemia dira: military honours, trophies, booty; any of

which are *dira*, i.e. loathsome or ill-omened, because won by the slaughter of one's own kin.

23. una contentum pudeat me uiuere amica?: 'am I to be ashamed because one woman is all my life?'. Two meanings are combined: that he is only interested in his love, and that his love is for one woman only.

26. tenere: 'haunt', i.e. 'make your home'; cf. Virg. *Georg.* IV, 321–2 *quae gurgitis huius ima tenes.*

rorida...antra: the *antra* may be grottoes, or (cf. on II, xxxii, 39 below) ravines. *rorida* perhaps refers to water running down hill-side or rock face; cf. IV, iv, 48 *rorida terga iugi* and *ibid.* 49–50. Mt Helicon and the spring Hippocrene are no doubt in mind; cf. III, iii, 1–2 and 25 ff.

27. scopulis haerere: almost as *tenere* above 'dwelling in...', and so 'behold the Muses in their haunt among the peaks'. This seems a strange use of *haerere*; but cf. Cic. *de Or.* I, 173 *haerere...in tribunalibus*; Sen. *Phaedr.* 233 (*Hippolytum*) *in niuosi collis haerentem iugis*; Sil. It. VIII, 564–5 *qui Batulum Nucrasque metunt, Bouiania quique exagitant lustra aut Caudinis faucibus haerent.*

29. ut Semela est combustus: '(how Jupiter was) utterly consumed with love of Semele'; *Semelā* stands for *amore Semelae*, and the construction is a passive form of that exhibited in Virg. *Ec.* VIII, 83 *Daphnis me...urit*; but the strong verb *comburo* is remarkable. It was perhaps suggested (?subconsciously) by the story of Semele herself, the Theban princess who was mother of Dionysus by Jupiter, and was blasted by the fire of his thunderbolt (*combusta*) when he appeared to her in his divine majesty because she had asked for this at the instigation of jealous Juno. For the indicative cf. on XXXIV, 35–6.

deperditus Io: 'overwhelmed by the love of Io', the Argive princess who was afterwards metamorphosed into a heifer and in that shape long persecuted Juno. *Io* stands for *amore Ius*, and is no doubt ablative; for cf. *Semelā* in the preceding line, and Suet. *Dom.* III *Domitia Paridis histrionis amore deperdita.*

30. ut ad Troiae tecta uolarit auis: 'how he flew in the shape of a bird to the town of Troy'; i.e. when he assumed the form of an eagle to carry off the Trojan prince Ganymede. The subject of the sentence is Jupiter, and *auis* is in apposition.

31. exstat: almost 'is recorded', or 'can be pointed to'.

Alitis: 'of the winged god', i.e. Love.

32. communis: 'which all share'.

reus...agor: 'am prosecuted'; the phrase *reum agere* or *peragere aliquem* is regular for this, with genitive of the charge.

33. nec tu Virginibus reuerentia moueris ora: (?) 'nor will you (or, nor are you likely to) disturb the modest faces of the virgins': i.e. 'and do not fear that you will bring a blush (or, a frown) to faces of those modest maidens'. The Muses are *doctae uirgines* in Catull. LXV, 2. *mouere* can be said of changing the physical condition of the person (e.g. Livy XXV, xxvi, 7 *uis aestus...corpora mouit*), and also of causing a feeling or physical reaction (e.g. *dolorem* or *lacrimas*, and so no doubt *pudorem* or *ruborem*). *reuerentia* here evidently stands for *pudentia*; its normal use is nearer to our 'reverent' or 'respectful'.

35. si tamen: if after all it is true, i.e. in spite of one's initial reluctance to believe the story, or in spite of the virginal character attributed to the Muses. This use of *tamen* is of the same kind as that assumed in line 19 above and discussed in the note on II, XXV, 29; it points a contrast with something in the context but not necessarily with anything in the preceding sentence. The English equivalent is sometimes a tone of voice, sometimes 'indeed', 'really', 'after all', etc.

Oeagri...compressa figura: i.e. ravished by handsome Oeagrus. Oeagrus was a Thracian prince (or a river-god), father of Orpheus by one of the Muses. For *figura* thus cf. II, xxiv, 41 *ista periisse figura*. For the form of the expression cf. III, xix, 15 *patria...senecta* = '(her) aged father', etc.

quaedam: the identity of the Muse who bore Orpheus was disputed; but in *quaedam* perhaps one should hear also the tone of the voice of gossip: 'someone—I mention no names', etc.

36. Bistoniis: i.e. Thracian, the Bistones being a people of Thrace.

accubuit: said (with dative) of sexual intercourse at III, xv, 12 *Antiopen accubuisse Lyco*, and (without dative) of sleep at I, iii, 3–4 *qualis et accubuit primo Cepheia somno...Andromede*.

37. prima...in parte: 'in the front...'. [On *te* see *app. crit.*]

38. docta...cuspide: the *cuspis* here is the Bacchic wand or thyrsus, which had a sharp point concealed in the ivy which wreathed it; cf. Catull. LXIV, 256 *tecta quatiebant cuspide thyrsos*. It is called *docta* because its stroke inspires the poet with his *art*, this power to inspire being attributed by Propertius to Bacchus as well as to Apollo. The construction *docta...cuspide* is ablative of attribute, an (unusual) extension of that found commonly of attire in phrases such as *regio ornatu*, *seruili habitu*, etc.

39. tum capiti sacros patiar pendere corymbos: i.e. then I will put on the ivy wreath; the wreath being symbol of poetic inspiration, the donning of it means that the poet is about to compose. *capiti* is ablative here, as at Catull. LXVIII, 124 *suscitat a cano uolturium capiti*. The *corymbi* are clusters of ivy-berries, which hang down from the wreath. The point of *tum* (answering *ubi* in line 37) is that only when Cynthia accompanies him to the Muses' haunts will inspiration come to him; he cannot receive it from the Muses alone.

XXXI

The poet has been at the opening by Octavian of the portico of Apollo of the Palatine and describes some of the notable features of this and of the temple with which it made a complex. This celebrated architectural complex is mentioned by many ancient authors (e.g. Vell. Pat. II, lxxxi, 3, Dio C. LIII, i, 3, Suet. *Aug.* XXIX; cf. *Res Gestae* 19 *templum...Apollinis in Palatio cum porticibus...feci*) but none is more informative than Suetonius, who says: *templum Apollinis in ea parte Palatinae domus excitauit quam fulmine ictam desiderari a deo haruspices pronuntiarant; addidit porticus cum bibliotheca Latina Graecaque, quo loco iam senior etiam senatum habuit.* We know from Velleius that the temple had been vowed originally for Octavian's victory over Sextus Pompeius, and from Dio that it was dedicated in the month of October, 28 B.C. This dedication was the occasion of Horace's *Ode* I, 31 *quid dedicatum poscit Apollinem uates...?* etc. Propertius here speaks of dedication of the portico (line 2), and it is not clear whether this is the same occasion as the dedication of the temple, to some notable features of which he also refers; there is no positive reason to doubt that the two occasions are the same, for the mention of the portico only in line 2 is likely to be due simply to elegiac economy. Unfortunately we have no means of knowing the lay-out of the complex or the exact relation of the library to the portico, or the form of the portico itself, or the significance of the plural (*porticūs*, *porticibus*) in the prose references to this.

1. quaeris...?: for this formula cf. II, i, 1 above, III, xiii, 1. Here we have plainly a device for bringing a description such as this within the scope of a book of *amores*.

aurea: cf. IV, i, 5 *haec aurea templa*; there may well have been golden decoration, on roof or ceiling especially.

2. aperta fuit: for *aperta est*; cf. above II, xxviii, 21 *fuerat deuota* for *erat deuota*.

3. digesta: this suggests rows of columns disposed in some symmetrical pattern and supporting a considerable roofed area.

Poenis...columnis: African marble, red or yellow in colour.

[*tantam*: it is hard to choose between this old conjecture and the MSS reading *tanta*.]

4. inter quas: the statues now mentioned, fifty-one in number (see below), were set between the columns, alternating with them; this is described in Ovid's reference to the portico at *Trist.* III, i, 61 *signa peregrinis* (= our *Poenis*) *ubi sunt alterna columnis*.

Danai femina turba senis: statues of Danaus' fifty daughters who killed their husbands (all but one) at their father's command. From the sequel in the passage of Ovid quoted above it appears that there was a statue of Danaus too. For the shortened adjective *femina* cf. IV, iii, 64 *carbasa lina*.

5–6. hic equidem Phoebo uisus mihi pulchrior ipso marmoreus tacita carmen hiare lyra: (?) 'and there I saw one who seemed to me more beautiful even than Phoebus himself, a marble figure with parted lips as if singing to his silent lyre'. Here *uisus* must be doing double duty, indicating both that the statue was seen by the poet, and that it 'seemed to be' (i.e. represented) Apollo singing to his lyre (though of course both god and lyre were silent), looking more beautiful even than the beholder had conceived Apollo to be. This statue appears to be in the portico, and distinct from the statue (also of Apollo as musician) which is mentioned in 15–16 below in connection with the temple; and for confirmation of this cf. H. Last in *J.R.S.* XLIII (1953), 27–9. If the sentence is correctly taken above, *equidem* will go with *Phoebo...pulchrior ipso* and mean 'surely' or the like; and the comparative *pulchrior* will have to have the value of a substantive 'one more beautiful'; both these constructions seem possible, but neither is supported by definite parallels. The emphasis on the beauty of the statue is singular, because it appears to set it above the statue in the temple (lines 15–16) of which nothing so laudatory is here said, though it was in fact a masterpiece by the fourth-century sculptor Scopas (Plin. *N.H.* XXXVI, 25). Perhaps light is thrown on this by the statement of the scholiast on Hor. *Epist.* I, iii, 17 that in the Palatine *bibliotheca* Octavian *sibi posuerat effigiem habitu ac statura Apollinis.* [If this is indeed the point of the terms used here, should *quidam* be read for *equidem*?]

7. **steterant:** either pluperfect for imperfect or with the value 'had been set' and so 'were disposed'.

armenta: 'a group of beasts'. *armentum* is a collective, and less precise than *boues* in the next line, as it can apply to horses as well as to oxen.

7–8. **Myronis quattuor artificis uiuida signa boues:** i.e. (I think) *Myronis artificis quattuor boues, uiuida signa* = 'four oxen whose sculptor was Myron, figures that seemed alive'. Myron (fifth century B.C.) was celebrated for his skill in representing animals to the life. [The punctuation here differs slightly from that of most editions.]

9. **medium:** we do not know just what position relative to the porticoes is expressed by this.

10. **Ortygia:** another name of Delos, Apollo's birthplace.

11. **Solis...supra fastigia currus:** a *quadriga*, representing the chariot and horses of the Sun, over the temple's pediment. [*in quo* is a conjecture: the tradition has *et quo*.]

12. **Libyci...dentis:** i.e. of ivory.

13–14. **altera deiectos Parnasi uertice Gallos, altera maerebat funera Tantalidos:** the two battants of the temple-doors are decorated with carvings in ivory depicting respectively the rout of the invading Gauls from Delphi in 278 B.C. (when they encountered a snowstorm accompanied by thunder and lightning), and the killing of Niobe's children, by Apollo and Diana, and Niobe's grief. As the latter is an unhappy story and Niobe is mourning her loss, the door carrying the representation of it is said to 'mourn' it; as this verb (*maerebat*) thus includes the meaning that the door displays a representation of the story, it provides *this* part of its meaning for the story of the Gauls too, by a kind of zeugma.

Niobe is *Tantalis* as daughter of Tantalus. The *funera Tantalidos* are here *her children*'s deaths, her loss.

15. **inter matrem deus...interque sororem:** the statue of Apollo in the temple is flanked by statues of Latona and Diana (by the sculptors Cephisodotus and Timotheus, according to Plin. *N.H.* XXXVI, 24 and 32). The repetition of *inter* is irrational, a stylistic 'figure'.

XXXII

The poet begins by complaining of Cynthia's absences from Rome, which he suspects are a cloak for amorous escapades; but then his mood changes, and he concedes or pretends to concede that such escapades are venial and that fidelity to a single man would be abnormal in Roman women of his time, or indeed in any women of any time since the end of the golden age. [In the MSS there is no break between the preceding elegy (xxxi) and this one but they were separated very early by editors. In fact elegy xxxi, with its description of the fine new portico, could conceivably be regarded as preliminary to this one, because here the poet is found telling Cynthia that the amenities which Rome has to offer should be enough to satisfy her; but he chooses (xxxii, 11) *another portico* than that of xxxi to illustrate his point. The occasion of the present piece (xxxii) seems to be provided (cf. line 17) by some excursion which Cynthia proposes to make; for which motive as cue to an elegy cf. II, xix and (?) II, xxvic above. Hence xxxi and xxxii are here printed as separate elegies, as in most editions.

The lines which stand in most editions and in the customary numeration as xxxii, 1–2 have here been transposed to follow lines 9–10, which they seem intended to explain. If they are rightly placed after 9–10, the homoearchon *cum uidet* (9) *qui uidet* (1) and the recurrence of *lumina* in 10 and 2 may explain how they fell out from their original position.]

The elegy can be seen as falling into sections as follows:

1–16: Why these excursions? They make me uneasy. Are Rome's amenities not enough for you? 17–24: I am not deceived: you are off on some amorous adventure. Beware for your reputation, which is suffering already from unkind gossip. 25–40: But you mustn't be swayed by gossip: your peccadilloes are nothing compared with what heroines and goddesses have done without loss of standing. 41–8: Such conduct is sanctioned too by the example of all Rome in recent times: it is a newcomer's attitude which expects a return to the strict and stuffy morals of our rustic forebears. 49–62: It is idle to expect that a woman of Rome should be content with a single lover; that went out of fashion at the Flood. And think of the Greek legends! You are only doing what so many Roman and Greek women have done before you: by my judgment you stand acquitted.

This analysis cannot be regarded as certain. The elegy presents some difficult textual problems which will be touched on in the notes below.

3. **Nam quid...?:** this is the interrogative *nam* (not connective), and lends a tone of excitement or indignation to the question; cf. Virg. *Georg.* IV, 445 *nam quis te, iuuenum confidentissime...?* (the first words of Proteus to Aristaeus).

[Regarding the transposition of the lines customarily numbered 1–2, see introductory note above.]

Praenesti: locative-ablative. *Praeneste* (neuter sing.) forms its genitive in *-is* and its ablative usually in *-e*. There was a celebrated oracle at this town (modern Palestrina), which lay about 22 miles E. and slightly S. of Rome.

dubias...sortis: *sortes* are oracular answers, whether obtained by 'drawing' (as was in fact the case at Praeneste) or not. *dubias* = 'ambiguous', or 'obscure', or 'riddling'.

4. **Aeaei moenia Telegoni:** Telegonus was son (by Ulysses) of Circe, whose island home was Aeaea; he was legendary founder of Tusculum, about 14 miles S.E. of Rome.

5. **Herculeum...Tibur:** Tibur, about 18 miles E.N.E. of Rome, had a notable temple of Hercules, its patron-god. The poet's *domina* is there in III, xvi; and Cynthia is buried there in IV, vii.

[*cur ita te* is a conjecture: the MSS have *curua te* or *cur uatem*; alternative conjectures are *curnam te, cur tua te, cur iam te.*]

6. **Lanuuium:** about 18 miles out of Rome, on the Via Appia, the great road leading south to Capua, and extending thence to Brundisium. At Lanuuium was a notable temple and cult of Juno. Cynthia is off there with a lover in IV, viii.

[*Lanuuium* is an emendation: the MSS have *ducit anum* or the like; the emendation fulfils such exacting requirements of metre and context so perfectly that it compels acceptance.]

7. **hoc...loco:** i.e. here, in Rome; cf. Sen. *Ep.* XLIII, 1 *non est quod te ad hunc locum (Rome) respiciens metiaris; ad istum respice in quo moraris*; Ov. *Her.* XVII, 63 *si iam diuitiis locus hic* (Sparta, by comparison with Troy)...*uincitur*, etc.

spatiere: the stroll or 'promenade' was an institution and favoured places were *porticus* (cf. 11 ff.) and *campus*; cf. II, xxiii, 5–6 above, and IV, viii, 75 *tu neque Pompeia spatiabere cultus in umbra*.

It is uncertain whether the emphasis in this line is 'By all means go strolling here in Rome, whenever you want recreation', or 'Let it be here in Rome, please, that you take your strolls'.

8. sed: this *sed* is due to the underlying thought 'when you're here my mind is at peace, but when you're at such-and-such I'm apprehensive'. What is contrasted by *sed* with line 7 is the whole content of 8–10; and one must not (I think) let *turba* attract too much emphasis.

tibi...credere: here this means 'feel sure of you'.

8–9. tibi me credere turba uetat, cum uidet...: i.e. 'I can't feel sure of you *when I think of* all those people seeing you...'; the reason why the thought of them seeing her disturbs him is explained below in the transposed couplet 1–2.

9–10. accensis...currere taedis in nemus et Triuiae lumina ferre deae: a few miles nearer to Rome than Lanuuium, on the Via Appia, was Aricia, with a celebrated grove sacred to Diana (= Triuia). *Triuia* is usually treated as a substantive name, but here it is treated as an adjective; according to one etymology it was derived from the worship of Diana at cross-roads. Ovid (*Fast.* III, 263 ff.) speaks of women making pilgrimage to this grove with torches, in payment of vows, and this explains our present passage.

This is a fifth example of Cynthia's excursions, after the four enumerated in 3–6.

deuotam: this is explained by Ovid's phrase *potens uoti... femina* in the passage of the *Fasti* just referred to; Cynthia has vowed to make this pilgrimage if a prayer of hers is granted, and it has been granted and she is therefore 'bound by her vow'. The participle *deuotam* is somewhat loosely applied to herself, since what she has vowed is not herself but her act of worship; for a similar treatment of the participle cf. *mandatam...domum* in II, xxix, 20 above.

[**1–2.** On the position of this couplet see p. 207.]

11. sordet: i.e. is not grand enough.

11–12. Pompeia...porticus: a rectangular area surrounded by colonnades, constructed by Pompey in the Campus Martius. It is mentioned at IV, viii, 75 and by Ovid *A.A.* I, 67 as a fashionable place for the promenade (cf. 7 above *spatiere*).

12. aulaeis...Attalicis: Attalus of Pergamum invented a method of waving cloth of gold. *aulaea* (neut. pl.) are figured tapestries; which here might be curtains, or awnings, or hangings or panels on the walls of the portico.

13–16. This tree-shaded walk and this fountain are evidently in or near the Portico of Pompey just mentioned.

13. platanis...pariter surgentibus ordo: apparently a tree-lined walk in the area enclosed by the colonnades. For the construction cf. II, xiii, 23 above *odoriferis ordo...lancibus*.

14. flumina sopito...Marone: a fountain with water running from (?) the open mouth (or, wine-skin) of a sleeping figure; this also presumably in the Portico of Pompey. A *Maron* is known to us as the priest of Apollo among the Cicones in *Odyssey* IX, 197, called son of Bacchus in Eur. *Cyclops* 141; the figure here is perhaps this Maron, depicted as a satyr or silenus; for masks of these served sometimes as water-spouts (cf. gargoyles).

flumina...quaeque...: i.e. *et flumina quae*.

15–16. et...cum...Triton...recondit aquam: here the whole *cum*-clause (on which depends *nymphis...crepitantibus* in line 15) is, I think, a substantive, parallel in status to *ordo* and *flumina* in 13 and 14 above. Alternatively, one can extract *Triton* to stand third to *ordo* and *flumina*, and make all the rest of the couplet dependent on his name. Or again, one can make *et... cum*... etc. a clause dependent on *flumina* in line 14 and parallel to *quae...sopito Marone cadunt* (i.e. the water flows in two different fountains in two different ways).

The word *leuiter* with *crepitantibus* in line 15 makes it certain that *toto orbe* should be read instead of the tradition's *tota urbe*, for line 16 shows that one particular fountain is in mind, and the sound indicated by *crepitantibus* cannot both be soft and audible throughout the town. *toto...orbe* must refer to a circular basin, and *nymphis crepitantibus* (about which more below) to the plashing of water in it. *Triton* is the attendant of Neptune who has a trumpet made of a big sea-shell, blowing on which he stirs and calms the waves.

What is meant by *subito...ore recondit aquam*? *recondere* is attested elsewhere only in the sense 'store away' (and related senses); but this yields nothing to fit with the dramatic effect implied by *subito* or the noise indicated by *crepitantibus*; hence we can be sure that *recondit* here has a value opposed to its usual one, i.e. 'release from store' = 'discharge', just as *recludere* is found with the alternative meanings 'shut up' and 'open up'. The description seems then to be of a Triton who at intervals spouts water into the air through his horn; this falls as spray into the water of a circular basin, and makes a plashing sound.

nymphis appears to be a metonymy for 'water', as *Bacchus* so often is for wine or *Ceres* for bread. Cf. III, xvi, 4 *cadit in patulos nympha Aniena lacus*; III, xxii, 26 *potaque Pollucis nympha salubris equo*; Stat. *Silu.* I, iii, 37 *immissas per cuncta cubilia nymphas* (running water in all bedrooms). Alternatively one might think of nymphs in the attitude of hand-clapping disposed around the periphery of the basin, the sound of the intermittently falling spray being fancied to be produced by their clapping; with *crepitantibus* then cf. III, x, 4 *manibus faustos ter crepuere sonos*. [The obvious conjecture *lymphis* is of course available for anyone who prefers it.]

17. falleris: 'you are mistaken', with which we must supply 'if you suppose that I am deceived'. In II, xxii, 22 above is another *falleris* with which a connecting thought has to be supplied.

monstrat: i.e. points *plainly* to...

furtum...amoris: an amorous adventure.

tui: either (1) with *ista uia* (as in Tac. *Ann.* VI, 22 *initia nostri*), with same value as *ista tua uia* would have (cf. Plaut. *M.G.* 771 *anulum...istunc tuom*); or (2) with *furtum amoris*, in which case the value is probably 'one of your adventures'.

20. iners: ineffectual; cf. Sil. It. V, 571–2 *stipula crepitabat inani ignis iners cassamque dabat sine robore flammam*.

docto: one who has learned by experience, and so 'who knows the game'.

21. sed de me minus est: for *de me* = *quod ad me attinet*, cf. Cic. Fam. III, xii, 2 *de me autem, suscipe paulisper meas partes*, etc.; Mart. I, xviii, 5 *de nobis facile est: scelus est iugulare Falernum*. For *minus est* = 'it matters less', cf. *facile est* in the line of Martial just quoted.

famae...pudicae: i.e. of your reputation as a *pudica*, i.e. as a woman who is not promiscuous. For the transferred epithet cf. I, iii, 9 *ebria...uestigia*; IV, xi, 61 *generosos...honores*, etc.

23. nostras me laedit ad auris (rumor): i.e. has come to my ears and caused me pain. For the pregnant use of the preposition cf. II, xvii, 6 *ab ore*. For *me laedit* cf. II, vi, 9 and 11 and 13. (Many editors find *nostras me* an intolerable collocation; for which cf. however I, i, 33 *in me nostra Venus*, etc. Here, if the passage is correctly interpreted above, *nostras* and *me* belong virtually to separate statements.)

24. et in tota non bonus urbe fuit: really *non bonus* belongs to the hexameter as well; so one could render '—an ugly rumour, and all the town has heard it'.

25. Here begins a justification of Cynthia's conduct, in antithesis to all that has gone before; and this justification is not on the ground that she is innocent of amorous adventures, but that these are after all venial and defended by precedents in legend (and, as is added later in 43 ff., by the *mores* of contemporary Rome).

tu non debes: the context admits either 'you should not' or 'you need not'. *tu* is Cynthia.

inimicae cedere linguae: i.e. heed the complaints of unfriendly critics (changing your ways accordingly), as *cedere precibus* is to heed requests.

[*cedere* is a conjecture: the MSS have *credere*. But it will appear that the misdemeanours alleged against Cynthia are not being denied or disbelieved as untrue but accepted and dismissed as venial. Moreover if *credere* is kept great difficulties arise because *tu* in 25 has to be Propertius, whereas *te* in 23 and almost certainly *tua* in 27 must refer to Cynthia. It is conceivable that 25 ff. (with *credere*) should be taken as spoken by Cynthia in her own defence, *tua*...*fama* in 27 referring to the reputation of Propertius as affected by Cynthia's through their association; but it is difficult then to see where her speech stops, and the difficulty mentioned at the outset of this note remains.]

26. semper...etc.: this is the reason why she need not take any notice: people *always* talk like that about a woman like her.

27–8. non tua deprenso...Phoebe, uidere manus: i.e. it is not as though she had done any really bad thing. That she is innocent of the kind of offences that religion condemns (i.e. serious ones) is implied by the invocation of the sun-god (all-seeing) as witness of her innocence of murder in particular.

29. lusu: i.e. love-making (with other men), which he calls *lusus* because he is making light of it.

31. Tyndaris: the daughter of Tyndareus (or Tyndarus), Helen, who fled with her Trojan seducer overseas, leaving her own country and her husband Menelaus.

32. sine decreto: 'uncondemned'; but *decretum* has probably some precise technical significance, which we cannot identify.

33. Venus...Martis, etc.: alluding to the story in *Odyssey* VIII, 267 ff., in which Venus' husband is Vulcan and Mars her lover.

35–40. quamuis Ida, etc.: this amour of man and goddess on Ida is by some taken to refer to Paris and Oenone, by others to Venus and Anchises. In the latter case, the clause introduced by *quamuis* depends formally on *nec minus in caelo semper honesta fuit* (the preceding line 34); and *Parim* in line 35 has to be replaced by some other word, e.g. *etiam*, for the amour of Venus on Ida was not with Paris. It will be noted that *Parim* before *pastorem* could be not improbably a product of corruption. Also, there are echoes, in the wording here, of the story of Venus and Anchises in the Homeric Hymn to Venus; which could, however, as well be due to unconscious association as to conscious reminiscence. The assumption adopted in the text here printed and in the notes below is that the pair referred to are not Venus and Anchises but Oenone and Paris; for two main reasons. First, it is more probable on grounds of stylistic balance that two examples treated each in a single couplet should be followed by one treated at greater length, than that a single couplet should be devoted to Helen and followed by eight lines devoted to Venus. Secondly, both *sororum* in line 37 and the vocative *Nai* (itself, however, a product of conjecture) in line 40 suit the person of Oenone (a nymph) particularly well. The objection that the affair of Oenone and Paris (Ov. *Her.* v) does not match the other scandals is not a strong one, considering how freely Propertius is wont to treat his mythology; his point here is that it was irregular and yet tolerantly regarded by the neighbours.

35. quamuis Ida...dicat: 'though Ida tells how...', i.e. though Ida is witness to the story that...; the figure of speech involved is in the same class as that in II, xxxi, 14 *maerebat*, etc. The point of *quamuis* is thus not really 'though Ida tells...' but 'though (as Ida tells) a nymph had an affair with a human, and a mere shepherd at that, still her sister nymphs thought none the worse of her'.

Parim pastorem: Paris as he tended his flocks; or 'when he was only a shepherd'; cf. Ov. *Her.* v, 11–12 *qui nunc Priamides... seruus eras; seruo nubere nympha tuli* (Oenone speaks).

36. atque inter pecudes accubuisse: 'and lay with her lover among his beasts'; cf. Ov. *Her.* v, 13 *saepe greges inter requieuimus*, etc.; regarding *accubuisse* cf. II, xxx, 36 above.

deam: for this term used of a nymph cf. Virg. *Aen.* XI, 852; Ov. *Fast.* I, 398.

37. spectauit: the common value of *spectare* = 'watch', without further implication, would be either pointless or ludicrous here (whatever persons we suppose to be the lovers); the sense required is indicated by the lines (32 and 34) which cap the previous examples, and by Virg. *Ec.* III, 8–9 *nouimus et qui te, transuersa tuentibus hircis, et quo (sed faciles nymphae risere) sacello*, where it is meant that the nymphs were not critical; i.e. here *hoc...spectauit* = 'looked on and found no fault with your affair', a sense not far from that in Hor. *Epist.* I, xvi, 57 *uir bonus, omne forum quem spectat...*; Quint. *I.O.* VIII, v, 25 *duae sunt diuersae opiniones, aliorum sententias solas paene spectantium, aliorum omnino damnantium*; and seen most clearly in the past participle *spectatus*.

[*et hamadryadum* is read here by some manuscripts; those generally regarded as representing the tradition give *etiam (h)amadryadum*, unmetrically. It is a question whether *etiam adryadum* (cf. I, xx, 12 but also 32) should be preferred.]

sororum: the Dryads (strictly tree-nymphs) can be regarded as sisters of a Naiad (water-nymph, such as Oenone was), for both are woodland spirits; apart from this, the names are readily interchanged, e.g. at Ov. *Met.* 690–1 *inter hamadryadas celeberrima Nonacrinas naias una fuit*, and at Prop. I, xx, 7–12 and 45–7 water-nymphs are called Dryads. [If one thinks of Venus and not Oenone in this story, then the *sorores* here will be '*the* sisters' and not '*her* sisters'. See note on 35–40 above.]

38. Sileni = elderly satyrs (more good-natured than the *senes duri* of II, xxx, 13 above).

pater ipse chori: it is not clear who this is; probably the principal Silenus, of whom so many tales are told; he is addressed as *pater* by the *satyri* in Ov. *A.A.* I, 548.

39. Idaeo...sub antro: 'in the vales of Ida'; *antrum* here must = *uallis* as it sometimes does, for the apple-trees will hardly be growing in a cave. For *sub antro* with this sense cf. Virg. *Aen.* IX, 244 *sub uallibus*; Tib. II, iii, 19 *ualle sub alta*.

40. Nai: the nymph Oenone, daughter of a river. *Nais* and *Naias* are alternative forms of the word for a water-nymph.

[*supposita excipiens, Nai, caduca manu*: this incorporates a conjecture, for the MSS have *Naica dona*. No adjective *naicus* is elsewhere found, and the phrase *naica dona* seems anyway odd. But it is not certain that emendation is necessary.]

41. tanto stuprorum examine: referring to what follows (conditions at Rome) as much as to the legendary examples quoted above.

42. cur...quis...unde...?: suggesting the questions asked in a prosecution for a crime: cf. Cic. *Cluent.* 124 *doce quam pecuniam Cluentius dederit, unde dederit, quemadmodum dederit*; *Rosc. Am.* 74 *cui dedit? per quam dedit? unde aut quantum dedit?*; Quint. *I.O.* v, vii, 37 *quis numerauit? ubi? unde?*

45. Lesbia: the woman whom Catullus loved and wrote about.

47–8. qui quaerit...hic posuit nostra nuper in urbe pedem: 'anyone who expects to find (or, wants to see a return to)...must be a newcomer to this city of ours'.

47. Tatios ueteres: i.e. the morals of people like Tatius of old; the man named as an example of the austere simplicity of a distant past being Titus Tatius, the legendary Sabine leader who fought with Romulus and then became his colleague in the kingship of Rome.

[*durosque Sabinos*: this is the reading of the MSS. There is something to be said for the conjecture *durasque Sabinas*.]

49. tu: an imaginary second person.

50. deligere: 'pluck down'.

52. hic mos: i.e. *nolle peccare*, innocence, was in fashion in the golden age of Saturn (and has not been in fashion since).

53. at cum Deucalionis aquae, etc.: at the time of the Flood, which Deucalion and his wife Pyrrha alone survived, by constructing a ship or taking refuge on a mountain top. This flood occurred after the golden age of Saturn, when Jupiter had become king of the world; and it was sent as a punishment for wickedness, then become prevalent among human kind.

[*at* here is an emendation, for *et*, given by the MSS.]

55. quis potuit lectum seruare pudicum: the context is female conduct specifically; so here either *quis* is said of a woman (as it can be), or the sense is 'what man could get his woman to stay chaste?'.

56. quae dea... etc.: though the syntax is still governed by the *cum*-clause of 53–4, the thought is not.

57. Minois: genitive of Minos, king of Crete, whose wife Pasiphae fell in love with a bull, and by it became mother of the Minotaur.

58. torui...bouis: 'of a glowering bull'.

59. nec minus...Danae, etc.: 'and Danae likewise...'.

circumdata: 'enclosed as she was by...'.

60. non potuit magno casta negare Ioui: 'could yet not

resist the might of Jupiter and keep her virtue'. (Strictly, the wall is relevant to Jupiter's access to her, not to her reception of him; but the thought is simply 'even the brazen wall could not keep Danae chaste'.)

61. Graias...Latinas: cf. 58–60 and 41–8.

[*es tuque imitata* is a conjecture for the tradition's *tuque es imitata*; the quantity of *es* being short elsewhere in Augustan verse. See, too, *app. crit.*]

62. semper uiue meo libera iudicio: 'live on and love, acquitted by my judgment'. *uiue* has the connotation implied in Catull. v, 1 *uiuamus...atque amemus*; and with this *libera* = 'free of restraint'; cf. Cic. *Cael.* 38 *si uidua libere...uiueret.* But with *meo...iudicio* attached *libera* acquires the connotation suggested by *liberare* = 'acquit'.

XXXIII A

Ten days of abstinence are imposed on Cynthia by a religious obligation to Isis. The poet apostrophizes the goddess, complaining of her cruelty. At the end he turns to Cynthia with an invitation.

The piece contains some unresolved obscurities. Its relation to xxxiii B will be discussed in the introductory note to xxxiii B.

1. sollemnia: recurrent (chiefly annual) religious observances (*sacra*).

iam redeunt: this must surely mean that the period of religious observance (ten days long, as the next line shows) is now come round again, i.e. is beginning again or in progress again.

2. est operata: 'is given up to the service of the goddess'. *operatus* = 'engaged in religious duty', like *feriatus* = 'forbidden profane occupation', normally refers to a *present* condition. Hence (and cf. preceding note) the ten days of Cynthia's service are not past, but beginning or in progress.

noctes...decem: cf. II, xxviii, 61–2.

3. pereant: the subject is the *sacra* described in the following clause.

4. Inachis: daughter of Inachus, a king of Argos. This is Io, seduced by Jupiter, changed into the shape of a cow, guarded by hundred-eyed Argus, driven all over the world by Juno's gadfly, and finally restored to her own form in Egypt, where she found rest. She was commonly identified with the Egyptian goddess Isis, and here *Inachis* = *Io* = *Isis*.

matronis: Isis attracted as worshippers women of all classes, *meretrices* as well as *matronae*; cf. IV, v, 33–4, Tib. I, iii, 23–6, Ov. *Am.* I, viii, 73–4, III, ix, 34, etc. Here *matronis* appears to stand for women in general, and perhaps has been chosen for sound or metrical value; some editors, however, reason from it that Cynthia herself was a *matrona*, and not a *meretrix*, as commonly supposed. For a view of the cult of Isis through the eyes of a male worshipper see Apul. *Met.* XI.

6. quaecumque illa fuit: Isis had many identifications cf. Apul. *Met.* XI, 22 *deae multinominis*; Plut. *Is.* 372 E); and that she had once been a mortal woman (Io) before she was a *dea* was only one story about her. (Possibly relevant here also is Catull. XXXIV, 21–2 *sis quocumque tibi placet sancta nomine*, where Diana has been addressed by several names.)

semper amara fuit?: 'was she always cruel?', as she is now that she is a *dea*. (The words here printed as an aggrieved question are usually printed as a statement. The question has been preferred because the following *tu certe...* reads most easily as an answer. But there may be a lost point in 5–7.)

7. tu certe...: the point seems to be that Io at least would not be expected to be cruel to lovers, because of her own sufferings from love. (Possibly *multas...inire uias* has some special colloquial meaning, e.g. 'be persecuted' or 'be driven to distraction', as lovers are by these enforced separations. But it seems to be regular for embarking on a course or journey; for cf. Ov. *Am.* II, xi, 8 *fallaces...inire uias*; *R.A.* 578 *ignotas... uias*; Val. Fl. III, 629 *orat inire uias*, said of the Argonauts, eager to resume their voyage.)

9. cum te iussit habere puellam cornua Iuno: according to one version of the story it was Jupiter who changed Io into the shape of a cow, for concealment; in another (as here and at III, xxii, 35) it was Juno, from jealousy. Concerning the rhythm of this line cf. 27 below and note on II, i, 51; here the distinctive rhythm seems to help to point the incongruity *puellam/cornua*.

10. pecoris: for the neuter *pecus*, usually collective, said of a single beast cf. II, xvi, 8.

pecoris duro perdere uerba sono: 'and lose (or, blur) your (human) speech in the hoarse moo of a cow'.

12. pasta: neuter plural, of the passive participle (as from *pascor* = 'feed on', not as from *pasco* = 'feed') and agreeing with *arbuta*. She chewed (again) the arbutus leaves already eaten by her in her grazing: i.e. she chewed the cud. Cf. Ov. *Am.* III, v, 17–18 *reuocatas ruminat herbas atque iterum pasto pascitur ante cibo.*

[*mandisti* and *arbuta* are emendations; the MSS have *mansisti* and *abdita*.]

18–19. sed tibi, crede mihi, cornua rursus erunt, aut nos e nostra te, saeua, fugabimus urbe: (?) 'but take my advice and get your horns again, or we'll banish you from this city of ours, you cruel goddess'. This is evidently an exhortation accompanied by a threat, in the familiar form 'either you'll..., or...!'. For the future tense representing an injunction cf. Cic. *Fam.* III, ix, 4 *haec igitur tibi erunt curae,...meque totum...et meos commendatos habebis*, and other exx. in Kühner–Stegmann 2 (1), p. 144. For *crede mihi* in an injunction (as well as in assertions) cf. Hor. *Sat.* II, vi, 93 *carpe uiam, mihi crede, comes.*

The point of *tibi...cornua rursus erunt* is lost. Does it simply mean 'just you turn back into a cow again!'? [A possibility is that it refers to the arrival of a phase of the moon which will end the period of ritual abstinence. Cf. for the wording, in that case, Ov. *Fast.* II, 447 *luna resumebat decimo noua cornua motu.* The words could be addressed to Isis, because the moon was one of Isis' many identifications; cf. on 6 above, and Plutarch *Isis and Osiris* 372D, and Apul. *Met.* XI, 1–5; she was represented with horns over her head, supposed to symbolize those of the moon; cf. Ov. *Met.* IX, 688 (in a description of Isis) *inerant lunaria cornua fronti.* All this, however, is only conjecture.

Line 18 could of course be construed in another way, not as an injunction, but as a threat alternative to the threat in 19. But it is then still harder to imagine what the point in it could be, or how it could fail to weaken the force of the threat in 19. The phrases in which *cornua* seems to stand for 'courage' or 'spirit'—e.g. Ov. *Am.* III, xi, 6 *uenerunt capiti cornua sera meo*—can hardly be relevant here.]

19. e nostra te...fugabimus urbe: this was topical, for in 28 B.C. Octavian forbade the practice of the rites of Isis at Rome within the *pomoerium*, according to Dio C. LIII, 2; and in 21 B.C. (*ibid.* LIV, 6) Agrippa excluded them from the city altogether. But they returned.

21. at tu: here he apostrophizes or addresses Cynthia.

nostro nimium placata dolore es: the meaning is not determined. Perhaps (1) he addresses her in terms appropriate to a divinity: 'you, propitiated all too thoroughly by this suffering of mine'; *placata* being said, like *placemus uentos* in Virg. *Aen.* III, 115, of favour secured in advance rather than of displeasure appeased in retrospect—for there is no indication in the piece that there has been a quarrel. Or perhaps (2) *placata* is here an adjective with the value calm (= *placida*; and cf. the sense of the verb in Virg. *Aen.* XI, 300 *placati...animi*); then *nostro...dolore* will have to mean 'in my distress', i.e. in the face of my distress: she does not mind as much as he would like her to.

22. noctibus his uacui: being free of these nights, i.e. '*when we are* quit of these nights' (of abstinence); the construction being as with *uacuus molestiis*. (This supposes that the period of abstinence is not yet over; cf. notes on 1 and 2 above. If we suppose it over, the sense here will be 'now that we are quit', etc.)

ter faciamus iter: erotic jargon, for the meaning of which cf. Hor. *Epod.* XII, 15 *Inachiam ter nocte potes*; Ov. *Am.* III, vii, 24 *ter Libas officio continuata meo est*; and Prop. III, x, 32 *sic peragamus iter*; III, xv, 4 *et data libertas noscere amoris iter.*

XXXIII B

The poet is at table with Cynthia (no doubt with others, at a *conuiuium*; cf. II, XXX B; Ov. *Am.* I, iv, etc.); it is getting late and he cannot gain her attention. His thoughts are presented as a soliloquy, through much of which he apostrophizes her.

These lines are presented by the MSS as continuous with XXXIII A. If the view of XXXIII A expressed in the notes on lines 1 and 2 of that piece is wrong, and the invitation in lines 21–2 of it can consequently be regarded as an immediate one, it is possible to take the two pieces as successive phases of the same soliloquy. But if in XXXIII A a period of abstinence is still in force, then 41–2 here, which seem to imply an invitation, make it clear that the two pieces are separate. They are, however, not unrelated, having both for subject a frustrated condition of the lover. It will be noticed also that they are identical in length.

23. uerba sinis mea ludere: i.e. you let me talk on unheeded. *sinis...ludere* is evidently a colloquialism, for a more literal application of which cf. Ter. *Ad.* 377 *gongrum istum maximum in aqua sinito ludere tantisper* (where the eel is to be put on one side to be attended to later).

24. Icarii...boues: by 'the oxen (or, plough and team) of Icarus' is meant the constellation variously known as the Bear, Plough or Wain. Supposed to be attendant (as Bear-Ward, Plough-man or Waggoner) on this was the constellation Bootes, the chief star of which (Arcturus) was identified with Icarus or Icarius, the legendary Athenian (cf. line 29 below) who learned the art of making wine from Bacchus and was killed by some rustics to whom he had given a sample of his discovery with the result that they became intoxicated.

flectant...sidera tarda: the constellation is said to be already 'bringing its slow stars around the turn' when the stars composing it have reached mid-course in their slow rotation; cf. Ov. *Met.* x, 446–7 *tempus erat quo...flexerat obliquo plaustrum temone Bootes.*

25. lenta bibis: this contains two meanings: (1) 'you drink on, unheeding' (of my appeals), as in II, xiv, 14 *lenta sedere*; and (2) 'you persist in drinking', as in Ov. *Rem. Am.* 243 *nec satis esse putes discedere : lentus abesto.*

mediae...noctes: the plural occurs also in I, xvi, 23–4 *me mediae noctes, me sidera...me dolet aura*, etc. It seems more likely to be a phrase in common use, meaning 'midnight' as a phase of the night, than either a poetic plural or a true plural ('nights').

26. talos: for dice at table cf. III, x, 27, IV, viii, 45.

27. meracas...uuas: i.e. the grapes that yield strong wine, or 'the strong juice of the grape'; *meracus*, being said properly of *wine* (especially) that is undiluted or little diluted.

28. nectare: here 'wine', by a metonymy that is not common; cf. Stat. *Silu.* II, ii, 99 *Baccheo nectare.*

bonas...(aquas): (?) 'honest'.

29. Icare: see on line 24 above.

30. pampineus...quam sit amarus odor: i.e. how hurtful (bitter in its consequences).

31. Eurytion: the centaur who laid hands on the bride at the wedding of Pirithous and Hippodamia, thus provoking the legendary fight between the Centaurs and the Lapiths.

peristi: wine was 'your undoing'.

32. Ismario...mero: Ulysses intoxicated the Cyclops Polyphemus with wine of exceptional strength and fragrance which had been given to him by Maron, priest of Apollo at Ismarus in Thrace.

33. uino corrumpitur aetas: 'life's flower is withered'; i.e. the health and strength and attractiveness that go with youth are spoiled.

34. uino saepe...nescit, etc.: i.e. wine often causes her to...; for this ablative cf. II, iv, 21 above *saepe uno mutat praecordia uerbo.*

suum nescit amica uirum: i.e. does not know which is hers, the syntax being similar to that of Mart. IX, lxi, 18 *atque suas potuit dicere nemo rosas.* (Perhaps the sense 'abstain from' should be kept in mind as possibly relevant; cf. Juv. VII, 97 *uinum toto nescire Decembri.*)

35. Lyaeo: i.e. *Baccho* = *uino.*

36. iam bibe: the *iam* here is permissive, 'if you will'; cf. Cic. *Verr.* II, iv, 150 *laudent te iam sane Mamertini, quoniam ex tota prouincia soli sunt qui te saluum esse uelint...*; Ov. *Her.* II, 83 *iam nunc doctas eat...Athenas: armiferam Thracen qui regat alter erit.*

37. sertae: this feminine plural (instead of the regular neuter plural *serta*) is attributed as an idiosyncracy to Propertius by the grammarian Charisius, who quotes this line as his example; it is given here by *N* alone of our MSS.

tua: grammatically with *pocula* but really applying as much to *sertae.*

38. deducta...uoce: the meaning of this is not really known. In Lucil. 985 *deducta tum uoce leo* (where the lion is addressing the fox in a fable) a cooing, blandishing voice may be meant, as also in Cornificius *fr.* 1 *deducta mihi uoce garrienti*; in Afranius 340 *respondit tristis uoce deducta* the voice is presumably mournful. Taking these examples (admittedly rather indefinite ones) with the fact that the woman is (cf. line 37) tipsy, one conjectures that an exaggeratedly plaintive enunciation is meant.

39. largius effuso madeat, etc.: the connection in thought with the preceding *cum*-clause is: 'when I see...and hear... I think to myself...'. [Many editors attach the *cum*-clause in 37–8 to *nil tibi uina nocent* in 36, and not to this sentence.]

39–40. largius effuso...mollius in calice: 'then all the more (say I) let the table swim with spilled Falernian and the wine froth foaming in your golden cup'. This rendering supposes *mollius* to refer to the texture of the foam or froth; but the value of the word here is uncertain.

[**43–4** and **41–2.** The order in which these couplets are presented by the MSS is here inverted, in the belief that 43–4 got omitted at first by the copyist on account of the homoearchon *spumet* 40/*semper* 43.]

43–4. This is a resigned reflection: he is always there, so it's natural that she is not much interested in him.

43. felicior aestus: this is not yet convincingly interpreted. *aestus* might easily be the burning heat of love; but it is hard then to find a satisfactory value for *felicior*. Perhaps the meaning is that the tide of love is set favourably; for cf. Ov. *Her.* XVI, 23–6 *illa* (*Venus*) *dedit faciles auras uentosque secundos* (a fair voyage in the literal sense)...: *perstet, et, ut pelagi, sic pectoris adiuuet aestum : deferat in portus et mea uota suos.* For *felix* = 'favourable' in the context of sailing cf. Virg. *Aen.* III, 120 *Zephyris felicibus*, etc.

44. eleuat: i.e. makes to seem of no account; cf. below II, xxxiv, 58 *tibi nunc eleuor.*

41–2. This, in its turn, is a comforting reflection: he has only to be patient.

41. tamen: 'but all the same', i.e. 'but never mind; for...'.

XXXIV

These 94 lines are given by the MSS as a single continuous piece, and indeed by most MSS as continuous with the preceding elegy also. There is no doubt that they have been correctly separated from the preceding elegy. There is some doubt whether they should themselves be regarded as a single piece, or as comprising two, or three, distinct though related elegies. In 1–24 (or 22) the poet addresses a friend under the pseudonym Lynceus, complaining (in no very serious tone) that he has tried to take his woman from him; in 25 (or 23)–58 he teases the same Lynceus (who it now appears is a grave character, and a poet), for having succumbed to love at last, warning him that he will now have to give up the solemn kinds of poetry that he has practised hitherto and try the kind in which Propertius himself excels; in 59–94 he contrasts his own poetic talent with that of Virgil, complimenting Virgil with deference but concluding with the affirmation that his kind of poetry too has its honour and can confer immortality. The content of 1–22 is thus very different from that of what follows; but the transition in 21–6 is a smooth and natural one, suggesting no intended break in continuity. Moreover, the structure-pattern of 1–94, if regarded as a single piece, seems to repeat that of elegy i above: an introductory unit followed by two units of equal or nearly equal length one to another, which moreover resemble one another in the patterning of their internal economy (here 8 + 14 + 12 followed by 8 + 14 + 14: the overlap of one couplet does not invalidate the evidence of design in the pattern). The whole is therefore printed here as a single elegy, but paragraphed. Concerning the possible identity of Lynceus see p. 235 below.

1. faciem: here virtually 'beauty', as at I, xv, 6, III, xviii, 27, IV, vii, 42.

Amori: here Amor is a kind of collective personification of Other Men, as viewed by an anxious lover; cf. II, vi, 22 above *per te nunc Romae quidlibet audet Amor.*

credat: here of 'entrusting' not to what is sure (*fidei alicuius*, etc.) but to what is unsure (cf. *pugnae*, *mari*, etc.); and so 'trust to the mercies of...'.

5. polluit...cognatos: Love soils kinsmen with guilt because to offend against a kinsman involves religious pollution.

soluit amicos: Love parts the ties that hold friends together.

7. hospes in hospitium: i.e. the man who stole Menelaus' wife was a guest whom he had welcomed under his own roof. *in hospitium* is added to reinforce the point of *hospes.*

8. Colchis: Medea.

9. meam...curam: 'my love', i.e. the object of his love.

13. tu mihi, etc.: the value of the imperative is 'you are welcome to...'.

uel ferro pectus uel perde ueneno: i.e. *uel ferro pectus tranfode uel uitam perde ueneno.*

15. te socium uitae...esse licebit: i.e. you can have a share of my very soul (i.e. what is most precious to me). *uita* here is of the principle of life, as in Virg. *Aen.* XII, 952 *uitaque cum gemitu fugit indignata sub auras*, etc.

corporis: 'body' is natural complement of 'soul' in a phrase such as this, and we need not look for any further meaning in *socium corporis* than that the poet will share *anything* he has with Lynceus except his mistress.

17. te deprecor: i.e. 'I beg you to keep your hands off...'.

lecto: cf. on II, xviii, 35 above.

19. solus: i.e. even when there is no other man there for me to fear.

quod nil est: in apposition to *umbras*: 'of my own shadow, of nothing at all...'.

aemulor: 'I am jealous of', i.e. have the attitude of an *aemulus* (rival or competitor) towards.

22. errabant: i.e. he was talking wildly, without normal self-control.

23. ruga: the furrow on the brow that indicates a stern and serious-minded person. It appears from what follows that Lynceus was addicted to philosophical studies and various serious sorts of poetry. No doubt in all this there is an element of friendly caricature. See also p. 235 below.

25. insanit amores: the accusative *amores* is an 'internal' accusative, as if one had *insanit insaniam*.

26. solum te: 'you of all people'; cf. the sense 'above all' in phrases such as Ov. *A.A.* I, 131 *Romule, militibus scisti dare commoda solus*.

27. sapientia: i.e. philosophical studies.

Socraticis...libris: here 'Socratic books' are evidently a general term for treatises on moral philosophy; cf. Hor. *Od.* III, xxi, 9 *non ille quamquam Socraticis madet sermonibus te negleget horridus*.

28. rerum uias: 'nature's motions', perhaps referring to the motions of atoms or elements in the creation of the world, perhaps to the motions of the heavenly bodies; *rerum* here has the same value as in *rerum natura*.

29. Aratei...lecti: Aratus of Soli in the early 3rd century B.C. wrote a poem called the *Phaenomena*, describing in hexameter verse the positions and movements of the heavenly bodies; it was much read and admired, and was translated into Latin by Cicero among others. His poem here is called 'poetic product of Aratus' couch' because he is thought of as reclining on a couch as he composes: cf. Sen. *Ep.* LXXII, 2 *quaedam sunt quae possis et in cisio scribere; quaedam lectum et otium et secretum desiderant*. And he is so thought of because an epigram of Callimachus (*A.P.* IX, 507) had referred to his poems as Ἀρήτου σύντονος ἀγρυπνίη, i.e. fruits of his midnight labours. The connection between *lectus* here and ἀγρυπνίη (= vigil) in Callimachus is shown by the Latin term *lecticula lucubratoria* (see Suet. *Aug.* 78), *lucubratio* (i.e. burning midnight oil in study or composition) and ἀγρυπνίη (in the epigram) being the same thing.

[*Aratei...lecti* is a conjecture, the MSS giving here a garbled text. For such garbling of proper names cf., for instance, *app. crit.* on II, xxxi, 4 above.]

30. uester...senex: i.e. that old poet whom you and your friends so much admire. *senex* may be said in poetry of a notable person of long ago without inviting the reader to imagine him as an old man; cf. Stat. *Silu.* I, i, 102 *Atticus...senior* (= Phidias); Virg. *Ec.* VI, 70 *Ascraeo...seni* (= Hesiod). Sometimes, as perhaps here, a certain impatience or mild contempt is implied; cf. Stat. *Silu.* IV, ix, 20 *Bruti senis oscitationes.*

31. tu satius...imitere: 'better that you should...' or 'you should rather...'. It is hard to say whether *satius* here is an adjective and the construction *satius est* (*ut*) *imitere*, or an adverb with the value commonly attaching to *potius*. No certain parallel is available for either use, the normal construction of *satius* being that seen in II, xxv, 11 above *nonne fuit satius duro seruire tyranno.*

Musis: 'in your poems' (if the text is right); cf. Virg. *Ec.* VIII, 1 *pastorum Musam Damonis et Alphesiboei*, etc.

memorem...Philitan: if the text is right we must suppose that *memorem* here means 'learned' or translates a Greek epithet applying to Philitas which is otherwise unknown to us. Philitas was a celebrated Greek elegiac poet of the third century B.C., said by Quintilian *I.O.* X, i, 58 to be second only to Callimachus in that department.

[A suggested emendation would read *tu satius Meropen... imitere Philitae*, supposing *Merope*, an ancient name for Cos, to be the title of a lost work by Philitas, himself a Coan. See *Rhein. Mus.* CV (1962), p. 347. Another possibility is *tenuem...Philitan*; balancing *non inflati...Callimachi* in 32 and providing an exactly appropriate epithet, for which cf. III, i, 5 where *carmen tenuastis* is said of these two poets.]

32. somnia Callimachi: Callimachus of Cyrene, of the third century B.C., was considered the greatest of the elegiac poets. The 'dream of Callimachus' is his most famous work, a story-cycle called the *Aitia*; at the beginning of which the poet supposed himself transported to Mt Helicon in a dream and there instructed by the Muses. The *Aitia* narrated in elegiac verse the 'origins' in legend of various customs, institutions, etc.

non inflati: i.e. with a style opposite in character to that indicated by *tumidus* in Catull. XCV, 10 *at populus tumido gaudeat Antimacho*. The value of these epithets *tumidus* and *inflatus* as applied to style is shown by *ad Herenn*. IV, 15 *grauis oratio saepe imperitis uidetur ea quae turget et inflata est, cum aut nouis aut priscis uerbis aut duriter aliunde translatis aut grauioribus quam res postulat aliquid dicitur*. The opposed quality here indicated by *non inflatus* is elsewhere, in respect of the Callimachean style, indicated by *tenuis*; cf. III, i, 5 *carmen tenuastis*; 8 *exactus tenui pumice uersus eat*. It is hard to fix the exact meaning in English: 'restrained' is one element, 'finely-wrought' another, 'subtle' another.

31–2. In recommending Lynceus, now that he is in love, to imitate Philitas and Callimachus the speaker seems to be recommending the elegiac medium and the style associated with it. This medium and this style are suitable for love-poetry; but the poem indicated by *somnia Callimachi*, the *Aitia*, was not a love-poem but a collection of legendary tales (some indeed including a love-element).

[**33–8.** These six lines are introduced in the MSS by *nam rursus licet*...; i.e. Lynceus is told that he may, now that he is in love, proceed to write again on certain subjects which he has evidently treated in the past, namely the river Achelous, the course of the river Maeander, and the horse Arion given by Hercules to Adrastus of Argos, which was gifted with speech and won the chariot race at the first holding of the Nemean games. But the upshot of the whole passage 26–44 of which this is part is that Lynceus should give up the kinds of poetry that he has hitherto attempted and turn to something new. The force of this would be spoiled rather than helped by exceptions, and of the exceptions which would here be in question two at least (the Maeander and Arion) would seem pointless in the context, as having no relevance to love. Hence it is here supposed that *prohibitions* are being enumerated as in what follows, and that *non rursus licet*...should be read in line 33. See also pp. 235–6.]

33. non rursus: 'no more'; cf. Virg. *Ec*. X, 62 *iam neque Hamadryades rursus neque carmina nobis ipsa placent*.

Aetoli...Acheloi: the Achelous, largest river in Greece, formed the frontier between Aetolia and Acarnania before issuing into the Ionian sea, where a group of small islands lay off its mouth; see Thucyd. II, 102.

34. magno fractus amore liquor: an allusion, if the text is right, to the fight between Hercules and the (personified) Achelous over Deianira, in which the victor Hercules broke off one of his rival's horns (regular attributes of a river-god). The words might mean either 'maimed as a result of his passion', or 'broken by passion'. [*fractus* is a correction, for the tradition's *factus*. It is a question whether *magno*...*ab ore* (*fluxerit*) should not be read for *magno*...*amore* (*fractus*), so that the allusion in *fractus* would be to a physical fact about the Achelous (the island obstacles at its mouth), as with Maeander in the following couplet, rather than to the story of Deianira and the fight with Hercules; for an allusion to love here would seem appropriate only if similar allusions were present, as they appear not to be, in the subjects cited in the following two couplets. For (reverse) interchange of *b* and *m* in copying cf. IV, viii, 15 where *Cynthia mannis* has been corrupted into *Cynthia ab annis* by the tradition; and here corruption would be assisted by the echo of *magno*... *amore* in line 30 above, and perhaps a recollection of *fractus amore* in III, xxi, 33.]

35–6. fallax Maeandria...unda: the river Maeander with its intricately winding course through Phrygia and Caria, said to have given Daedalus the idea of the labyrinth (cf. *fallax*).

ut...errat et...decipit: for the indicative in the dependent clause, between the (normal) subjunctives *fluxerit* (34) and *fuerit* (37), cf. above II, xvi, 29–30, II, xxx, 29–30, and III, v, 25–46. This is rare in the other Augustan poets.

36. ipsa suas decipit unda uias: the idea is that the river makes itself lose its own way, or not know which way it is going.

37. qualis et...fuerit: after *referas* in line 33 it may be that *qualis* merely gives the sense 'describe'; but perhaps it adds a value such as 'the *wonderful* horse Arion', etc.

Adrasti: Adrastus king of Argos who went as one of the Seven against Thebes and alone of them escaped.

uocalis Arion: a marvellous horse, born of Ceres and Neptune (Apollodorus, III, vi, 8) and endowed among other remarkable attributes with the gift of speech; he was given by Hercules to Adrastus, whom he saved in the defeat at Thebes.

38. ad Archemori funera: Archemorus is name of a child nursed at Nemea by Hypsipyle of Lemnos (who had been sold thither as a slave). When the expedition of the Seven came to Nemea on their way to Thebes, Hypsipyle went to show them where to find water, and during her absence the child was killed by a snake. The first Nemean games were held for Archemorus' funeral, and Adrastus' horse Arion won a victory, driven by Polynices (Apoll. III, vi, 4 and Stat. *Theb.* VI, 301 ff.).

tristia...funera: not only 'sad' but 'fatal', as it was an omen of disaster. [*tristia* is an emendation, for *tristis* given by the tradition; *tristis* as epithet of *equus* seems stylistically improbable beside the other nominative epithets *uocalis* and *uictor*.]

39–40. Amphiareae...quadrigae aut Capanei...ruina: in the defeat of the Seven at Thebes Amphiaraus was swallowed up with his chariot in a chasm and Capaneus was blasted by Jupiter with a thunderbolt as he tried to scale the walls.

Amphīărĕa͞e: we expect *Amphĭărāēa͞e* from *Amphĭărāus*, or *Amphĭărēa͞e* from a possible bye-form *Amphiareus*. Various emendations have been suggested, but it seems as easy to suppose that the *i* of the second syllable is lengthened by the same process which make *Ĭtalus* scan as *Ītalus* when required; and that the *e* of the penultimate is shortened by the process which yields *Căphārĕă* (neut. pl.) at III, vii, 39 but *Căphārēam* (fem. acc.) at Ov. *Tr.* V, vii, 36.

For variable scansion of proper names cf. I, vi, 31 Ī̆ōnĭă, II, xxvi, 2 Īŏnĭō; II, xvi, 55 Sīdōnĭă, II, xxix, 15 Sīdŏnĭa͞e; II, xvi, 51 Ŏrīōn, xxvi, 56 Ōrīōn; II, xix, 17 Dĭānāe, II, xxviii, 60 Dīānāe. See Platnauer, *L.E.V.* p. 54.

non prosint: 'cannot help you', potential. Presumably Lynceus has projected an epic on the Theban War.

40. Capanei: scanned here *Capanēī*.

41. coturno: the buskin of the tragic actor, here as often indicating by metonymy the high style of tragic diction.

Aeschyleo...coturno is (I think) ablative, of manner, *componere uerba* being almost exactly our 'compose'.

42. ad mollis membra resolue choros: 'relax and learn to move to softer measures', i.e. amorous verse in elegiac metre.

43. angusto uersus includere torno: 'to turn your verses in a narrow compass'; the verse is to be turned on the lathe to a high finish, and the lathe is to be set so that the product is slender, not massive or bulky; cf. note on *non inflati* in line 32 above. The construction may be a conflation of *uersus polire torno* and *uerba uersu includere* (Cic. *de Or.* III, 184).

44. inque tuos ignis, dure poeta, ueni: (?) 'take your own love for subject now'; or (?) 'yield to your love'.

45. Antimacho...Homero: Antimachus of Colophon (fl. *c.* 400 B.C.) wrote an epic Thebaid, and is here cited like Homer as an epic poet. He also celebrated a mistress, Lyde. There was a tale that Homer too fell in love, with Penelope. The loves of both these were enumerated, with those of many other poets, in Hermesianax of Colophon's *Leontion* (see *Collectanea Alexandrina*, ed. J. U. Powell, pp. 98–9).

ibis: cf. on II, xiii, 56.

46. recta: apparently referring to shape, both of feature and figure; for Catull. LXXXVI, 1–2 enumerates *candida, longa, recta* as indicating the components of a beauty, and when complexion and size are eliminated shape is left.

47–50. The thought is that Lynceus, when love attacks him, will not know how to adapt himself to his condition without some instruction from Propertius. When we think of 'taming' we think of subjugation rather than of training; but in fact training is what Propertius is promising Lynceus; the subjugation will obviously be done by Love.

49. patieris: i.e. know how to endure love patiently when it comes, without futile resistance, etc.

[should *durus* = 'rough as you are' be read here instead of *duros*?]

50. trux tamen...ante domandus eris: 'wild though you are'; or 'despite your wildness'. *tamen* here points the contrast between *trux* and *domandus*; cf. Virg. *Ec.* I, 27 *libertas, quae sera tamen respexit inertem.*

51. harum: referring to *puellae* as a class. They are not interested in the nature of the physical world, or in the causes of celestial phenomena.

52. nec cur fraternis Luna laboret equis: (?) 'nor why her brother's chariot makes the moon dwindle'. A very difficult line. Perhaps the reference here is to eclipse of the moon, the ablative *fraternis...equis* being as in Virg. *Georg.* IV, 484 *Ixionii uento rota constitit orbis,* where *uento* = 'because the wind that drives it ceases'; so here *fraternis...equis* would have, on this view, to mean 'because the brightness of her brother's chariot is cut off from her'. Or perhaps the reference is to the moon's monthly waning, which occurs as sun and moon draw nearer together, and so 'at the approach of' Diana's brother's chariot.

53. nec si post Stygias aliquid restabimus undas: 'nor whether in some shape we shall still exist beyond the waters of

Styx'. For the indicative in the indirect question cf. on 35–6 above. For the form of expression cf. variously IV, vii, 1 *sunt aliquid Manes*; Ov. *Am.* III, ix, 59 *si tamen e nobis aliquid nisi nomen et umbra restat*; Hor. *Od.* IV, vii, 16 *puluis et umbra sumus*.

'Beyond the waters of Styx' is said of course as we say 'beyond the grave'; but the question asked concerns the existence of Styx and Hades, as well as the continued existence there of our disembodied souls.

[*aliquid restabimus undas* here is a conjecture, the MSS giving variously *aliquid restabit* followed by a lacuna, and *aliquid restabit erumpnas*. An interesting alternative conjecture is *aliquis sedet arbiter undas*.]

54. nec si consulto fulmina missa tonent: the emphasis is on *consulto*, i.e. whether there is a purpose that aims the bolt and makes the thunderclap.

56. antiquo Marte: 'in wars of long ago'.

57. mixtas inter conuiua puellas: i.e. at dinner parties, among the girls of the company; *mixtas* indicates simply that a number of girls are in the company, as in Virg. *Ec.* X, 55 *mixtis lustrabo Maenala nymphis*.

58. hoc...quo tibi nunc eleuor ingenio: i.e. this talent of mine which now earns me no regard from you. *eleuare aliquem* is 'to make light of' him; cf. II, xxxiii, 44 above.

59. me iuuet: 'mine be it to...'.

hesternis...corollis: the ablative is of attendant circumstances, and the garlands are called *hesternae* because the drinking began yesterday and has gone on through all the night.

positum: reclining at ease.

languere: said primarily of the speaker, this spreads some of its meaning to the *corollae*, no doubt.

61. Actia...custodis litora Phoebi: there was a temple of Apollo at Actium, overlooking the scene of Octavian's naval victory over Antony and Cleopatra.

Vergilium: Virgil in fact celebrates the victory of Actium in *Aeneid* VIII, 675–713, as will Propertius later in IV, vi.

[*Vergilium* is an emendation, for *Vergilio* given by the tradition.]

62. fortis: acc. plural with *ratis*, no doubt.

63–4. The words *arma*, and *Lauinis...litoribus* recall the *arma uirumque cano* and *Lauinaque uenit litora* of the opening lines of the *Aeneid*, distinctively enough for us to be sure that

Propertius had heard or heard of these opening lines when he wrote this couplet. Of course it is not possible to infer anything from this about his personal relations with Virgil.

63. Aeneae...suscitat arma: i.e. rouses to arms the warrior Aeneas.

64. iactaque...moenia: here *iacere* is said as in *iacere fundamenta.* The verb is still *suscitat,* with a value different from that which it had with *arma* for object in 63; for its value here cf. Lucr. V, xi, 66 *delubra deum noua toto suscitat orbi.*

67. tu: Virgil is apostrophized.

Galaesi: the Galaesus was a Calabrian river and so appropriate to pastoral scenery; but it is not in fact mentioned in the *Eclogues,* to which Propertius is referring in 67–76 here.

68. Thyrsin...Daphnin: two shepherds named, with Corydon, in *Ec.* VII, 1–2.

attritis...harundinibus: the pan-pipe is worn with much use.

Some take the ablative as instrumental with *canis* (in 67), so that the pipe is the poet's. Others take the ablative as attributive, like *docta cuspide* in II, XXX, 38, so that the sense is 'Daphnis with his well-worn pipe'.

69. decem...mala puellas: in *Ec.* III, 70 the ten apples (or quinces) are sent to a boy; but in Theoc. III, 10 to a girl, as here.

70. impressis...ab uberibus: i.e. taken from its mother's teats which it still sucks, unweaned.

71. felix, qui...: the shepherd in the poem, or the poet, who can be identified with him.

72. huic licet ingratae Tityrus ipse canat: (?) 'to this woman *of mine* Tityrus himself could sing and get no response'. The line seems to have most point if thus understood (as an aside). The reader may, however, prefer to take it otherwise, e.g. 'even poor Tityrus can sing to *such a* girl, though she refuse him' (because he won't be impoverished by modest demands such as those in 71, as was Tityrus by the demands of his girl in *Ec.* I, 31–5); *huic* then is she who can be bought with fruit.

73. Corydon...Alexin: cf. *Ec.* II, 1–2 *formosum pastor Corydon ardebat Alexim, delicias domini.*

74. carpere: 'steal' and 'enjoy', as in *carpere hortum, carpere gaudia.*

75–6. quamuis ille...Hamadryadas: though the shepherd poet rests from his work and pipes no more, the indulgent nymphs still praise him in their talk. Using the terms of the pastoral this says that though Virgil no longer writes pastoral poetry, his *Eclogues* are still read and admired by the easygoing girls of Rome. For the metaphor whereby these girls are called Nymphs (Hamadryads) cf. I, XX, 11–12 and 52. *facilis* includes the senses 'uncensorious' and 'compliant'.

77–80. tu canis...articulis: a brief reference to the *Georgics* leads to a couplet concluding the praise of Virgil with a general compliment to his poetic gift.

[It is possible that these four lines should stand between 66 and 67 above; omission of them in copying might easily have occurred, because 77 and 67 begin with identical words. But there is no cogent reason why they should not remain in their present position.]

77. Ascraei...poetae: Hesiod of Ascra in Boeotia, whose didactic poem the *Works and Days*, partly concerned with agriculture, was literary ancestor of Virgil's *Georgics*.

79. testudine: i.e. lyre.

tale...carmen...quale: probably an echo of Virg. *Ec.* V, 45–6 *tale tuum carmen...quale...*

80. articulis: strictly *articulus* is a joint, especially of the finger; or a section between joints. Here the plural describes fingers and their articulated movements; as also in Catull. XCIX, 7–8 *labella...abstersisti omnibus articulis.*

81. haec: surely means personal love-elegy, and more specifically the personal love-elegy of Propertius himself, for cf. the repetition of *haec* in 85, 87, 89, and the particular implications of *uenient* (here) and *quoque* (85). The wording is echoed from *Ec.* VI, 9–10 *si quis tamen haec quoque, si quis, captus amore leget*, etc.; it refers there to the speaker's own poetry, and is naturally understood in the same way here. (Some editors, however, think the reference is still to Virgil and the *Eclogues*.)

83–4. nec minor hic animis, ut sit minor ore, canorus anseris indocto carmine cessit olor: (?) 'and here too the sweet-voiced swan triumphs over the cackling goose, even though he cannot make so loud a noise'. Text and meaning are both uncertain here. The wording echoes Virg. *Ec.* IX, 35–6 *uideor... argutos inter strepere anser olores*, but the application here is evidently quite different, for in the *Eclogue* the speaker compares his own inadequacy to that of the goose, whereas here what is emphasized is the superiority of the swan. *nec...minor* (with *carmine* ablative of comparison) is a meiosis, with a positive value (e.g. 'victorious over'); and the point of *animis* (ablative of respect with *nec...minor*) seems to be in the pride of victory or conscious superiority. *cessit* is probably the timeless aorist of general statement, used where in English a present would be used; and its value is evidently like that of *discedere* in a phrase such as *discessit superior* (= he departed, or came off, with the advantage). The sense is (?) that the self-critical artist proves his superiority to the pretentious ranter; a sentiment like that of Callimachus in a famous passage (fr. I, 29): 'for I am a poet such as loves the clear note of the cicada, but not the noise that donkeys make. Let others bray like the animal that has long ears. May I be the slight one, the winged one.'

minor ore = i.e. inferior in capacity for resounding utterance, the force of *os* being as in II, X, 12 above *magni nunc erit oris opus*.

[*hic* and *ut sit* are conjectures: the tradition gives *his* and *aut sim*.]

85–92. Enumeration of earlier Latin poets who have written love-poetry.

85. Varro: Varro of Atax, b. 82 B.C., author of a translation of Apollonius Rhodius' *Argonautica* and of verses about his mistress Leucadia. None of his works survives.

perfecto...Iasone: i.e. when he bad finished 'his tale of Jason', the translation of the *Argonautica* referred to above.

87. Catulli: b. about 84 B.C. and so contemporary with Varro (line 85) as well as Calvus (line 89).

88. quis: ablative plural neuter, referring to *scripta* in the previous line, and meaning 'through which' or 'on account of which'.

89. Calui: b. 82 B.C., friend and contemporary of Catullus, who refers to him in several epigrams and notably (*Catull.* 96) to his elegy on the death of Quintilia (perhaps his wife, but not certainly so, as the name might be that of a freedwoman of the Quintilii). From Ov. *Trist.* II, 431–2 (...*Calui, detexit uariis qui sua furta modis*) it appears that he wrote verse in various metres with extra-conjugal love for subject. Propertius has coupled him at II, XXV, 4 above with Catullus as a love-poet who has made famous the women he admired. He also wrote a narrative poem, the *Io*, as did Catullus in his *Peleus and Thetis* and their friend Cinna in his *Zmyrna*.

docti: this epithet refers to conscious artistry as much as (or more than) to literary knowledge.

91. Gallus: Cornelius Gallus b. 70 B.C., the friend and exact contemporary of Virgil and subject of *Eclogue* 10. He wrote elegies about his love for his mistress Cytheris, whom he called Lycoris in his poems, and is listed by Ovid (*Trist.* IV, X, 53) and Quintilian (*I.O.* X, i, 93) as first of the four recognized Latin elegists. Rising in Octavian's service he became Prefect of Egypt, but fell into disgrace and killed himself in 27 or 26 B.C.

91–2. quam multa Lycoride Gallus mortuus inferna uulnera lauit aqua: Gallus' death was not due to his love, but when he died he carried to the world below (? unhealed) the wounds which poetically are symbol of that love. From the ablative *Lycoride* in its context we have to extract something which is implied but not expressed: e.g. *facta* with *uulnera*, so that the sense is *facta Lycoridis amore uulnera*. This is *very* unusual syntax.

93. Cynthia quin uiuet: for connective *quin* thus as second word, and without attached *etiam*, cf. above II, X, 15 *India quin, Auguste...tuo dat colla triumpho*.

[*uiuet* here is an emendation: the tradition gives *quin etiam*, leaving a verbal sense to be supplied from what has gone before; which is difficult, as none of the previous statements has had the woman for grammatical subject. The corruption *quin uiuet/quin etiam* could occur so easily that the balance of probability seems to favour the emendation.]

POSTSCRIPT NOTES ON ELEGY XXXIV

33–8. The subjects of these poems of Lynceus would all admit a 'love'-interest. The story of Achelous is well known. The story of Maeander's son Calamus and his metamorphosis after his darling, Carpus, was drowned in his father's stream is told in the Servian note on Virg. *Ec.* V, 48. Arion was born of Ceres (Demeter) and Neptune, the latter having ravished the goddess in the form of a horse after she took the form of a mare in the hope of avoiding his amorous pursuit (Paus. VIII, 25). But it is unlikely that this aspect of these stories is in question here, since (1) as reasoned in the note on p. 226, the general trend of the piece is against this; and (2) if this were the point, it would appear, as it certainly does not in 35–8, in the terms in which the stories are alluded to. On the other hand, the subjects are such as might be culled from Hellenistic collections of curiosities (such as Philostephanus of Cyrene's περὶ παραδόξων ποταμῶν) and 'local legends', and treated in brief narrative or descriptive pieces in the Hellenistic manner.

25–54. Lynceus' literary activity seems to have been extensive and to have included short narrative or descriptive poems on recondite subjects, in the Hellenistic taste (33–8); an attempt at epic, on the Theban saga (39–40); a tragedy, (?) in the manner of Aeschylus (41–2); and poems on physical and astronomical subjects (28, 51–2), embracing the question of the soul's survival after death. It has been suggested (by J-P. Boucher, *R.E.A.* LX (1958), 307 ff.) that Lynceus may be a pseudonym for L. Varius Rufus, the poet and friend of Horace and Virgil; the point of the choice of pseudonym being illustrated by Virg. *Georg.* III, 264 *lynces...uariae.* We do not know much about Varius' works, but it is interesting to compare what we do know with what we here learn about the works of Lynceus. Varius appears first when he is mentioned (Virg. *Ec.* IX, 35) as one of a pair with Cinna, the author of the Hellenistic-style epyllion *Zmyrna* referred to in Catull. 95. A few years later Horace (*Sat.* I, x, 44) speaks of him as the leading epic poet of the day. A few years later again his tragedy *Thyestes* was performed with great success in the celebrations following Octavian's victory at Actium (see Heinze's note on Hor. *Ep.* II, i, 247, or P-W. s.v. *Varius*, p. 413). Lastly, there are several references in Macrobius (e.g. VI, i, 39 and 40, ii, 19 and 20) to a poem of his *de Morte*, about which we have no particulars. If the identification of Lynceus with Varius is accepted, it has considerable interest. For Propertius then appears here on familiar terms with the man who recommended Horace to Maecenas (Hor. *Sat.* I, vi, 55) and prepared the *Aeneid* for publication after Virgil's death.

POSTSCRIPT NOTES ON CERTAIN EARLIER ELEGIES

VI, **15–36**. The topic 'Bad examples from olden times' and the topic 'Bad influence of indecent pictures' are both coherently developed in line-groups of substantial length. The two couplets which stand between, in 23–6, and begin the idea 'There have been chaste women, but...', seem incomplete as a unit, both in sense and rhythm. This would not be so, I think, if 35–6 were read after 26 as recommended by Kuinoel. The sense would then be 'All honour to Alcestis and Penelope and chaste women such as they were. To what purpose did women dedicate a shrine to Chastity, if nowadays none respect it? But no wonder that that shrine is neglected and decaying!' Then in 27 begins the poet's explanation of the cause of the trouble, in the manner of one saying: 'I'll tell you what began it! It's those...!' Kuinoel's transposition thus seems to me very likely, though no special reason is apparent why dislocation should have occurred.

XV. The interpretation given here of this elegy diverges in some respects from that given by F. Stoessl in *Wiener Studien*, LXIII (1948), 102 ff., but owes much to Stoessl's article.

23–4. A reason for the dislocation of this couplet, if it originally stood after 16, might be found in certain similarities in the beginning and end of lines in 15–16 and 23–4. But really the outline of the piece needs clarifying before this question is considered.

XXX, **21–2.** The probable relevance of Hor. *Od.* III, v, 5–9 here is shown in N. O. Nilsson's illuminating article in *Eranos*, XLV (1947), 44 ff.

23846770R00146

Printed in Great Britain
by Amazon